本书为辽宁省重点主题出版物专项资金扶持项目

洪流放歌

胡世宗 著

我写雷锋60年

1963—2023

辽海出版社

图书在版编目（CIP）数据

洪流放歌：我写雷锋60年/胡世宗著. —沈阳：辽海出版社，2023.2
ISBN 978-7-5451-6628-6

Ⅰ.①洪… Ⅱ.①胡… Ⅲ.①纪实文学-中国-当代 Ⅳ.①I25

中国版本图书馆CIP数据核字（2023）第020116号

策　　划：柳青松　徐桂秋
特约编审：佟丽霞　王　玮

出 版 者：	北方联合出版传媒（集团）股份有限公司 辽 海 出 版 社 （地址：沈阳市和平区十一纬路25号　邮编：110003）
印 刷 者：	辽宁新华印务有限公司
发 行 者：	北方联合出版传媒（集团）股份有限公司 辽 海 出 版 社

幅面尺寸：170mm×240mm
印　　张：27.25
字　　数：320千字
出版时间：2023年2月第1版
印刷时间：2023年2月第1次印刷
责任编辑：秦红玉　吴勇刚　高福庆
装帧设计：杜　江
印制统筹：曾金凤
责任校对：李子夏　王守红　林明慧

书　　号：ISBN 978-7-5451-6628-6
定　　价：85.00元

购 书 电 话：024-23285299
开发部电话：024-23285788
网　　　址：http://www.lhph.com.cn
版权所有，翻印必究
法律顾问：辽宁普凯律师事务所　王 伟
如有质量问题，请与印刷厂联系调换
印刷厂电话：024-31255233
盗版举报电话：024-23284481
盗版举报信箱：liaohaichubanshe@163.com

胡世宗 军旅作家，诗人。1943年出生于沈阳。1962年入伍，历任战士、班长、排长，第十六军政治部文化干事，沈阳军区政治部文化部文艺科干事、文化处处长，政治部创作室副主任。技术四级。2003年退休。在连队和军区机关先后荣立三等功3次。1980年加入中国作家协会，创作出版文学专著73部，其中有关雷锋的著作8部（有4部与人合作）；《胡世宗日记》17卷，972万字。曾获中宣部颁发的精神文明建设"五个一工程奖"及军内外多种奖项。

自序

1963年3月5日，毛泽东主席"向雷锋同志学习"题词发表，至今已经六十年了。六十年来，在祖国大地上，学雷锋活动如火如荼，从未停止过。

从1963年2月25日我这个新兵在报纸上发表短诗《雷锋活着》，到2021年7月外文出版社出版我的中、英文两个版本的纪实文学《信念之子：雷锋》，再到今天这本书的出版，六十年来，我从未停止过对雷锋的歌唱，从未停止过对雷锋精神的宣传。

在这六十年间，我从连队的一名普通战士，成长为著有多部宣传雷锋精神作品的军旅作家，在军旅生涯和创作道路上，我有幸接触到众多雷锋的战友、雷锋辅导过的学生、写雷锋的诗人、作家和拍摄雷锋的摄影家，我采访过雷锋班、雷锋生前所在连、雷锋生前所在团众多的官兵，采访过许多学习雷锋的英模人物，他们的音容笑貌总是浮现在我的眼前，他们的话语时时响在我的耳边，他们的动人事迹常常令我热泪盈眶。这一切，勾画出了六十年来全国军民学雷锋波澜壮阔的情态，犹如一条洪流始终向前奔腾。我幸运地追随着这条洪流，为她鼓掌，为她歌唱。我是渺小的，洪流是伟大的，可是渺小的我，有义务，有责任，有能力，把我所亲见的这条洪流描摹出来，奉献给经历了这个时代的读者和我们后代的读者。这对于我，真的是一个责无旁贷的需要我担当的重任。

  这本书在众人的呵护和扶植下诞生了。亲爱的读者可以通过这本书与相当多的"雷锋人""雷锋单位"幸运相识，看看他们学习雷锋令人崇敬的精神面貌和令人难忘的动人风采，会从一个侧面了解我国万众学习雷锋、弘扬雷锋精神的历史及现状，更加自觉地汇入这条学习雷锋、践行雷锋精神的滚滚洪流之中。

  习近平总书记强调，雷锋是一个时代的楷模，雷锋精神是永恒的。我们要把学习雷锋、宣传雷锋的事业永远做下去。

  我坚信，学习雷锋、弘扬雷锋精神的这条洪流，必将随着中国式现代化的伟大事业，更加壮阔、更加不可遏制地一路奔腾向前！

胡世宗

2023年1月16日于海南博鳌

目录

第一章
社会主义建设时期，一个普通士兵成为全国军民学习的榜样 ⋯⋯ 001

我与雷锋"同在"军营 41 天 ⋯⋯⋯⋯⋯⋯⋯⋯⋯⋯⋯⋯⋯⋯⋯ 004
青春的我，为雷锋放歌 ⋯⋯⋯⋯⋯⋯⋯⋯⋯⋯⋯⋯⋯⋯⋯⋯⋯ 014
沈阳军区首届团代会，优秀青年的高端论坛 ⋯⋯⋯⋯⋯⋯⋯⋯ 038
　　会上，忙来忙去的那个人原来是他 ⋯⋯⋯⋯⋯⋯⋯⋯⋯⋯ 041
　　"永不生锈的螺丝钉"是这么来的 ⋯⋯⋯⋯⋯⋯⋯⋯⋯⋯ 045
　　雷锋为啥常用一个小木棒敲打自己的脑袋 ⋯⋯⋯⋯⋯⋯⋯ 051
　　雷锋的黄书包里都有啥 ⋯⋯⋯⋯⋯⋯⋯⋯⋯⋯⋯⋯⋯⋯⋯ 055
"且举雷锋为楷模"，我的情书里也有雷锋 ⋯⋯⋯⋯⋯⋯⋯⋯ 058
在战士演出队，雷锋的"退"与"进" ⋯⋯⋯⋯⋯⋯⋯⋯⋯⋯ 060
　　因为乡音，节目最多的雷锋主动弃演 ⋯⋯⋯⋯⋯⋯⋯⋯⋯ 062
　　白铁壶胖大海，雷锋总是有办法 ⋯⋯⋯⋯⋯⋯⋯⋯⋯⋯⋯ 066
　　和陈广生借阅《鲁迅小说集》，恋恋不舍地看了又看 ⋯⋯ 068
一条壮阔的洪流，由一条条清凌凌的小小溪水汇聚而成 ⋯⋯⋯ 072

最早的一条清冽的小溪，是孩子们 …… 074
　　我所在的部队也举办了雷锋事迹展 …… 077
　　话剧《雷锋》把雷锋的梦想变成了现实 …… 079
　　一年了，小树苗已经长高！纪念雷锋，我要写 …… 081
　　模仿雷锋，做个细节过硬的人 …… 086
　　不倦地写作，张大眼睛去发现身边的好人好事 …… 089

被贺敬之的《雷锋之歌》震撼的日子 …… 096
　　在月夜的岗哨上，我激情地大声背诵 …… 096
　　"叫《雷锋之歌》就行了！"王震将军一锤定音 …… 099
　　因为写雷锋，我结识心中偶像：诗人贺敬之和柯岩 …… 103

就是要高歌雷锋这个"普通一兵" …… 107
　　能否请毛主席题词？这个想法真大胆 …… 110
　　谁离雷锋近，谁和雷锋亲？朱光斗的灵感来自这里 …… 114
　　陈毅问：为什么学习普通一兵就不行？至今我看，都很解渴 …… 119

我写演员张玉敏：演雷锋，他被雷锋"管"了一辈子 …… 122

"写雷锋第一人"陈广生成了我的科长 …… 126
　　雷锋为陈广生参与起草的稿子改标题 …… 128
　　荣誉太重，雷锋曾请求陈广生不要再写他 …… 130
　　《雷锋的故事》是这么来的 …… 131
　　借200元钱，陈广生去雷锋家乡调查"失实" …… 134

第二章
改革开放的春风，呼唤雷锋重回人间 ... 141

雷锋留下的哲理非常丰富，却像泥土一样朴素 ... 144
  随陈广生到辽阳石油化纤公司作报告 ... 145
催促陈广生写出新书《我们的朋友雷锋》 ... 152
没拍出来的20集电视连续剧《雷锋》，
成了我跟陈广生合作写雷锋的第一本书 ... 156
我为雷锋主题摄影精心配诗：
歌唱，不光用歌喉，还用生命的热力与火光 ... 159
在雷锋团，每天我都被温暖的事感动着 ... 172
  在雷锋生前所在团听到的新奇事：
  骗子还钱，老人怀疑，商贩告状 ... 173
  雷锋班、雷锋连、雷锋团，名头响当当 ... 174
  这个英雄的团队群星闪耀哇 ... 183
春天，我又走进雷锋团 ... 192
写《雷锋传》，我和老科长再次合作 ... 201
捐赠《雷锋传》引出了另一部雷锋书的采写 ... 212
中间插了一本《漫画雷锋》的文字写作 ... 217
张峻拍雷锋，我写张峻和雷锋的故事 ... 219
  张峻与雷锋亲密接触79天 ... 219
  张峻对我的信任沉甸甸 ... 221
  第一张照片，是雷锋主动要求张峻给他照的 ... 225

第二张照片：还是雷锋主动要求照的

——一个战士如果背枪照一张相那是多么美和自豪 … 232

雷锋入党，突破常规 … 234

为什么单选陈雅娟和雷锋拍照 … 238

雷锋擦解放牌汽车，是张峻思考后的创意 … 242

张峻口述实录：补拍的雷锋照片，有19张 … 247

抢救雷锋的路上，一个事故连着一个事故 … 250

《我为雷锋拍照片》，纪念雷锋，也纪念张峻 … 252

第三章
在新时代，把雷锋精神的种子广播在祖国大地上 … 255

央视把镜头对准抚顺 … 258

在永安桥上，我打开了灵感的闸门 … 260

《学习雷锋好榜样》的歌碑，让我忍不住讲一个奇妙的经历 … 262

"特别像"的雷锋塑像，一路带着人们的敬意而来 … 264

走进"雷锋"军营，我感到雷锋从未离去 … 265

行走在抚顺，最冷的季节也是春风扑面 … 267

采访雷锋战友乔安山，打了一个漂亮仗 … 270

从街路到学校加油站体育馆，青春的雷锋一直都在 … 272

吴锡有的花样学雷锋：让雷锋无处不在 … 275

让众人唱响《雷锋日记》：翻开你的日记我常常在想，
二十二岁的青春是什么模样 … 278

我的提议是真、实、细、新，把"雷锋频道"办好 … 281

出席湖北宜昌"雷锋知情人"的一次盛会 ... 285

啊,一下子见到这么多"雷锋见证者" ... 285
冷宽将军:我们要当好雷锋精神的种子 ... 288

知情者讲出了雷锋当年许多新鲜事 ... 292

洪建国:雷锋参加了我的婚礼 ... 292
蔡云是当年运输连的司务长,他帮我弄清了一个事实 ... 294
薛三元:雷锋是我要来的兵,我们相处两年多 ... 297
乔安山:雷锋是我的贵人、恩人 ... 299
庞春学:一当兵我就和雷锋在一起,学雷锋永远在路上 ... 302
易秀珍:雷锋当兵时的这朵大红花,还是我给他戴上的。
雷锋曾给我写过4封信,第四封我没收到 ... 305
陈雅娟:我是雷锋的学生,多荣幸能和他合影 ... 313
孙桂琴:为了我照相,雷锋找了两块砖头,垫在我脚下 ... 316
李振魁:雷锋是一个学习型新青年 ... 321
李天文:用雷锋精神做好雷锋事业 ... 324

湖北会议让我知道了一个特别的故事 ... 326

我为孩子们讲雷锋 ... 332

我说要把"3·5"变成"365" ... 332
鼓励这群特殊的孩子学雷锋"向上" ... 336

我把雷锋精神理解为"四个永" ... 341

永不冷漠 ... 341
永不放弃 ... 348
永不狂妄 ... 351
永在成长 ... 358

第四章

雷锋精神是永恒的。雷锋,我们需要你 363

学雷锋的时代浪潮中,我写下《洪流万里》 366
《伟大战士》,为穿军装的雷锋作全面准确的传记 376
  《伟大战士》的书名是这么来的 378
  传播雷锋精神是我们大家的责任 379
  把《伟大战士》签赠给留守儿童 385
《雷锋,我们需要你》应时而生 389
《信念之子:雷锋》把雷锋荐介到更广泛的国际社会 399
60年,100首,编一本诗集《致敬雷锋》 405
洪流放歌 410

第一章

**社会主义建设时期,
一个普通士兵成为
全国军民学习的榜样**

1963年3月5日,《人民日报》发表毛泽东题词"向雷锋同志学习",之后的一些年里,是全国军民"向雷锋同志学习"的黄金岁月。伴随着全国建设社会主义的重要阶段的到来,全国性的学雷锋活动蓬勃兴起、热潮澎湃,成为那个年代一道亮丽的社会风景。各地陆续建立雷锋纪念馆,创建雷锋小学、雷锋车队等,为学雷锋活动提供平台和资源,为学雷锋活动开辟了广阔的空间,也为开展社会化的群众性教育活动提供了经验和借鉴。

我就是在全国学雷锋初始年代全身心投入其中,以一个战士的身份、战士的角度,在连队里自觉地、热情地学习雷锋、宣传雷锋。从1963年2月开始,我在军内外报刊上发表了《雷锋活着》《雷锋的方向盘》《一面鲜艳的红旗》《小树苗已经长高》《火红的青春》等较多的雷锋题材的诗歌和散文等文学作品。我也有幸与写出著名长诗《雷锋之歌》的大诗人贺敬之结识。这一时期创作的主要特点是对雷锋这个社会主义建设时期出现的典型人物热烈的赞美和歌颂。

与此同时,全国报刊上涌现大量歌颂雷锋的文学作品,首先是诗歌,我党一大代表、老一辈无产阶级革命家董必武在1963年2月发表了题为《歌咏雷锋同志》的诗:"有众读毛选,雷锋特认真。不惟明字句,而且得精神。"中国共产党"党内五老"中的谢觉哉,也发表了题为《学雷锋》的诗。郭沫若在毛主席题词之前就发表了新诗《一把劈断昆仑的宝剑》,陈毅、张爱萍、魏传统、萧向荣等将帅,贺敬之、臧克家、赵朴初、公刘、方冰、柯岩、邹荻帆、张永枚、李松涛、石祥等知名人士都献出了自己真挚热诚的诗作。贺敬之的《雷锋之歌》等诗作引发了全国军民特别是青年一代深入了解雷锋精神的实质,把学雷锋活动引向更深层次的热潮。随之而来的有歌颂雷锋的戏剧、电影、音乐、曲艺、美术作品纷纷问世,特别是八一电影制片厂摄制的电影《雷锋》和由洪源、生茂合作的歌曲《学习雷锋好榜样》深入人心,到处传唱,朱光斗的对口快板《学雷锋》也受到欢迎。更有欧阳海、王杰、刘英俊、赵春娥等众多的雷锋式的先进个人和先进集体涌现在中国大地上。

我与雷锋"同在"军营 41 天

我当兵之后,才知道"雷锋"这个名字。在这以前,我少年读书时写的 30 多万字的日记中,从未出现过"雷锋"这两个字,因为那时候我真的不知道世上有一个叫雷锋的人。

当我走进军营,成为我久已向往的人民解放军队伍中的一个兵,成为一名手持钢枪的战士的时候,时不时地会听老兵讲到雷锋。

我入伍的时候,雷锋还健在呢。只不过,我们同在军营的时间是那么短暂!我算了一下,不算发给我入伍通知书,不算在沈阳新兵集合点发放军衣,只算我们乘坐火车从辽宁沈阳来到吉林东丰的军营那天,一直到雷锋去世那一天,一共只有 41 天。但是无论我与雷锋同在军营的时间多么短暂,我想,毕竟是在雷锋活着的时候,我也穿上了军装,也走进了军营,成为与雷锋从未见过面的战友,这是让我感到非常荣幸和骄傲的事情。

雷锋比我早出生两年零 10 个月,比我早入伍两年半。在这个时期,太多的年轻人渴望参军,都为自己能加入中国人民解放军的队列里而倍感光荣和自豪。即使后来从这个队伍退下来,成为共和国的退役军人,也仍会感到光荣和自豪。

雷锋

雷锋在1960年1月8日的日记中这样写道:"这天是我永远不能忘记的日子。这天是我最大的荣幸和光荣的日子。我走上了新的战斗岗位,穿上了黄军装,光荣地参加了中国人民解放军。我好几年来的愿望在今天已实现了。真感到万分的高兴和喜悦。这是我一生最大的幸福。"雷锋表述的,也正是我入伍时的激动心情。

到部队初始,我就听说雷锋是"自带光芒"来到部队的。所谓"自带光芒",就是说,雷锋的身世和经历不一般。他的父亲、母亲、哥哥、弟弟,都惨死在万恶的旧社会,他怀着对党对毛主席的感恩之心，走进了阳光灿烂的新中国。他在湖南省望城县委当公务员，光荣地入团，被评为县委机关工作模范；他在望城县治沩工程指挥部当通信员，英勇地与洪水搏斗，被评为治沩模范；他省吃俭用捐款为团山湖农场购买拖拉机，并入迷地学习开拖拉机，成为全县第一批能单独驾驶拖拉机的拖拉机手；他到了鞍山，在化工总厂洗煤车间当推土机手，积极学习，热爱本职工作，取得优异成绩，成为厂的先进生产者，并出席了鞍山市青年社会主义建设积极分子大会；他响应党的号召，到艰苦的地方去，到弓长岭矿山参加新建焦化厂的基本建设。在一天晚上，天泼大雨，他得知停在工地的火车上还露天放着7200多袋水泥，其中一部分没有东西遮盖，他毫不犹豫地回到宿舍，卷起自己床上的棉被，保住了最后剩下的几袋水泥，受到老师傅们的称赞。在鞍钢一年多的时间里，他3次被评为"先进生产者"、5次被评为"红旗手"、18次被评为"标兵"，荣获了"青年社会主义建设积极分子"的称号。

一个个子不高的小青年，带着这些荣誉来到部队，这不是"自带光芒"是什么？这样的青年到了部队，怎么能不被领导重视？怎么能不被周围的新老战友所喜爱？

在我走入军营之前，雷锋就在人民军队这座大学校里做出了优异的成绩，赢得了非凡的荣誉。

我经常听到连队里的老兵讲起雷锋，也经常在沈阳军区政治部主办的《前进报》上，看到关于雷锋事迹的图片和文字报道。

老兵们都说这个雷锋干得冲，他入伍仅仅8个多月，他所在的工程兵第十团党委就决定树立他为全团艰苦奋斗的"节约标兵"。

有人说，雷锋这个典型多好哇，怎么开始树立他的时候才是一个"节约标兵"呢？许多人不清楚当时我们国家处在三年困难时期，

胡世宗在连队时

许多物资供不应求，极为缺少。当时力主宣传雷锋的工程兵第十团政治委员韩万金，在1960年9月14日下发的文件上，以团政治处的名义加了一段按语："最近，党中央发出了增产节约的指示，1960年入伍的新战士雷锋同志坚决响应党的号召，处处省吃俭用，从不乱花一分钱，以积少成多、点滴成河的节约精神，把入伍前后积存的200元钱，分别支援了人民公社和灾区人员，受到了抚顺、辽阳人民和政府的赞扬，理应成为我们每个同志学习的榜样。"

雷锋入伍刚刚10个月，就光荣地加入了中国共产党。这一天，他在日记里写道："1960年11月8日，是我永远不能忘记的日子。今天，我光荣地加入了伟大的中国共产党，实现了自己最崇高的理想。""我激动的心啊！一时一刻都没有平静。伟大的党啊！英明的毛主席！有了您，才有了我的新生命……"

就在雷锋入党的这个月里，雷锋被沈阳军区工程兵部党委授予了"模范共青团员"称号，军区工程兵政治部作出了《关于在部队中开展学雷锋、赶雷锋运动的指示》，雷锋所在第十团党委向全团官兵发出了"人人都来学雷锋、赶雷锋、做雷锋式的五好战士"的号召，工程兵政治部宣传处和青年处还转发了《关于运用雷锋的典型事迹做活教材、配合部队当前教育的报告》。

训练间隙,雷锋抓紧时间和战友们一起学习毛主席著作

当时我们部队每个连队、每个班都能看到沈阳军区《前进报》,1960年11月26日,该报用两个整版的篇幅介绍雷锋的事迹。在第一版上还发表了《毛主席的好战士》的长篇通讯,刊登了军区副政委杜平中将的重要批示手迹,刊载了《不忘过去,发愤图强》的社论,还刊发了雷锋的4幅照片。接着在1960年12月1日,《前进报》

用一个版的篇幅，以《听党的话，把青春献给祖国》为题，首次发表了《雷锋日记摘抄》，接着连续发表了干部、战士、地方群众所写的共11篇记述雷锋感人事迹的文章，生动地反映了雷锋崇高的思想品德和宽广的精神境界。从1960年12月8日到月底，《前进报》每期报纸或整版或半版，集中报道了各部队学雷锋的情况。"学雷锋，颗颗红心永向党""赶雷锋，誓做毛主席的好战士""以雷锋为榜样，做个好党员""用雷锋事迹推动战士学习毛主席著作"等，成为各专栏的大标题，也成为处在东北大地的沈阳军区各部队学雷锋的响亮口号。

离抚顺营区比较近的望花区本溪路小学、建设街小学等学校还聘请雷锋做少先队校外大队辅导员，雷锋还当选为抚顺市第四届人民代表大会代表。

后来有许多战友都说，我们在东北，在沈阳军区，真是偏得！怎么是偏得呢？因为沈阳军区最早开展学雷锋的活动，《前进报》最早连续报道、介绍雷锋的模范事迹，身在沈阳军区的官兵，很早就开始学雷锋了。

随着各部队学雷锋活动的铺开和深入，在各级组织的安排下，雷锋积极应邀到各个部队，有时还到学校去作忆苦思甜报告或模范事迹报告。

特别是1962年2月，沈阳军区首届共青团代表会议在沈阳隆重召开，雷锋作为会议仅有的几名特邀代表之一出席了这次会议，并被选为主席团成员。会议安排雷锋作了《我是怎样从一个苦孩子成长为毛主席的好战士》的报告。在报告中，雷锋诉说了他苦难的童年，畅谈了他在党的阳光照耀下得到的温暖，汇报了他参军前后的一些感人事迹，介绍了他学习毛主席著作的心得体会。他的报告

1962年8月17日，在抚顺隆重举行公祭雷锋同志大会

朴实亲切、生动感人,引起了到会的500余名代表和近1000名旁听者的强烈反响。这届团代会全体代表一致通过了《给军区全体共青团员的一封信》,信中号召军区部队广大共青团员和青年,要以毛主席的好战士雷锋等先进人物为榜样,掀起一个学先进、赶先进的竞赛热潮,使雷锋等人的先进事迹和先进经验在广大指战员中普遍开花结果。

这届军区团代会影响十分深远和广泛。我这个新兵在连队每天生活、训练和学习,大家都传颂着雷锋的动人事迹和感人话语。那时候,在东北的军营里,学雷锋的氛围是挺浓挺浓的,正在上进的青年战士,谁能不被感染和激励呢?

正当大家热烈地传颂着雷锋的事迹,纷纷表达向雷锋学习的愿望的时候,上面传来了一个不祥的消息,说雷锋因公牺牲了!怎么会呢?怎么会呢!这样一个不祥的消息谁愿意相信呀?我们连长说,是雷锋在指挥倒车时,车子剐了一个木头桩子,把雷锋砸倒了,没抢救过来……

很快,准确的消息来了,那是雷锋牺牲8天之后,1962年8月23日的《前进报》到连队。这张报纸头版上有一条消息,标题是《毛主席的好战士雷锋因公负伤光荣牺牲》,同时报道了在抚顺举行的雷锋同志公祭大会。消息说:"毛主席的好战士、某部运输连汽车班长、中国共产党党员、抚顺市人大代表雷锋同志,于8月15日10时,因公负重伤,经医生抢救无效,不幸于当日12点05分光荣牺牲。""8月17日,某部队、抚顺市党政领导机关和人民群众代表,怀着沉痛的心情,在抚顺市望花区人民委员会大礼堂隆重举行公祭大会。参加公祭的有军区工程兵部领导机关的代表、部队代表、抚顺市党政领导机关以及各群众团体的代表共430多人。""……参加公祭的代表中不仅有红领巾,还有80多岁的老大娘,他们听说雷锋同志牺牲了,感到非常沉痛,纷纷要求参加祭奠。雷锋同志虽然牺牲了,但他忠于党忠于人民的光辉形象,仍然活在战友们和人民群众的心里。"这条消息的撰稿者名叫张峻,配发的雷锋同志公祭大会的照片也是张峻拍摄的。半个世纪后的2012年,我与张峻相识,并有了创作上的合作。

这时,我突然想起了我小时候背诵过的著名诗人臧克家诗中的两句:"有的人活着,他已经死了;有的人死了,他还活着……"我在我们连队的黑板报上写了一首诗,标题就叫《雷锋活着》:

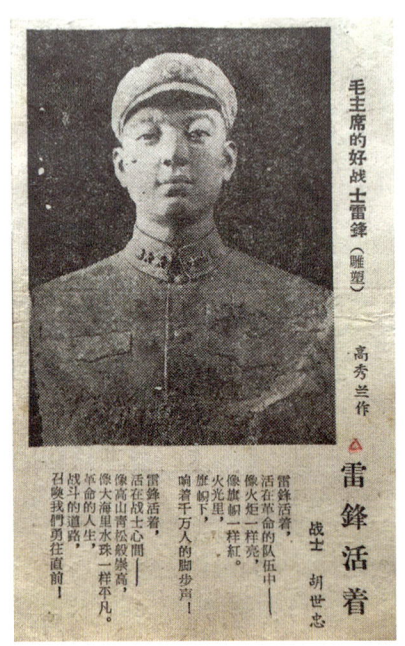

《雷锋活着》(《沈阳晚报》1963年2月25日刊载)

雷锋活着，

活在革命队伍中——

像火炬一样亮，

像旗帜一样红。

火光里，

旗帜下，

响着千万人的脚步声！

雷锋活着，

活在战士心间——

像高山青松般崇高，

像大海里水珠一样平凡。

革命的人生，

战斗的道路，

召唤我们勇往直前！

这首歌颂雷锋的小诗，后来发表在1963年2月25日《沈阳晚报》（即后来的《沈阳日报》）上，是我熟悉的编辑解明老师编发的。在小诗的上面，配发了著名雕塑家、鲁迅美术学院教师高秀兰的雕塑作品《毛主席的好战士雷锋》。诗的作者署名为"胡世忠"，"宗"字错标为"忠"，解明老师给我寄样报时，特别风趣地道歉说："竟然把熟悉的朋友名字标错，实在该打屁股！"

青春的我,为雷锋放歌

这期间,我一气儿写了多首歌颂雷锋的诗,如1963年1月18日写的、发表在1963年3月6日《前进报》上的《雷锋的胸怀》:

雷锋的青春,

金子似的闪亮;

雷锋的胸怀,

海一样宽广!

生活在毛泽东时代,

沐浴着党的阳光,

但旧社会留下的阶级仇恨,

却燃烧在他那火热的心上。

他永远不忘过去,

他的眼睛注视着四面八方:

台湾同胞们血泪成河

皮鞭与镣铐正在交响……

啊,"世界上还有三分之二的穷人,

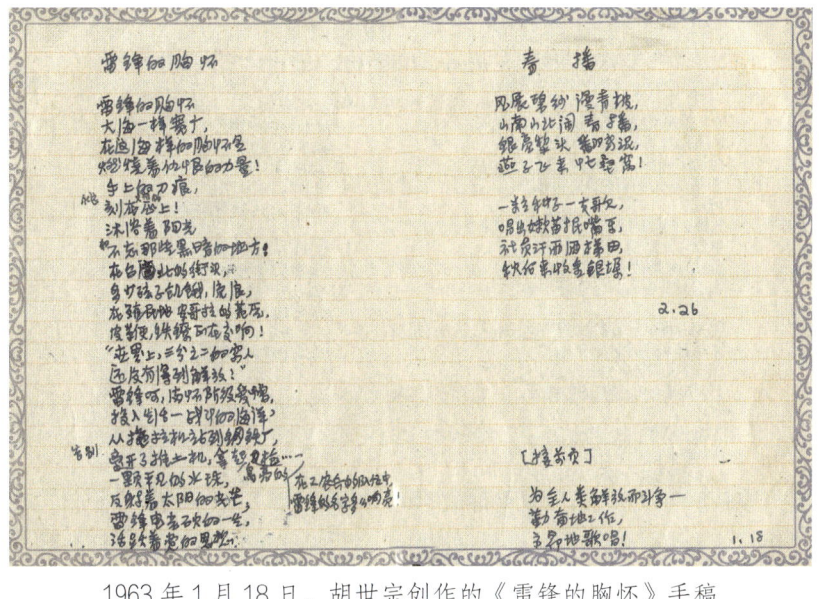

1963年1月18日，胡世宗创作的《雷锋的胸怀》手稿

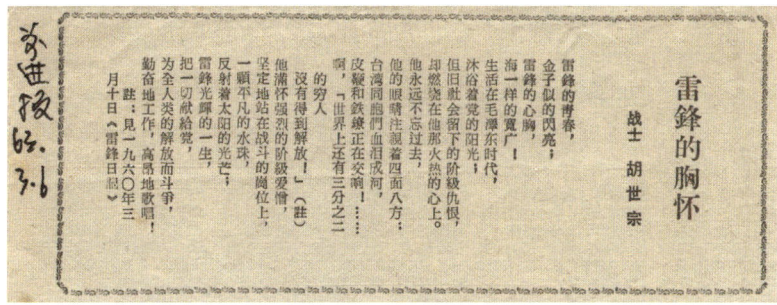

《雷锋的胸怀》（《前进报》1963年3月6日刊载）

没有得到解放！"
他满怀强烈的阶级爱憎，
坚定地站在战斗的岗位上。
一颗平凡的水珠，
反射着太阳的光芒；
雷锋光辉的一生，
把一切献给了党，
为全人类的解放而斗争，
勤奋地工作，高昂地歌唱！

如 2 月 11 日写的《做革命的螺丝钉》：

对革命的功名梦寐以求，
对党的事业一丝不苟，
平凡而伟大，朴素而光辉，
雷锋的革命精神万古不朽！

阶级苦，血泪仇，
牢牢记心头！
狂风吹，暴雨打，
永远跟党走！

革命战士的旗手，
你在每个岗位上战斗！
我立志学习你，

做革命的螺丝钉永不生锈！

毛泽东主席的题词"向雷锋同志学习"在 1963 年 3 月 5 日的报纸上发表了，在全国全军包括我所在的军营中引发了强烈反响。我当即写了《一面鲜艳的红旗》的诗，抄写在连队黑板报上，同时通过团宣传股的通讯站寄给了《前进报》。我是 3 月 6 日写的，报纸是 3 月 16 日发出来的，那时没有网络，只有邮道，一封信从山沟里的连队寄出，到报社少说也得一周时间：

毛主席那苍劲的笔迹，
号召我们"向雷锋同志学习"，
这是从一个伟人的胸怀，
道出了亿万人心中的敬意！

"向雷锋同志学习"，
这一伟大的号召，
像是在广阔的天地之间，
举起一面鲜艳的红旗。

这面红旗照耀着祖国的大地，
飘扬在我们心里，
人人都像雷锋那样不倦地战斗，
永远忠于党，忠于人民，忠于毛主席！

同样的感受我还写了另一首《光辉的旗帜》：

指导员高举手中的报纸，
战友们敬读主席的题词，
伟大的领袖用伟大的手，
举起一面光辉的旗帜！

脸儿烧得通红发烫，
心里默默地庄严宣誓：
"向雷锋同志学习"，
做一个毛主席的好战士！

1963年3月7日，我在本子上写了一组《雷锋集锦》（四则）：

一

什么是最动人的歌曲？
什么是永不朽的诗句？
雷锋的一生最能说明：
让热血尽染革命的红旗！

二

什么是至上的幸福？
什么是最大的欢愉？
雷锋的回答短促，宏亮：
为了别人，牺牲自己！

三

崇高的荣誉，在哪里？

伟大的业绩，在哪里？

雷锋的脚步声振奋人心：

一言，一行，一点，一滴！

四

生命，怎样才能永恒？

青春，如何才算美丽？

雷锋作出了光辉的典范：

全部地献给人类的真理！

1963年3月20日，我写出四句的短诗《伟大的行程》，是参

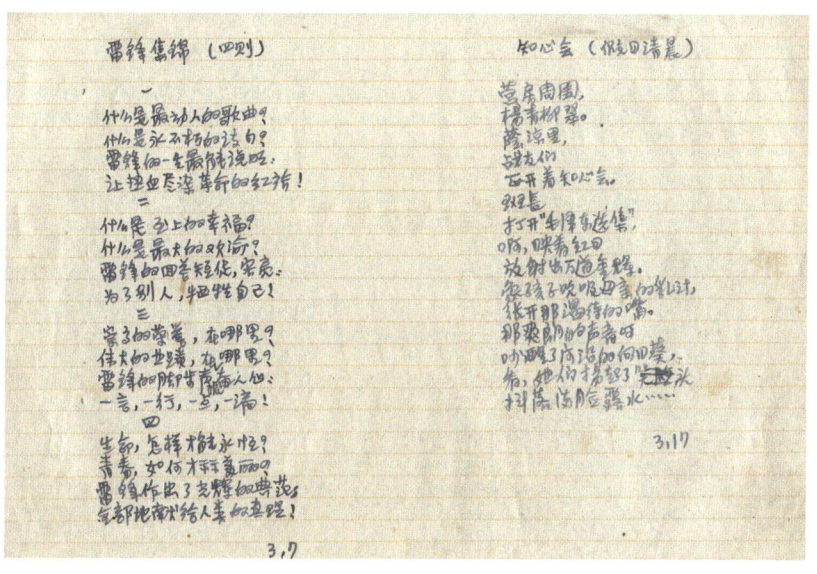

1963年3月7日，胡世宗创作的《雷锋集锦》（四则）手稿

观雷锋事迹展览时,发出的感慨:

  一件件遗物,
  一张张留影,
  像雷锋一个个脚印,
  记载着一个伟大的行程。

  1963年3月21日,我写了《雷锋憎爱篇》(二首),即《雷锋的枪》和《雷锋的针线》。
  前一首是《雷锋的枪》:

  雷锋的枪呵,
  乌黑闪亮,
  仇恨的子弹,
  压满了膛!

  雷锋的枪,
  牢记手上的刀伤,
  雷锋的枪,
  难忘屈死的爹娘!

  雷锋的枪呵,
  燃烧着复仇的力量!
  雷锋的枪呵,
  忠于祖国忠于党!

> 挺立雷锋的哨位,
> 紧握雷锋的枪,
> 在我的准星尖上,
> 休想逃过一只豺狼!

后一首是《雷锋的针线》：

> 银白的针，草绿的线,
> 平凡而又简单。
> 战友的情，同志的爱,
> 一针连，一线穿。
>
> 雷锋曾用过的针线,
> 绣出了春天般的温暖,
> 我们虔诚地接过它,
> 去编织阶级友爱的花环!

在3月21日这一天，我还写出《螺丝钉》一诗：

> 在雷锋的"节约箱"里,
> 有一枚不锈的螺丝钉。
> 它像主人光辉的人格,
> 平凡，精悍，光闪闪，亮晶晶。

> "在社会主义的大厦上,
> 我是一枚不锈的螺丝钉。"
> 听雷锋的凯歌多么响亮,
> 远远胜过金钟、银铃!

同样是 3 月 21 日,我又写了一首《雷锋的日记》:

> 雷锋的日记,
> 是一本精装的诗集。
> 他用对真理的忠诚,
> 写满了火热的诗句。
>
> 我把这火热的诗句,
> 抄在自己的本子里,
> 像雷锋那样战斗和歌唱,
> 生命才会真正富有意义!

1963 年 3 月 22 日,我写出《雷锋的字典》一诗:

> 在雷锋的字典里,
> 找不到一个"我"字。
> 有的是党的光荣
> 和革命集体的名词。

雷锋头戴毛绒棉帽,手握冲锋枪站在毛主席塑像前

雷锋的光辉字典,

教我们久久深思:

应该用怎样的言行,

去获得生命的价值?

我深深感怀雷锋关于青春的诠释,曾写了一首散文诗《火红的

青春》，发表在 1964 年 3 月 3 日的《前进报》上：

青春，不仅是个动听的诗句，也是人生的黄金时代。少年人，怀着对未来的憧憬，期待青春到来的时候，大展宏图，鹏程万里；老前辈，满怀幸福自豪的神情，庄严地把青春回忆：在这段金色的里程中，曾披斩了多少荆棘……而青春，摆在年轻人面前的问题却是：怎样度过？如何珍惜？

有的人，乐于贪恋安逸，让青春白白逝去，害怕艰苦的生活，使美妙的青春受到"委屈"。如何珍惜、怎样度过这黄金时代？雷锋同志给我们树立了光辉的范例。你啊，毛主席的好战士雷锋，你高举着革命的红旗，承受着时代的洗礼；你分担着阶级的思虑；分享着战斗的乐趣。在革命的海洋里，你扬起了多么大、多么大的浪花；在生活的道路上，你留下了多么深、多么深的足迹；"永远力争上游——永远忘我劳动——永远谦虚"，你就这么简单地回答了青春，这是一个多么精确、多么含蓄的定义！

青春，好似一张白帆，只有投入革命的大海，才能鹏程万里。

青春，恰如一只海燕，只有在暴风雨里展翅、搏击，才能练就一副坚强的羽翼！

"向雷锋同志学习"——毛主席的伟大号召像春雷震响全国。

一年了，千万个雷锋站起来，像红花开遍祖国大地！

由于我自己就处在青春时期，我的观察与思考也更多地关注"生命与青春"这个命题。在我当兵时的本子上，有一首较长的诗《生命与青春——为雷锋而歌》，看落款，是 1963 年 4 月 20 日写的草稿，是为迎接五四青年节而作。全诗如下：

生命与青春
——为雷锋而歌

春风，
春雨，
春天的土地；
烈火，
红旗，
海蓝的天宇。
片片梨花，
散出醉人的香气；
阵阵欢歌，
飘过榆林的新绿。
远山啊，
滚滚奔来；
近水哟，
漾漾流去……
呵，祖国的早晨，
就是这样
清新，明丽！

此刻呵，
让我们
都来重新考虑

一个古老的问题:
生命,
怎样才能永恒?
青春,
如何更加美丽?

……时间,空间,
浩荡的历史记载,
也从未
留下答案的遗迹;
古今中外,
多少名著,
翻来翻去,
一直到看腻了
也解不了心头之疑!

问风呵,
问雨……
问天,
又问地!
生命,
怎样才能永恒?
青春,
如何更加美丽?

我思考呵,

我寻觅,

在毛泽东的旗帜下,

在革命的队伍里,

忽然——

一面醒目的路标

顶天立地,

出现在前进的路上:

"向雷锋同志学习"!

啊,这是从一个伟大的胸怀,

道出了亿万人心中的敬意!

望着它啊,

我默默伫立;

望着它啊,

我心旷神怡!

念着它,

如同高唱一支

最动人的歌曲;

念着它,

好像是在朗诵着

千古名句!

在我的面前,

有鲜艳的红旗,

路标指引着我

向雷锋奔去……

看雷锋
坐在驾驶舱里,
打开了
《毛泽东选集》,
他的眼睛
从车窗展望出去,
望到了呵共产主义!
啊,金光灿灿,
鹏程万里!
他明白,
明白遥遥征途上,
多么艰险,
多么崎岖。
他把定方向盘,
紧跟着党的红旗,
日夜兼程,
碾破冰雪风雨。
雷锋呵,
是在黑夜中诞生的,
一个小小的火苗,
他长大了呵,
全靠着太阳的哺育。
吃尽了黄连苦,
又吃蜂蜜。

雷锋只有一个心眼，
倾向毛主席！
毛主席的书，
他一天不离；
毛主席的话，
他句句牢记。
全心全意地
《为人民服务》，
高举红旗，
《将革命进行到底》！
主席的每一个教导，
都融化到
雷锋的骨髓里，
像热核反应，
发出巨大的威力！

啊，这就是
苦孩子——好战士
深奥而通俗的哲理，
这就是
平凡——伟大
复杂而简单的秘密！
为人民服务——
这是一条永不干涸的长河，
雷锋的生命呵，

就是这长河中
永不干涸的一个水滴!
雷锋的生平呵,
仅仅度过二十二个春秋,
但雷锋的事迹呵,
却将要世世代代
活在
无产阶级的事业里!
他那生平的宏愿,
早燃成了火炬,
照亮了
六亿五千万颗红心。
他那一腔热血,
早化作飞舞的红旗,
招展在祖国
九百六十万平方公里
英雄的土地!

那些庸俗的夫子们,
莫要叹息:
"世上没有长命的药剂!"
古代的诗人们,
不必追问:
"何方可化身千亿"!
不神秘,

莫惊奇,
如今啊,
全国处处有雷锋,
雷锋——
将百代千秋
活在人心里!

青春——
在人生的语汇中,
是一个亮堂的词句!
少年人
怀着美好的理想,
信任地把它眺望:
呵,这是攀登金色高峰的
一座云梯!
老年人
带着自豪的感情,
庄严地把它回忆,
呵,在这一段里程中,
曾劈斩过多少荆棘?

青春呵,
好比种子,
人们把它
播进革命的土壤里,

用血和汗来灌溉它,
待到鬓发斑白的时候,
收割一片红色的果实,
献给自己的阶级!
青春呵,
恰如海燕,
人们把它交给暴风雨,
去展翅吧,
去搏击!
练就一副坚硬的羽翼,
好经得起
更伟大的
战斗的洗礼!
——但是,
即使早晨晴朗的天空,
也免不了少量的尘埃,
就是在碧绿的青纱帐里,
也会出现早黄的斑迹。
有的人,
惯于贪恋安逸,
把青春
误解为:
金钱美女,
花天酒地,
饱吃闷睡,

损人利己,

脸皮上的胭粉,

头发里的香气,

争上游嘛,

——何必!

劳动嘛,

——苦役!

谦虚嘛,

——更不用提!

唯我高大,

谁敢相比……

呸!呸!呸!呸呸呸!

啊啊,雷锋

——一面青春的战旗,

你,过早地

分担了阶级的忧郁!

在斗争的激流中,

你扬起了

多么大多么大的浪花!

在革命的道路上,

你留下了

多么深多么深的足迹!

因此,你也就

过早地分享了战斗的欢愉!

从团山湖农场

那丰收的场院,

到鞍山钢都——

祖国的重工业基地;

从新兵连

那迎着红日

举起的第一个脚步,

到你驾驶着汽车,

走过的

征途万里。

啊,雷锋!

按照党的调遣,

你转战了

工农兵三个阵地;

在每一个阵地上呵,

你都是一面胜利的红旗!

你的名字

多么响亮——

如同三月的雷声,

滚过新生的大地!

你的青春

多么壮丽——

像清晨的红云,

飞扬在鱼白色的天际!

"永远力争上游,
永远忘我劳动,
永远谦虚"——
你是这么简易地
回答了青春!
呵,这是个多么恰当
多么深刻的定义!
你的青春,
换来了伟大的业绩!
你的青春,
载满了崇高的荣誉!

啊,啊!
海蓝的天空里
燃烈火!
飞红旗!
辽阔的土地上,
飘春风!
降春雨!
祖国的山呵,
山壮丽!
祖国的水呵,
水秀气!
让我们
结束争议。

请历史老人

用浑厚的声音

来回答,

来回答那个

古老的问题:

啊!

"向雷锋同志学习"

——生命,

就会获得永恒!

"向雷锋同志学习"

——青春,

就将更加美丽!

  这首诗是我早期创作中写得比较长的诗。这首诗,只在我们连队的晚会上朗诵过,没有发表过,甚至没有抄写到连队的黑板报上,因为太长了,黑板抄不下!这次出版这本书,我把它全文打出来,为了保留当年的原汁原味,我一个字也没有改动。这应该是这首诗第一次发表,第一次公之于众。读者可以看到这首诗的幼稚和浅薄,甚至诗句里也有当时年代的意识形态如强调"阶级"意识等痕迹,但也应该公正地说,我当时创作的勇气是很足的,竟然愿意用这么长的一首诗来表达自己内心对雷锋的敬仰和感动。这说明在全国军民学雷锋的热潮中,20岁的我,一个年轻的战士,一个在人民解放军连队里爱好写诗的人,怎样被"席卷"到这样的洪流中,为我以后的成长和写作,特别是为雷锋而歌,打下了深厚的不会动摇的基础。

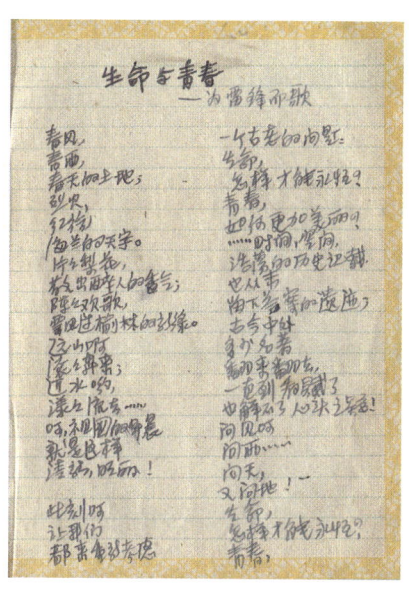
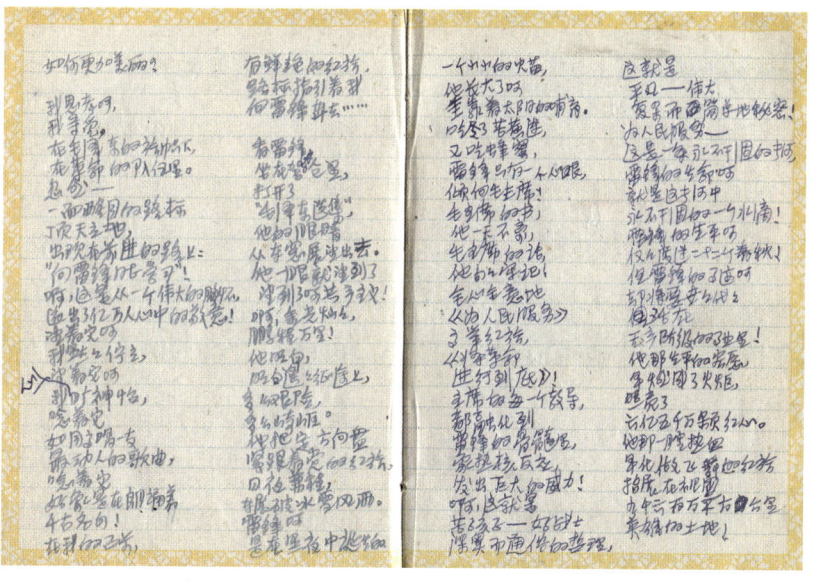

1963年4月20日,胡世宗创作的《生命与青春——为雷锋而歌》部分手稿

沈阳军区首届团代会，
优秀青年的高端论坛

过了好多年之后，我了解到沈阳军区首届团代会上令人难忘的内幕，雷锋和一同出席这届团代会的诸多优秀的青年典型，放射出了怎样的青春光芒，留存在了不可磨灭的史册上。我曾兴奋地写出一篇报告文学《青春的光芒》，发表在《芒种》杂志上。

1962年2月15日至27日，雷锋以共产党员的身份成为特邀代表，出席了在沈阳八一剧场召开的沈阳军区首届共青团代表大会，并被选为主席团成员。

军区首届团代会，对于雷锋来说，是他人生旅途和军旅生涯中的重要一环，是他在政治上、思想上和人格上走向成熟和趋于完善的精彩亮相。

在沈阳军区的历史上，这是值得大书的一笔，这是一个群英荟萃的盛会。这个盛会由于雷锋到会，陡然增强了别样热烈的气氛。此时，正是宣传和学习雷锋先进事迹高潮的前奏，众多英雄惜英雄，群星闪耀映明星。会议通知中明确规定："会议将邀请若干名在战斗、训练、海边防斗争、施工、营建、生产以及在军队其他建设方面，具有卓越贡献的英雄模范人物为特邀代表参加会议。"

雷锋和廖初江（右）一起学习马列著作

1962年2月19日,在沈阳军区八一剧场,雷锋作为特邀代表,出席沈阳军区首届共青团代表大会时发言

  出席这次会议的代表、特邀代表和青年干部550多人。在代表中有特等射手雷凯、何兴通,技术能手李树春,知识青年战士邢连元,生产干部廖百世,热心为伤病员服务的军医董蕙兰等。特邀代表中有模范指导员常恩举,学习毛主席著作标兵廖初江,"活的罗盛教"黄治富,"毛主席的好战士"雷锋,"海上花木兰"、女民兵连长文淑珍,"一颗不生锈的螺丝钉"刘思乐,神枪手王元朝等。

  会议代表们都熟知雷锋的事迹,有的人把报纸上发表的雷锋日记摘抄在自己的本子上,以鞭策自己。

会上，忙来忙去的那个人原来是他

1962年2月18日，参加会议的代表从军区各条战线、从四面八方来到沈阳报到，报到地点是军区第一招待所。代表们都能看到，一位佩戴中士军衔的战士，圆脸上有一双微笑的眼睛，他个子虽然不高，但长得很可爱，他在认真地扫走廊、倒痰盂、刷厕所，忙个不停。这样看，他是这个招待所的服务员吧？待到开饭的时候，又见同样是这个小个子战士，穿着褪了颜色的三紧袖棉袄，到伙房给各桌端盘子、抹桌子、洗碗筷，他是这个食堂的炊事员吗？

某部特务连战士王元朝是出名的神枪手和技术能手，他是部队的一个先进模范，是这次会议的特邀代表，又是大会主席团成员。他早就知道雷锋的大名。1960年11月14日，雷锋到他们部队干部集训队作过报告，是指导员回连队后传达了报告的内容，王元朝虽然了解雷锋的事迹，却从未见到过雷锋本人长个什么模样。

大会开幕那天，在宣布主席团名单的时候，王元朝听到雷锋也参加这个大会，并且也是主席团成员。他很想认识一下雷锋，主席台上这么多人，哪个才是雷锋呢？王元朝在主席台上的座位，就在第一排沈阳军区司令员陈锡联的左边，他小声地问陈司令："刚才宣布雷锋也参加这次大会，哪位是雷锋呢？"陈司令对王元朝说："咦，就是坐在你身边的那位呀，你挨着的不就是雷锋同志嘛！"这时，雷锋也听到了王元朝和陈司令的对话。王元朝这时既激动又惭愧，雷锋就坐在自己身边，还不知是雷锋！原来就是报到那天见到的那个中士呀，就是以为是招待所服务员、食堂炊事员的那个圆脸微笑的战友哇！会议已经开始，王元朝不便说话，便对雷锋笑笑，紧紧地握住了雷锋的手。

会议休息时，雷锋走下主席台与人交谈。王元朝急忙跟上去，想与他说话，一时不知从何说起，见他穿着褪色的军装，便说到军装的事。王元朝说："会议代表都穿新军装来的，你怎么不穿新的呢？"雷锋笑了笑说："这衣服不是很好吗？这比旧社会不知好了多少倍。"会后，回到部队，王元朝才知雷锋在发新军装时，只领一套，另一套上交了。

雷锋和几位在大会上要发言的代表都接到了不要照稿子念的要求。即使写好了稿子，也要背下来，要变成自己的话讲。

王元朝感到自己能力差，费了九牛二虎之力也背不下来，自己有点儿着急上火。雷锋与他相反，不用背什么，现场发挥讲一下就讲得很好。他见王元朝的状态，对他说："不要气馁，慢慢背，要一段一段地背，最后连起来从头背到尾。"雷锋还帮他学会记忆的方法。功夫不负有心人，在雷锋的帮助下，王元朝终于攻克了这道难关。

雷锋是一个谦虚善学的人。他知道王元朝在特务连，身上有硬功夫，一次雷锋陪他去商店买牙膏，路上雷锋就好奇地让王元朝教他几下子。他们俩就在路上比画上了，有人还以为这两个战士怎么打了起来。

王元朝注意向雷锋学习，观察他的一举一动。晚上，雷锋要看书，担心耽误同屋的人休息，就到走廊里找个有灯的地方看，不管多么晚，雷锋也要坚持写日记。洗漱间里有人忘记关水龙头，雷锋一定会走过去把它关上。宿舍里白天亮着灯，他一定会去把它关了。人们晒的衣服从绳子上掉到了地上，他一定会随手捡起给挂搭在绳子上……

尽管雷锋在这次会议上做了那么多好事，在临散会那天，他

雷锋（后排左一）参加沈阳军区首届共青团代表大会时与其他代表留影

还是真诚地拿着个本子，到处征求同志们的意见。分别时，雷锋和王元朝互相都留了通信地址，并嘱咐今后一定要互相帮助、共同提高。

会后的3个月里，雷锋与王元朝通过3封信。前两封信主要介绍回部队后贯彻传达首届团代会精神的情况；第三封信是王元朝先写去的，说了家乡河南农村受灾严重、哥嫂生活困难等。他很快就收到了雷锋的回信：

亲爱的王元朝同志：

您好！紧紧握手吧！来信收到，看后极为感动。您的话对我的工作、学习等各方面都有很大的启发和帮助，同时给了我莫大的鼓舞和力量，为此我表示衷心的感谢！我们互相认识并不太久，只不过在沈阳开团代会短短几天里,由于共同的理想和一致的奋斗目标使我们的心紧紧相连,使我们在阶级友爱的基础上建立了深厚的革命友谊,我愿这革命友谊像松柏一样长青。

我们都是无产阶级革命战士,我们的理想就是消灭阶级,消灭剥削,实现共产主义。但是要使我们的理想变成现实,不是一帆风顺的。正如毛主席说的:"任何新生事物的成长都是要经过艰难曲折的。在社会主义事业中,想不经过艰难曲折,不付出极大努力,总是一帆风顺,容易得到成功,这种想法,只是幻想。"因此,我们在前进的道路上,困难总是免不了的。但是困难对我们来说是没有什么了不起的,任何困难也只是暂时的,是能够克服的,只要我们了解到困难是客观存在的,是能够克服的,那么我们就能够在困难当中鼓足勇气,去战胜它,去克服它。我为什么要和您谈这个问题呢?我想当前我们国家正处在困难时期,我们在工作、学习和生活中也免不了困难,我们互相谈谈对事物的认识和感想是有益的。您说对吗?

我为了更好地向您学习,以求得您的帮助,现将本人的情况向您汇报:我于3月16日离开了连队,配合团部单独执行任务,到目前为止,我安全行驶1800多公里,顺利和超额完成了上级交给的各项运输任务。目前,我的工作、学习比较忙,精神很愉快,身体很好。一切如常,请勿念。

时短言长,就此停笔。

此致

敬礼

战友 雷锋
1962年5月9日

这封信也反映了雷锋面对困难时一贯的乐观态度和肯于在思想上帮助别人的精神。

"永不生锈的螺丝钉"是这么来的

一同出席沈阳军区首届团代会的代表、某部副班长任宝林和炮兵某部炊事班班长刘思乐对雷锋有崇敬之情，便结伴相约，在1962年2月24日的晚上10点多钟，一起探访了雷锋，雷锋很热情地接待了他们。

刘思乐1939年出生，比雷锋大1岁，河南孟县（今河南省孟州市）人，1959年参军，比雷锋入伍早一年，是一个有特点有故事的人物。他入伍两年，当过炮手，喂过猪，磨过豆腐，漏过粉条，做过酱油，做过烧酒，晒过盐，养过鸡，喂过马……先后干过18种工作，他始终把个人理想置于祖国的需要之下，别人不愿意干的工作，他干得满腔热情，干得有滋有味。他干一行，爱一行，干一行很快就成为这一行的行家里手，成为这一行的尖子，被称作"不生锈的螺丝钉"。他和雷锋一样，是沈阳军区首届团代会的特邀代表，同样被选为大会主席团成员，在军区首届团代会上作了《做一颗不生锈的螺丝钉》的典型发言，受到人们的称颂。

刘思乐和任宝林一起探访雷锋的那个晚上，刘思乐谦虚地请雷锋看一看他的发言稿，希望能帮助他修改一下。

雷锋接过刘思乐的发言稿，很认真地看，很真诚也很谦虚地对他说："你那'做一颗不生锈的螺丝钉'标题，要是再加上一个'永'字该多好哇！这样是不是既生动又感人，又鞭策了自己呢？"一番话说得刘思乐连连点头，顺手将笔递了过去，雷锋就在刘思乐的发言稿上，在标题"不生锈"的前面，加进一个"永"字。

他们谈话的话题，就从螺丝钉开始了。这是都很优秀的战友之间的一次"高端论坛"。

刘思乐告诉雷锋，他一直把"做一颗不生锈的螺丝钉"当作自己的人生选择。有人说，"螺丝钉"的理想太"小不点儿"，不伟大。刘思乐在自己生活的那个区域已经很有名，走在街上，人们会认出他。有一次他走在街上，遇到几个学生，他们指认他说，那个就是刘思乐，也叫"螺丝钉"。"刘思"两个字与"螺丝"发音差不多。其中一个胆子大的学生跑到刘思乐跟前问他："解放军叔叔，他们说你叫'螺丝钉'，对吗？"刘思乐说："你告诉他们，在中国，我这个'螺丝钉'可是单名独姓，这个名字还没有人冒名顶替过呢！当'螺丝钉'有什么不好？"刘思乐对孩子们说："你们看，万吨巨轮，高飞的银燕，飞奔的列车，哪一个不是由千万个螺丝钉连接组成的？虽然它和轰轰的机器相比，似乎微不足道，但没有螺丝钉的连接固定，哪一辆机车也不能疾驶前进，对不？"学生们听了后，觉得有道理，他们顽皮却已经是赞赏地叫他"螺丝钉叔叔"了，他们表示自己长大后，也要像叔叔一样，做一颗"螺丝钉"。

刘思乐对雷锋说，从1959年到现在，他演讲有上百次了，演讲的题目就是《做一颗不生锈的螺丝钉》。有些听演讲的人都记不得他真名叫刘思乐，只记得他叫"螺丝钉"，甚至记者采访他，也管他叫"螺丝钉"。

雷锋听到这里，高兴地说："这是一种政治荣誉，祖国建设正缺少你这样的螺丝钉呢。我觉得，把螺丝钉作为人生位置的代词，比喻全心全意为人民服务的精神，既形象，又贴切。一颗颗螺丝钉连接着大大小小的机件，使机器成为一个坚实的整体，它的作用和价值是不可低估的。说真的，我真羡慕你有一个'螺丝钉'的名字，让我们携起手来，做一颗永不生锈的螺丝钉吧！"

刘思乐带着感激的心情对雷锋说："你在'不生锈'前面加上一个'永'字，这一个字真的是值千金哪！我和你一样，都是从旧社会过来的，只读了两年书，做一颗永不生锈的螺丝钉，在理论上，在实践上，很有探讨价值。我正要向你请教，怎么样当好'螺丝钉'呢？"

雷锋在与战友探讨时，也是发自内心表达着一种向往："要做一个品格如螺丝钉一样的人，最重要的是要牢记我党全心全意为人民服务的宗旨，要树立毛主席教导的全心全意为人民服务的思想，把热爱党、热爱人民的一腔热血，倾注在自己所担负的工作上，在岗位上创一流，多做贡献。"

刘思乐说到有的人声称自己爱干什么就干什么，还编成顺口溜："不当螺丝钉不当砖，不当老黄牛把套拴！"

雷锋立刻严肃地说："螺丝钉的可贵，在于默默奉献，我赞成'不想当元帅的士兵不是好士兵'这句话。人活一世总要有一个较高的奋斗目标，但不是每一个人的奋斗目标都能实现的，在社会主义建设时期，人们选择自己发展道路的时候，总要受到社会发展阶段各种条件的制约和影响。我们部队是一个军事集团，有保卫祖国的特定任务，安排你干的工作，有很多不符合自己的兴趣，有的工作累一点，脏一点，学不到什么技术，但如果这山望那山高，都不安心做分内的工作，部队哪还有战斗力，怎样赢得反侵略战争的胜利呢？"

刘思乐说："一个人如果不顾客观条件而依旧抱着个人的算盘

不放，必然会自怨自艾，毁了自己。把自己比作元帅，当不上时有埋没的痛苦，还是把自己比作螺丝钉好，在生活中到处都有自己的位置。"

雷锋延续着他的思维接着说："世界上一切大的和好的东西，全是由小的、不显眼的东西组成的。社会上大量的是那些看起来很平凡的工作，热爱平凡岗位的人，同样是最光荣的人。如同工人做工，农民种地，服务行业的补鞋、理发、养猪、做饭，如果没有这些平凡而艰巨的劳动，如果没有千百万人民群众的革命实践，就没有伟大的事业。伟大出于平凡，平凡孕育伟大。我们做的行行业业，都和伟大的共产主义事业紧密相连。依我看，只有热爱自己岗位的人才能把阶级的利益、革命的利益看得高于一切，把为人民服务看作最大的幸福和快乐，无保留地把自己的青春献给人民的人，才配得上'螺丝钉'这个称号，甘当'螺丝钉'的人，是属于那些为共产主义自觉奋斗的人。"

刘思乐孜孜以求，遇到雷锋这样一个思想开阔而言谈不凡的谈伴，自然不会轻易放弃继续求问的机会。他向雷锋请教怎样才能做到"永不生锈"的时候，雷锋说："一个革命者，不仅要有为人民服务的思想，还要有为人民服务的本领。党要求我们做又红又专的人，不认真学习专业知识，没有干革命的真本领，当炮手的打不中目标，驾驶员不会排除车辆故障，炊事员做的饭菜大家都不爱吃，就不能在反侵略战争中发挥作用。"

刘思乐说："有人认为'螺丝钉'好当，不用操心费力，叫干什么就干什么就是了，应该怎样认识这个问题呢？"

雷锋说："这种看法太片面、太狭隘了。您的报告里讲得好，当'螺丝钉'就是要干一行，爱一行，专一行，拧在哪里就在哪里闪闪发光。要'爱''专''闪闪发光',就要如饥似渴地学习,努力掌握本行的业务,做好本职工作。"

听了雷锋一番话后,刘思乐受到深刻的启发,他感慨地说:"在我们的时代,只甘当'螺丝钉'是不够的,而应该启发人们自强不息的精神,在自己的岗位上创造性地工作,中国缺少的不只是拧在哪里都没有怨言的'螺丝钉',应该给'螺丝钉'加上科技的翅膀,让每个人都在自己的岗位上做出更大的贡献。"

雷锋说:"一个革命者要有远大的共产主义理想,既要树立全心全意为人民服务的思想,还要掌握为共产主义奋斗的能力。依我看,'螺丝钉'精神,就是牢记为人民服务宗旨,把个人理想与祖国的需要相结合。科学技术是为人民服务的本领,'螺丝钉'与科技相结合,这个'螺丝钉'才能最大限度地发挥作用。'螺丝钉'作用的大小,要看每个人所掌握的科学技术和本领。"

这时,任宝林才插上话,他对雷锋说:"咱俩这次访问您,变成了'螺丝钉'精神研讨会了!我可爱打破砂锅问到底呀,雷锋同志,请您谈谈当好'螺丝钉'和共产主义理想的关系好吗?"

雷锋沉思了一会儿,对两位战友深情地说:"我认为两者是理想和行动的关系。每个共产党员和共青团员都要有为共产主义事业奋斗的远大理想,又要有奋不顾身、无私奉献、当好'螺丝钉'的实际行动。我十分尊敬董存瑞、黄继光这些为人民英勇献身的英雄,十分尊敬为社会做出巨大贡献的卓越人物和先进模范人物,也同样尊敬那些在平凡岗位上忘我工作、从不计较个人名利地位的平凡的人。伟大出于平凡,没有平凡的工作,就没有伟大的事业。革命战争的胜利,是靠广大指战员一个一个地消灭敌人,一寸一寸地夺取阵地积累起来的。社会主义事业的每一项成就,是靠一件件具体工作圆满完成取得的。共产主义事业是人类历史上最伟大的事业，要经过若干代人的努力奋斗，完成无数具体工作才能实现。只有通过若干代人千千万万个'螺丝钉'，坚持不懈地做好一项项具体工作，才能把共产主义理想变为现实。就是到了共产主义社会，也少不了服务行业，'螺丝钉'精神不仅是我们这一代的需要，而且应该代代相传，在五彩缤纷的世界上有一条'螺丝钉'之路。我们下决心共同走这条路，你们说好不好？"

刘思乐和任宝林兴奋地表示赞成，拿出本子和笔，请雷锋为他们写赠言。雷锋在任宝林的本子上写道："我觉得，一个革命者活着就应该把自己的毕生精力和整个生命为人类的解放事业——共产主义全部献出。"

雷锋在刘思乐的本子上写道："让我们携起手来，做一颗永不生锈的螺丝钉！"

这个属于年轻战友的快乐夜晚，这个属于先进分子思想激情碰撞的夜晚，他们美好的青春在为祖国为人民的事业中闪烁着耀眼的光芒。他们这个夜晚的畅谈，充满了看似平凡却无比深邃的哲理。甚至这三个战友的交谈探讨的深度和广度，其质量一点儿也不亚于在八一剧场讲台上隆重的演说。

在与战友交流思想畅谈情怀之后，雷锋郑重地在自己的日记本上写道：

一个人的作用，对于革命事业来说，就如一架机器上的一颗螺丝钉。机器由于有许许多多的螺丝钉的连接和固定，才成了一个坚实的整体，才能够运转自如，发挥它巨大的工作能力。螺丝钉虽小，其作用是不可估量的。我愿永远做一个螺丝钉。螺丝钉要经常保养和清洗，才不会生锈。人的思想也是这样，要经常检查，才不会出毛病。我要不断地加强学习，提高自己的思想觉悟，坚决听党和毛主席的话，经常开展批评与自我批评，随时清除思想上的毛病，在伟大的革命事业中做一个永不生锈的螺丝钉。

甚至可以说，正是无数次这样的交谈，雷锋敞开心扉，把他许多有深度的思考公开出来、传播开来，才形成了雷锋精神钻石一般的核心内容。

1962年2月25日，出席沈阳军区首届团代会的代表与沈阳市各界青年3000余人分两个场地举行联欢活动。联欢前，雷锋和其他几位特邀代表一起受到了辽宁省委第一书记黄火青、第二书记黄欧东，沈阳市委书记处书记吴铁鸣，副市长宋光、杨天放等领导的接见，同时在座的沈阳军区及其领导机关的首长有赖传珠上将、曾绍山中将、杜平中将、刘贤权少将、吴保山少将、李伯秋少将、李桂林少将等。

联欢会开始后，雷锋作为部队的代表在大会上发言，他表示要听党和毛主席的话，鼓足更大的革命干劲，踏踏实实，团结带领广大青年群众，争取做出显著的成绩来。

雷锋为啥常用一个小木棒敲打自己的脑袋

在首届团代会上，雷锋与大连长海县獐子岛"三八"号渔船船长兼民兵连长文淑珍相识，他们俩一见如故，因为文淑珍与雷锋有着几乎一样的苦难的童年。1941年，文淑珍父亲出海打鱼葬身于大海,家里断了生活来源,两个哥哥先后当了童工,她只好跟着奶奶出门讨饭……

文淑珍总见到雷锋出入各个房间打扫卫生,给大家打开水。开会第二天正是元宵节,食堂为每位代表做了一碗元宵,大家吃得很高兴。可是,与文淑珍同一个餐桌的雷锋迟迟不来就餐,原来他又到厨房去帮厨了。等他回来时,大家都把自己那碗元宵吃完了。雷锋一个元宵也没吃呢,可他却把他碗里的元宵拨给每人一个,他自己只喝了点汤。同桌的人都推让他给的元宵,他却说自己最不爱吃元宵了。雷锋还对文淑珍说:"你们海岛没有这玩意儿,你就多吃点吧!"

会议结束后,军区首长决定留下8名同志在驻沈部队和学校作报告,其中就有雷锋和文淑珍。每天两场报告,很疲劳,但文淑珍见雷锋一回招待所就又是不停地帮助服务员打扫卫生,在他的带动下,大家也都和他一起干,把住处的里里外外打扫得干干净净。

临别时,文淑珍请雷锋在纪念册上留言,雷锋非常高兴又很郑重地写道:"文淑珍同志:您是党的优秀儿女,是毛泽东时代的英雄,是我永远学习的好榜样。让我们更高地举起毛泽东思想红旗,为人类的解放事业——共产主义而共同奋斗吧。战友:雷锋 62.2.26"。

1936 年出生、1959 年入党的某部军医董蕙兰也是首届团代会后留下来那 8 位代表组成的"先进事迹报告团"成员之一。在报告团巡回演讲的日子里,每到一个地方,她早晨出去洗漱回到宿舍,都看到地板被拖得干干净净的,桌椅摆得整整齐齐的,接连几天全是这样。后来,她就留心观察,原来这些都是雷锋做的。董蕙兰对雷锋说:"你不要帮我们做这些事,我们自己会做的。"雷锋笑笑说出他的理由:"你们女同志事多,辫子那么长,光梳头也得几分钟,不像我们男同志头发短，用手一胡噜就行了。"

作为一个医生，董蕙兰出于职业的观察，看到雷锋常用一个小木棒敲打自己的脑袋，这是怎么一回事呢？一次报告间隙，董蕙兰和雷锋都坐在后台的一张细长的凳子上，他们进行了较长时间的交谈，谈到了各自的工作。雷锋是运输连的一个班长，经常执行长途运输任务，安全行车至关重要。开车时必须谨慎，全神贯注，一不小心就会造成车毁人亡的重大事故。自己受伤、牺牲事小，给国防事业造成损失事情就大了。那时雷锋业余时间也被安排得满满的，外出开会、作报告、辅导学校的孩子们，自己还一定要坚持读书、写日记，睡眠严重不足。雷锋说到这里，笑着说："开车时，其他事好办，就是这个睡魔难以制伏。开车时间一长，困得睁不开眼睛，我又急又恨又气。为了使自己开车时能精神振作一些，我就想出这么个办法，在驾驶室里备了三件东西，一是这个木棒，二是一个水壶，三是一条湿毛巾。每当困得难受的时候，我就把水壶里的水倒在毛巾上，用湿毛巾擦擦脸；再困时，就自己用木棒敲敲脑袋，或者让副驾驶敲敲我的脑袋。"

当医生的董蕙兰听到这里，连忙对雷锋说："这可不行，这可不行！用湿毛巾擦擦脸是可以的，但用木棒敲脑袋的办法绝对不可以，把脑袋敲坏了可不得了！"董蕙兰心疼雷锋，她给雷锋出主意："你疲倦时，就与副驾驶换一换呗，或者把车停靠在路边上休息一会儿。"雷锋说："不行啊，有时天气不好，加上路况差，让副驾驶开我有些不放心。将车停在路边也不行，路窄，后面的车辆多，前面的车一停，后面一长溜的车都得停下来。"

董蕙兰怎么也想不到，这样一个闻名全军的典型，还用这样笨的办法驱赶睡意，可是又一想，他这笨办法能保证行车的安全啊，这

洪流放歌 / 我写雷锋60年

是一种对工作极端负责的精神啊!

雷锋的黄书包里都有啥

董蕙兰像大姐姐一样关心雷锋,她见到雷锋随身总是背着一个颜色发黄的小包,好奇心使她想知道里面都装着什么东西。一天,她对雷锋说:"你整天背着这个包,我瞧瞧里面都装的是什么宝贝可不可以呀?"雷锋立即把包递过来:"你自己看吧!"董蕙兰把雷锋的包打开一看,里面有一个笔记本,还有一本《毛泽东著作选读》,表面包着封皮,书的四个角都卷曲着,外观比较旧。董蕙兰随手翻了翻,见书里面用红蓝铅笔画了许多杠杠,还有一个针线包。董蕙兰问:"你还用这个针线包哇?"雷锋说:"身上衣服哪个地方破了,缝缝补

战友们在雷锋的"流动小图书馆"
阅读毛主席著作

补也还是很需要的呀！"

有一次作完巡回报告回到宿舍，几个人在一起聊天。董蕙兰同文淑珍开玩笑："你好哇，整天在大海上吃新鲜的鱼和虾，好解馋哪！"文淑珍说："哪儿呀，记得第一次远航时，海天相连，天昏地暗，浪头一个接着一个像小山似的朝小船压过来，晕船晕得连苦胆都快吐出来了，当时真想一头扎进海里死了算了，不想活了。"董蕙兰说："幸亏你当时没往海里头扎，若是扎进去，我们今天可就见不到你了。"说完，大家一起哈哈大笑起来。雷锋在一旁听得入神，大家笑完之后，雷锋却神情严肃地对文淑珍说："你真不简单，小小年纪，就为革命吃那么多苦，冒那么大的风险，你的精神我要好好学习！"

参加沈阳军区首届团代会，让雷锋兴奋异常、感动异常，他浮想联翩，写下了自己的感受和决心：

今天是我永远不能忘的日子。像我这样一个穷孩子，能光荣地参加这次沈阳部队召开的首届团代会，感到万分的激动，能见到上级首长，直接听到首长的报告和指示，更是感到荣幸。首长特邀我参加这次隆重的团代会，并选我为主席团的成员，能和首长坐在一起，能和来自四面八方的英雄模范见面等等，这一切都是我过去做梦也想不到的。我这次参加团代会，既感到高兴，又感到惭愧。高兴的是：有党和毛主席的好领导，全军共青团工作取得了巨大的成就。惭愧的是：我为党和人民做的工作太少了，比起其他的代表，我差得太远了。但是我决不甘心落后。我想，只要听党和毛主席的话，积极肯干，就能为祖国为人民做出许多好事。我相信自己，别人能做到的事，我一定能做到。

我决不辜负党和人民对我的期望，决心从以下几个方面努力：

一、永远听党和毛主席的话，党指向哪里，我就冲向哪里，处处以整体利益为重，全心全意为革命工作，勤勤恳恳，踏踏实实，在平凡细小的工作当中，干出不平凡的业绩。

二、好学：我要认真学习毛主席的著作，刻苦钻研技术和业务……决心做个又红又专的革命战士。

三、我要密切联系群众，相信群众，虚心向群众学习，团结带领群众一同前进，永不自满，永不骄傲，永远谦虚谨慎，紧紧地与群众团结在一起，共同为党的伟大事业而奋斗。

四、我要积极肯干，做到说干就干，干就干好，脚踏实地、实事求是地干，千方百计地干，事事拣重担子挑，顺利时干得欢，受挫折时也要干得欢，扎扎实实地干，一定要把事情办好。

"且举雷锋为楷模",我的情书里也有雷锋

那个年代,年轻的人火热的心,歌颂青春,赞美青春,为祖国和人民贡献青春,是正处在青春期的士兵们共同的美好愿望。我那时在连队里出黑板报,要抄写雷锋关于青春的语录,就连给我的女朋友写信也要夹上一个有雷锋头像和雷锋关于青春语录的书签。那是 1964 年 8 月 22 日写给我入伍时确定为对象的王惠娟的,书签后面有这样一首从未对外发表的诗:

七月十五月儿圆,
清辉如水洒满肩。
革命征途长万里,
心同志合奔向前。

学习体会互交谈,
低级趣味抛一边。
且举雷锋为楷模,
应将"有限"化"无限"。

莫把青春当游鱼，
虚无飘渺度华年。
应以青春做大鹏，
风里火里把翅展。

贴心话儿难说尽，
话儿再多不缠绵。
五年十载春常在，
但愿红心永不变！

1969年，胡世宗与妻子王惠娟在长春合影

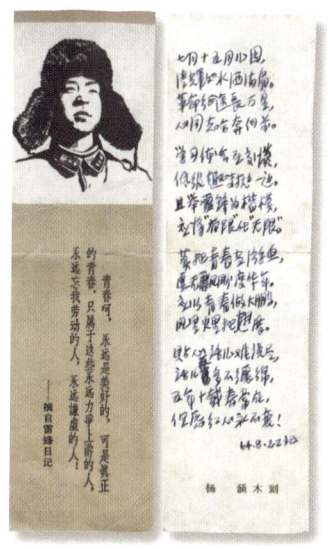

1964年8月22日，胡世宗写在书签上的情诗手稿

在战士演出队，
雷锋的"退"与"进"

我入伍到部队，当新兵时就被相关领导发现爱好写作，很快就从连队被临时抽调到团战士业余演出队写节目。团宣传股股长和俱乐部主任指导我把我写的忆苦思甜的诗《一只破碗》改编成诗剧，比我早入伍一年的天津老兵周庸儒、王润发、赵龙文给了我很多帮助。我们团没有女兵，把诗剧中的"妈妈"改为"爷爷"，我就在剧中扮演"爷爷"……在《洪湖赤卫队》乐曲演奏中，我现学的打扬琴，成为整个乐队的中心，因为现场不出现指挥，我的两支小竹槌就是"指挥棒"。

我后来听陈广生科长给我讲雷锋在工程兵第十团战士业余演出队的故事，很有共鸣，十分感动。雷锋不仅多才多艺，还是那么有该进必进、该退立退的全局观念。为此，我写了篇题为《雷锋在演出队的故事》的纪实文章，发表在《解放军报》上。

当时雷锋结束了新兵连的集训，即将下连队的这一天，他诗兴大发，在日记本上写了一首抒情小诗：

小青年实现了美丽的理想，
　　第一次穿上了庄严的军装。
　　……

　　雷锋没能马上去运输连报到。这完全是因为他写的这首小诗带来的结果。

　　在新兵营解散前夕举行的文娱晚会上，雷锋朗诵了自己写的这首诗，却未料到被在观众席上坐着的团俱乐部陈广生主任注意到了。雷锋说自己写了一首小诗，他朗诵得感情很充沛、很投入。尽管普通话不是很标准，但看得出来这是他本心的抒发。这是他自己写出来的，说明这小伙子挺有才的。

1960年3月，多才多艺的雷锋（前排右二）被选调到团战士业余演出队参加军区工程兵汇报演出

第十团在1960年制定的训练大纲，是全年进行军事训练，可是现在接到上级的指示，需要移防抚顺，参加社会主义建设，要协助地方建一座钢厂。大部队已经去了，部队解散前的新兵营和留守的少量官兵还在营口。

雷锋正在收拾东西，新兵连通信员来找雷锋说："指导员让你去一趟。"

雷锋问："你知道是什么事吗？"

通信员说："团部刚才来电话，让你留下来参加战士演出队。"

雷锋不知道部队还有这么一个单位，疑惑地念叨着："演——出——队？"

在20世纪60年代初期，部队群众性文艺活动中很重要的一点，是有战士业余演出队。这种业余文艺团体，围绕着部队的中心工作建立和开展活动，宣传本部队的模范典型、好人好事，宣传当时的政治时事、方针政策，活跃部队文化生活，密切军民关系和军政关系。兵写兵，兵演兵，吹拉弹唱，形式多样，道具简单，一专多能，闲时成立，忙时解散，为巩固和提高部队战斗力服务，也是发现、展示和培养文艺骨干的一个平台。

因为乡音，节目最多的雷锋主动弃演

演出队的节目都是自报公议。雷锋积极地报了群口词、诗朗诵，还有小合唱……

俱乐部陈广生主任兼演出队总管，住在挂着"九连连部"小玻璃牌的一个屋子，门上贴着毛笔写的"战士演出队队部"字样的红纸。雷锋拎着一个竹皮暖壶敲门。里面喊："请进！"雷锋推门进去。

陈主任正和团电影队队长、演出队队长赵纯业研究角色分配问题。

雷锋给陈主任倒水时说:"主任,全演出队就这一个暖壶,也不够大家喝的呀!早上在伙房打一壶水,几十口人够谁喝的?"

陈主任说:"演出队喝开水的问题,是得想办法解决。"

赵纯业说:"小雷,我和陈主任这屋有个空床,陈主任说了,让你搬过来,你住的那个屋太挤了。"

雷锋高兴地说:"是!正好我还能给你们当通信员!"当通信员简直成了雷锋的专业和业余的职业。在家乡,他给乡里的彭大叔当过;在望城县委机关大院里,他给张书记当过;在辽阳征兵办公室,他给余新元政委当过;在新兵营,他给戴明章参谋当过。此时,又一次尽显他热心服务的本事。

陈主任:"小雷呀,你报了三四个节目,是不是太多了点儿?弄得过来吗?"

雷锋说:"没事,我记性好,保证没问题!"陈主任说:"那就试试看,可别给我砸锅!"

晚上,演出队走廊尽头,陈主任端着茶杯走过,见一人的背影,那是雷锋拿着几张纸在背台词。

夜里,陈主任和赵纯业都已睡下,雷锋伏在床上,打着手电看台词,嘴里叨叨咕咕的。

拂晓,天蒙蒙亮。在操场的双杠上,雷锋两腿骑在上面,脚悠荡着,嘴里仍在背台词。

早晨,九连移防后的空营房,成了演出队员的宿舍兼排练场。

赵纯业在导演排练节目,他说:"站好了,咱们把群口词《开训第一天》的词对一下。小杨,从你开始。"小杨说:"时间如箭。"雷锋接着说:"转眼又是一连(雷锋把'一年'读成'一连')。"

1980年，胡世宗与陈广生（左）在南海西沙

赵纯业摆摆手说："停！雷锋，一年，记住！是一年，不是一连！"雷锋有点紧张地背着台词："转眼又是一连……"赵纯业强调地辅导他："一年！一年！"雷锋说不出来。赵纯业不满地说："好了，

下去自己再好好练练。"

在练习诗朗诵《老刘的故事》时，雷锋感情很投入，却把"陈旧"读成"成就"，赵纯业纠正几次，他仍没改过来。大家散开，雷锋一个人跑到侧幕条后面，练他的"陈旧"去了。

晚上，回到演出队队部，赵纯业向陈主任反映："我看把他撤换下来得了，9个人的节目，他在里面搅和，硌硌棱棱的，不大合群。他的节目又多，词倒是背得挺溜，就是他的湖南腔调一时改不过来。有的地方还有方言出现。主任，别犹豫了，换人吧！"

陈主任说："算了，人家那么热情，费那么大劲儿把词都背下来了，你不让人家上，不好吧？咱又不是前进歌舞团、抗敌话剧团，要求那么高，能凑合就凑合吧！你这个导演多加强点辅导就有了！"

赵纯业不同意："才不是呢！当初就不该答应他上那么多节目。我得去看看独幕剧改词改得怎么样了。"

陈主任说："行，你去吧！"

灯下，陈主任正在改写节目，有3个演出队员敲门进来，要求领导动员雷锋别上这几个节目了，他的湖南口音太个别，会影响节目质量。陈主任没有答应。

3个队员怏怏不快地离去。这时，赵纯业急急地进屋来，对陈主任说："主任，诗朗诵的9个人中午因赶排节目吃饭去晚了，饭凉，菜也凉，吃了一肚子气，和炊事员还吵了一通，闹得都不愉快。炊事员把事捅大了，要撂挑子。"

陈主任下决心地说:"看来,咱们再忙也得轮流排班去帮厨了。"

赵纯业同意,说:"这个,我来安排。"

陈主任说:"小赵,我正要找你,雷锋上节目的事,你看到底怎么解决才好?"

赵纯业说:"现在是进退两难。让他上吧,影响其他人的积极性,节目质量也要受影响;不让他上吧,他实在是太积极、太用功了!真不忍心挫伤他的积极性,给他的热情浇冷水……"

这时,雷锋敲门进来,向陈主任敬了个礼,喊一声:"报告!演出队队员雷锋(他读'雷哼')有个事情请示!"

陈主任笑了,嘱咐他:"记住,是'雷锋'的'锋',发音是'刮风'的'风',不是'哼哼呀呀'的'哼'。"

雷锋认真地说:"雷锋有个事情请示!"

陈主任让他坐下:"慢慢说。"

雷锋硬是不坐,请示着:"主任,我要求把我从节目中全撤换下来!"

陈主任与赵纯业对视一下后,说:"这个事嘛……"

雷锋果决地说:"主任,你们别光为我一个人的面子着想!演出效果好坏是演出队的大局。为了大局,我不会有什么想法的。"

陈主任欣慰地说:"好吧,小雷,我看你还是留在演出队,只是在这里你就'失业'了。"

雷锋胸有成竹、斩钉截铁地说:"我肯定不会'失业'的!"

白铁壶胖大海,雷锋总是有办法

清晨,舞台排练场上,雷锋一人在用拖布拖地板。

早上，在演出队员的宿舍，大通铺上一溜背包，演出队员们都练节目去了，雷锋一个人在整理内务。

上午，在留守处伙房里，雷锋边帮炊事员择菜边唠嗑。他跟炊事员说："我们演出队一掺和进来，可把你累坏了！一下子多这么多人吃饭，开饭的点还不一致，是够你呛的！"

炊事员听后略感宽慰地说："都像你这么想就好了！其实你们也不容易呀！"

雷锋见伙房墙角放着一个废弃的铁皮水壶，顺手捡起来，问炊事员："这铁壶能用吗？"

炊事员说："能用。只是暂时没用处。"

雷锋说："那就先借我用用。"

下午，在演出队宿舍外面的背风墙角处，雷锋捡来一些破烂，有那个旧的烧水铁壶，还有一些破砖头、破木头、废报纸、树枝、铁丝。

雷锋蹲下来，用红砖头砌了个小炉灶，他把破木头劈一劈，把树枝撅一撅。经他擦洗过的铁水壶焕然一新。水壶放在炉灶上，他迎风点火，一次次点，点了几次终于点燃了。火光映照着雷锋年轻热情的圆脸。他不断地往灶底下添树枝和木头，火越着越旺。

演出队休息的时候，雷锋拎着冒着热气的水壶来了。一个个演出队员把自己的水碗、杯子、搪瓷缸拿出来，摆了一溜。雷锋把一个个碗、杯、缸全倒满。有人端起来抢着喝一口，惊喜地喊："呀，终于喝上热开水了！"另一个演出队员挺明白地说："这里还泡了胖大海！"雷锋说："喝点胖大海对嗓子有好处。"有人问："哪儿来的胖大海？"雷锋说："这你就别管了！"接着，众人七嘴八舌地冲着雷锋说："谢谢你！"赵纯业夸奖说："雷锋，真有你的！"

晚上，陈主任仍在住处改节目，雷锋进来给他倒水。陈主任夸奖道："小雷，你果然没'失业'呀！我代表全体队员感谢你！表扬你！"

雷锋挠挠头说："这是我应该做的，表扬什么？真想让我'失业'呀！"

这时，赵纯业进来，有点儿发愁地说："陈主任，现在万事俱备，只欠东风。咱们一色的黄棉袄，都这样上台行吗？得想办法去借服装了，演工人的，演知识分子的，演农民的……"

陈主任说："这好办，明天咱们到市剧团去借几套！"

雷锋说："服装？还用借吗？我这儿有几件，不知能用得上不？"雷锋从床底下拽出红皮箱，打开盖，从里面拽出一套深蓝色作业服，说："这是我在鞍钢开推土机时的作业服，只洗过几次，演工人肯定是正宗的吧？"他又从里面掏出一件棕黑色皮夹克，他自己穿上一试："看，像个知识分子不？"陈主任欣喜地说："可以，可以。"赵纯业说："可是农民兄弟咋办？"雷锋从床底下的脸盆里拽出一条白毛巾，说："农民好办。穿上部队发的白衬衫，头上把这个一扎，演农民不成问题吧？"陈主任乐了："你别说，小雷的主意可行啊！咱们发动演出队员，把自己带来的地方服装都拿出来看看，自力更生就可以把服装问题解决了。"

和陈广生借阅《鲁迅小说集》，恋恋不舍地看了又看

陈主任注意到雷锋的红皮箱里，除了几件衣服，还有许多书刊。里面有几本毛泽东著作单行本，杂志有《中国青年》《人民文学》《诗刊》等，书有《湖南革命烈士传略》《不朽的战士》等十几本。

他甚感惊奇地说:"你的书可不少哇!"雷锋只说:"我喜欢读书。"陈主任从皮箱里捡出一本《湖南革命烈士传略》,问:"这本借我看看可以吗?"雷锋说:"可以,当然可以。可你的书也得借我看。"陈主任问:"我什么书哇?"雷锋说:"就是你那本放在枕头边没事总看的《鲁迅小说集》。"陈主任回手拿起书递给雷锋:"这是我在旧书摊上买的,鲁迅小说值得一读哇!"

清早,演出队外面的墙角破砖头砌成的炉灶,柴火在熊熊燃烧。炉灶上的铁壶在咝咝响,水就要开了。炉灶旁,雷锋在专心地看《鲁迅小说集》。

夜晚,赵纯业已睡着,陈主任在灯下阅读《湖南革命烈士传略》,雷锋坐在床边阅读着《鲁迅小说集》。

陈主任回头对雷锋说:"睡吧,我要闭灯了。"

雷锋说:"等等,我再看一会儿。"

陈主任问:"看哪一篇呢?"

雷锋答:"祥林嫂……"

陈主任说:"《祝福》里的主人公。"

雷锋点点头,边点头边擦自己眼角的泪水……

在团俱乐部的舞台上,陈主任在教雷锋拉大幕:"拉幕也要有感情。要和节目的情绪吻合。该快时不能慢,该慢时不能快。不要小看拉幕,人们情绪挺悲哀的,你唰的一下拉开,就破坏了这种悲痛的气氛。人们高兴的时候,你慢慢拉,也不对。总之你要体会节目的情绪需要,该快就快,该慢就慢。"

雷锋很认真地点头。他一次次地拉大幕,边拉边思考着与节目的思想内容吻合不吻合。

一天晚上,在营口海员俱乐部演出,一个节目刚演完,雷锋沉稳地拉着大幕，配合得很到位。观众一片掌声。陈主任满意地向他点头，他像个拉升落帆的船员一样，站在幕布后，紧紧地拽着幕绳，时刻待命。

演出队终于盼到去抚顺工地演出的这一天了。这是春季里某一天接近中午时分，在通往抚顺的公路上，汽车上载满了演出队队员和道具、乐器。

汽车正在奔驰着进入抚顺市区，雷锋突然在车厢上敲打起驾驶室的绿铁皮，发出"嘭嘭"的响声。汽车停在路边上。

陈主任把头从副驾驶位的车窗伸出来，问："怎么回事？"

雷锋背着背包，拎着红皮箱，从车厢板上跳下来，说："主任，我看见一块路碑，前面不远就是瓢儿屯车站，听说我们连离这儿不远，我这就回连去！"

陈主任开门下了车，对他讲："已经进市区了，中午钢厂招待所准备了午饭，吃了饭再回连不迟嘛！"

雷锋坚决地说："不了，过马路不远就是我们运输连。"

陈主任说："我总得给你们连领导说说你在演出队这一个月的表现嘛！"

雷锋直摆手："不用了！不用了！只是，只是你那本鲁迅的书我还没看完，再借我几天行吗？"他已经在掏那本书了，他准备在陈主任犹豫时立刻还给他。

陈主任爽快地说："没看完你就接着看吧。对了，你那几件服装还在演出队，等在这里演出完就还给你。"

雷锋说："没事，用着吧！反正那衣服也都是压箱底的，我也是没有机会穿的。"

陈主任说了声"再见"，又紧紧握住雷锋的手。

雷锋抽出一只手向车上的战友摆了摆，喊一声："再见！"

车上的战友也向他频频摆手喊着。

大家望着雷锋背着背包、拎着红皮箱渐渐远去了……

这样的一幕，时常在我脑海浮现。想着雷锋要还给陈广生主任那本《鲁迅小说集》实际上还想再接着看的情态，我有时会有眼泪涌出眼角。

一条壮阔的洪流，由一条条清凌凌的小小溪水汇聚而成

青年时代，是一个人立志的时代。在我的青春岁月里，欣逢了榜样雷锋。

翻看我 20 岁时的日记本，在封二有上等兵雷锋的彩色画像，在画像下面有我的志向表达：

> 雷锋——
> 你暴风雨里的海燕，
> 寒冷高原上的雄鹰，
> 在无产阶级的红岩顶，
> 你是一棵挺拔的青松！
>
> ——世宗

扉页上贴着一枚"中国人民邮政　鲁迅诞辰八十周年"纪念邮票，邮票下面有我写的字：

"俯首甘为孺子牛,"

反哺人民至死休!

世宗

63.3.5 二十岁生日

在下一页"日记"两个印刷的字样左侧,贴着我从报纸上剪下的雷锋画像,上端我写一行字:"战斗者的脚步声",下面是:

让雷锋的一腔热血融贯到你的身体中吧!让雷锋的革命精神活在你的生命里吧!

雷锋与世永别了,

你应该继承他……

世宗 自题63.3

右侧写着:中国人民解放军3018部队胡世宗

胡世宗1963年日记本自题

最早的一条清冽的小溪，是孩子们

在当代中国，学雷锋活动就是一条壮阔的洪流。而这条壮阔的洪流，却是由一条单纯的清凌凌的小小的溪水引发的。

雷锋任校外辅导员的两所小学——抚顺建设街小学和本溪路小学，这里的孩子们怎么也不能接受可爱的雷锋叔叔突然去世这个现实。他们最先提出要向雷锋叔叔学习的心愿。他们见不到雷锋叔叔这个人了，要去看看雷锋叔叔那个"节约箱"，看看雷锋叔叔写的日记和读过的书，还有他的枪、他的挎包、他穿过的衣服、他拍摄的照片……孩子们这样简单的要求不过分，应该满足。驻地部队的领导认真考虑了孩子们的愿望。雷锋是一个孤儿，他没有家，没有直系亲属，他生前所有的遗物都在连队放着。把他的遗物展览出来，既是满足孩子们简单的要求，也是对干部、战士和人民群众进行汇报和教育的一个方式，虽然是很简单的事情，也需要收集、整理和布置一下呀！

部队领导决定在雷锋生前所在的运输连举办个简易展览。摆了几趟桌子，把雷锋的遗物放到桌子上，每件遗物都写些说明词。雷锋生前曾被团里评过"节约标兵"，运输连办过雷锋节约事迹展览，有些实物和图片都还在，还能用，比如雷锋补了补丁的袜子和衣服，他那掉了瓷的搪瓷牙缸，他扫汽车板上的石灰用的灰撮子，还有平时捡到的螺丝钉、废铁皮、牙膏皮，修理门窗用的小锤子和螺丝刀，给战友剃头的理发工具，等等。

这些遗物按照一定的顺序排列出来，能让人看出雷锋这个战士的精神品质，人去物在呀！就是这样一个展览，顺其自然地越做越大。1962年10月22日，雷锋生前所在团正式开辟了"雷锋烈士生前事迹展览室"，并隆重地举办了揭幕仪式。团里的领导，抚顺市和望花区两级地方的党政领导，工会、共青团、妇联各方人士也来了不少，军区工程兵部主任王良太将军也到场了。参观结束后，就在团里开了个座谈会。座谈会上，共青团抚顺市委书记宋廷章说："雷锋展在这么短的时间里办出来，看完后很受教育。雷锋精神从这里充分反映出来了。雷锋牺牲在抚顺，宣传雷锋我们抚顺要发挥这个优势。这个展室是对青少年进行教育的一个最佳典型，是一个好的活教材。我的意思是，能不能把部队这个小型展览搬到市里搞，因为部队这个地方小，如果全市人民都来参观展览，那影响会更大。我们尽快选好地点，重新进行设计，把雷锋展览办好……"

他的建议立即得到王良太将军的应允。宋廷章很有才学，他曾为《抚顺日报》撰写过学雷锋的社论和评论文章。抚顺市也有各方面的人才，要画家有画家，要书法家有书法家，要作家有作家。这个座谈会后不久，抚顺市就把雷锋生前所在团的同志请去做指导，同心合力，在团里那个雷锋事迹展览的基础上，规模更大了，内容更精准了，特色也更突出了。

这个展览在抚顺市工人俱乐部展出，展览内容也通过报刊、电台迅速广泛地传播开了，仅3个月的时间观众就达28万人次。沈阳军区政治部把这个展览复制并扩大内容，在沈阳军人俱乐部体育馆三面走廊进行展出。驻沈机关和部队，到这个展览参观的队伍一个接一个，就是到与体育馆相邻的八一剧场看电影、看节目的干部、战士，也都有组织地或自发地先到雷锋事迹展览这边参观一下。

1962年冬,部队官兵参观雷锋事迹展

我所在的部队也举办了雷锋事迹展

当时我身居东北长白山脚下的山沟里,执行国防施工任务,一个普通战士不可能幸运地跑到沈阳参观雷锋事迹展览。很快,我们部队自己也举办了雷锋事迹展览。我日记里有记载全连集合到团部去看这个展览的文字。

1963年1月7日,中华人民共和国国防部批准命名雷锋生前所在部队运输连四班为"雷锋班"。国防部给沈阳军区的批复称:"你们请示授予3317部队运输连四班以'雷锋班'称号的报告收悉。同意你们的意见,批准授予3317部队运输连四班以'雷锋班'的称号。望勉励四班的同志,保持与发扬这一荣誉,并教育部队,学习雷锋同志的优秀品质。"1963年1月21日,部队官兵和各界代表1500多人,参加了沈阳军区隆重举办的"雷锋班"命名大会。命名大会极大地推动了全国上下学雷锋活动的开展,这是在学雷锋历史上不可忽略的一笔。

在1963年3月7日这天的日记里,我记述那天正进行班的"四好"检查,连长走进来,告诉我:"《前进报》登了你一篇稿。"文书丛廷才送我一张报纸,是我那组"新战士的诗"四首,其中就有《雷锋的胸怀》。团里的报道干事罗丛林和宣传股胡副股长专门到连队来向我道喜,他们希望我多写、写得更好。当时报纸编辑对我写歌颂雷锋的作品格外重视并及时发表出来。

1963年,我哥哥胡耀宗正在本溪钢铁学院读书,他给我的信中谈及学雷锋,可见在当时大学里学雷锋也成为青年人立志向前的一个标志。耀宗哥在信里说:"现在我院正大力开展学习雷锋的活动,

1963年1月21日，沈阳军区隆重举行"雷锋班"命名大会

对这位既平凡而又伟大的战士，我学了之后有许多感想。虽然我们出身不同，经历差别很大，但他的作为，他的方向，都是我们的榜样。他所做的一切都是极平凡的，是每个人都能做到的，但若没有正确的人生观和坚强的毅力是做不到的。"哥哥嘱咐我要像雷锋那样，鞠躬尽瘁，一丝不苟地为人民服务，写出自己鲜红的历史。

哥哥比我大4岁，属于同年龄段的青年人。我们互相鼓励着，一起学雷锋，共同向前进。

话剧《雷锋》把雷锋的梦想变成了现实

　　1963年正月十五元宵节，周恩来总理在北京人民大会堂出席驻京文艺工作者招待会。在会上，周总理对贾六说，你们沈阳军区能不能把雷锋的事迹搬上舞台和银幕呀？贾六听后，感到责无旁贷，任务重大，回到沈阳便邀集相关创作人员关门突击写剧本，写出一幕刻印一幕，导演和演员立即投入排练。这出话剧《雷锋》先在沈阳演出，剧组于1963年6月28日抵达北京，7月1日在民族文化宫剧场进行首场演出，沈阳军区政委赖传珠和总政副主任萧华观看了演出。7月5日，周恩来与夫人邓颖超、陈毅副总理在萧华副主任陪同下观看了演出。演出结束后，周总理等领导同志高兴地走上舞台接见演职人员。周总理一边与演员们握手，一边称赞戏演得好，并与演职人员合影留念。

"雷锋班"班旗

1963年8月1日晚,是沈阳军区话剧团全体演职人员最激动的一天。这一天,毛主席与周总理一起,在罗瑞卿总参谋长的陪同下,在中南海怀仁堂剧场观看了话剧《雷锋》。话剧团雷锋的扮演者张玉敏最为激动和兴奋,他说:"雷锋曾三次在日记里写到他梦见毛主席的情景,而我最幸运,我把雷锋的梦想变成了现实。"

雷锋因公牺牲后,雷锋班第一任班长张兴吉(左)和他的战友接过雷锋的枪,一起坚守和传承雷锋精神

一年了，小树苗已经长高！纪念雷锋，我要写

　　1963 年 8 月 15 日这一天，是雷锋因公殉职一周年纪念日。这一天，沈阳军区在雷锋生前所在团驻地营口举行纪念大会，工程兵司令员陈士榘上将和沈阳军区司令员陈锡联上将等领导同志出席大会；共青团中央书记处书记杨海波、共青团辽宁省委书记毕文廷、共青团抚顺市委书记宋廷章和各界代表参加了会议。这一天，在雷锋的故乡湖南省望城县（今长沙市望城区）和雷锋牺牲地抚顺市，都举行了雷锋逝世一周年纪念大会和扫墓活动。这一天，《前进报》发表了我纪念雷锋牺牲一周年的诗歌《诗两首献雷锋》，其中一首被很多战友称颂的《小树苗已经长高》，开头有一段前言："去年八月十五日，我们听到雷锋牺牲的消息后，无限悲痛，在山坡上栽下一片小树苗……"

　　　　一年了，小树苗
　　　　已经长高。
　　　　在山半腰，
　　　　像一片绿的波涛！

　　　　看着你呀，
　　　　雷锋在微笑。
　　　　我们一年来的成长，
　　　　快向雷锋报告：

映着红日出操,
披着星月站哨,
风雪里打"班进攻",
雨雾里练刺刀……

雷锋,在微笑,
小树苗已经长高。
像祖国的一扇墙,
迎接那袭来的风暴!

  我感受到雷锋牺牲一年来,在全国军民学雷锋的热潮中,涌现出太多雷锋式的人物,我们每个战士都在像雷锋那样坚守着自己的战斗岗位,履行自己的神圣职责。我以小树苗长高来比喻和象征我们队伍在雷锋精神的感召下迅速成长。

  与这首诗同时发表在《前进报》上的另一首诗是《火种》:

雷锋呀,雷锋,
你恰如一粒火种,
已经撒进了
亿万人心中!

如今千万朵火花,
已开满了碧海青空;
朵朵那么炽热,
朵朵那么艳红!

《诗两首献雷锋》是我在学雷锋、写雷锋的道路上自觉敏锐地创作并明白打提前量写作而赶上报纸的纪念特刊的一次成功的实践。8月15日是雷锋的祭日，我作为一个连队的战士不知道报纸有无纪念这个日子的打算，不知道报纸会不会发表这类诗歌作品，但我要写，我的创作意念可能与报纸编辑的想法合拍，纪念雷锋牺牲的这个日子，也可能编辑没有想到，我想到了。因为我们连队在深山里，往《前进报》寄稿子得在路上走个把星期，我想必须赶在这个纪念日前几天到编辑手上，因为到他手上要编，还要发排、成版，都需要时间。"打提前量"的创作，成为我后来创作的常态。比如国庆节要到了，我早早在9月中旬就把稿子写好了，寄给了编辑；比如建军节要到了，我在7月中旬或更前面一点的日子就写出了诗歌，投给了报社。后来每年的3月5日学雷锋纪念日要到了，我也是在2月初最晚2月中旬，就准备好了新写的稿子寄给报纸的编辑，如果给刊物，还要再提前一些，刊物往往3月编5月的稿子、5月编7月的稿子。有几次，都是3月5日那天或前一天、后一天，我写雷锋题材的作品在报纸上发表出来。

那时候，学雷锋要见行动。雷锋说："不经风雨，长不成大树；不受百炼，难以成钢。"到祖国最需要的地方去，成为那时候部队官兵的神圣志愿。

我们部队在执行国防施工的任务。我在1962年10月21日的日记中记述："快下班了，天渐亮了，外面的电灯全熄了。工地的大喇叭开始广播了。中央人民广播电台的头条消息是，印度侵略军在强大炮火掩护下，向我军多次大举进攻。我军被迫自卫，并予以反击。对印度无理的侵略行为，我国政府提出最坚决、最严重、最强烈的抗议。我和我的战友们听了都很愤怒,一颗颗心飞向了中印边境战斗的最前线。""午饭后上山砍柴,准备做菜窖的梁。走好远好远的路,爬好高好高的山。刘振东和我在一起,我们没有斧子,等二机班用完用他们的劈砍。拿到斧头后,刘振东带我爬上另一座高山,他脱掉棉袄,选择了两棵青冈树,操起斧头来。我也脱了棉衣,穿着蓝秋衣,几次想抢他手里的斧头,他都不松手。""晚上,营里的教导员作有关中印边境形势的报告,并作了上前线的动员。各班反映激烈,灯下写决心书。一向默默无语的副班长邬定远话特别多,他要求到前线去,刘振东更是很干脆地发言要去中印边境参加战斗。"

在第二天的日记里,我接着写:"早上,我写黑板报,写申请到中印边境前线去,不知谁一引头,大家都争先恐后地在上面写了自己的名字,好大一片!""晚上,战士的心像拉满的弓弦,弦上的箭等待发射。油灯下,连长张洪亮宣布去前线的名单:于兆起、刘振东……共三名。我看见刘振东的脸上浮现了微笑,心头有压抑不住的喜悦。这位我新结识的战友,昨天还一起上山打柴呢!就要与我分手了!……我写了《送战友赴西藏前线》《致飞往雪山的神鹰》的诗,赠给上前线的战友。"他们都是学雷锋、见行动最积极的战友!

在我们班有个文化低的战友肖江,他常做出莽撞事,爱和班长顶撞,脾气不咋好。可是他愿意听我讲故事,我就给他讲雷锋的故事,讲黄继光、邱少云、徐学惠、向秀丽的故事。他听起来很用心,听得直点头。有一天中午,肖江拉我要照相,说:"快!教导员等着我们呢!"原来是昨天肖江非要到离我们工地挺远的岔路河镇上去照相,说他家里要看他当了兵的样子。但不是节假日和星期天,谁也不能准他假呀,班里排里都说服不了,教导员陈全兴知道了,立刻告诉他,今天给他照相。教导员新买了一个相机。教导员给肖江照相,他一定要让我与他合一张影。照完相,教导员陈全兴让我参加全营一个骨干会,让我做记录。原来是让我们连八班班长陈远生给大家介绍自己学雷锋做好管理教育工作的经验。教导员还特意对我说:"多听听会有助于你创作的。"八班班长的事迹果然很感人,尤其他改造后进战士、带城市兵有很多招法。有一个新兵乒乓球打得好,参加团里比赛拿到好的名次,可是他的枪擦得不好,生了锈。他和严格要求他却不讲究方式方法的老兵闹起矛盾来,班长用雷锋当班长的经验帮助两个人和好,互相帮助。

这都是1963年3月的事。我们团宣传股胡副股长叮嘱我在连里好好干,他嘱咐我:"要把雷锋日记多看几遍,仔细体会。"胡副股长和团俱乐部向主任与我一起探讨了我们连八班班长陈远生的事迹,与我研究怎么写成一个小歌剧。我说那我就练练笔,不一定写成。我把连队里学雷锋的故事写成小歌剧《同志之间》,师俱乐部主任杨臣锐帮我进行了修改润色。

我们团的战士业余演出队把这个小歌剧排出来了,演到了师里,接着又演到了军里,在军里经过修改提高,参加1963年12月沈阳军区举办的团战士业余演出队会演。全军区15支演出队共演出了153个节目,军区政治部文化部挑选了27个节目,编印成册,下发给全军区部队,供团演出队、连演唱组在春节期间采用,这其中就有我写的两个节目,一个是这个小歌剧《同志之间》,另一个是配合部队忆苦教育的朗诵诗《十块大洋》。巧的是,这本《会演节目选》里还有大尉屈鸿超写的诗《雷锋班献血救亲人》,写的就是

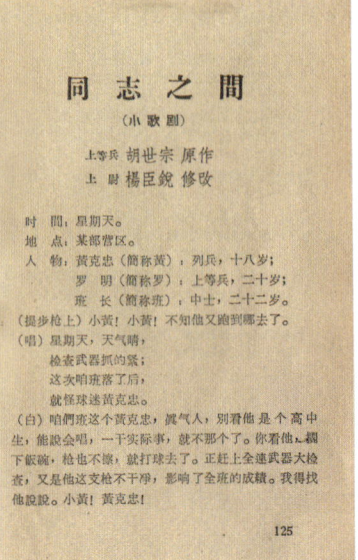

1963年,胡世宗原创小歌剧《同志之间》入选沈阳军区《会演节目选》

雷锋去世那年的冬天,雷锋班的战士们为救乡亲挺身勇献血的真实故事。

以上这一切,都发生在我入伍半年的时间里。

模仿雷锋,做个细节过硬的人

在连队里我是板报员,为了换黑板报的内容,在战友中约稿子,让他们写心目中的雷锋,写学雷锋的心得,他们却经常表现出很为难的样子。在1963年3月28日的日记里,我写道:"在我们革命队伍里,有着千千万万个这样的好同志,他们干起工作来如龙似虎,成绩显著,但让他们写一篇心得,却要比挑几桶水吃力得多,他们不喜欢多言语,干起活儿谁也比不了。正是这些忠心耿耿的战友,担负着最艰苦、最繁重的也是最光荣的担子,把革命担在自己的肩头向前走,不怕苦,不怕累,又从不要名誉、声望。我就是要做一个这样的人,虽然自己能写点东西,但这决不是放空炮,我要在斗争中磨炼自己的肩负力,把肩头练成一块'死肉疙瘩'就好了,那就能担起党交给我的繁重的责任了。"

这天晚上,连队给养员还给我6元钱,并附信说:"世宗战友,你给6元钱让我帮买俱乐部用品,你的心意领导和我完全了解,根据你的情况,我不能帮你的忙,你的这种精神值得大家学习。"我是把我近期的稿费给了给养员,他总上街给连队买菜买副食什么的。我把6元钱(相当于当时战士一个月的津贴费)给他,请他代我买出黑板报和墙报用的广告色、色粉笔、彩纸什么的。他曾答应替我保密,最后却和连队领导说了,连队领导不让我个人出钱买连队这些物品,给养员就把钱退给了我。

学雷锋初始阶段,模仿性的举动比较多。比如,雷锋所在班里有一个小周,是一个爱唱歌很活泼的小伙子,雷锋发觉他接到一封家信后,情绪有点低落,笑话不说了,家乡小调也不唱了。雷锋反复与他交谈才得知,小周父亲得了重病。雷锋想,小周思想进步,工作积极,从来不谈个人问题,父亲病了大概也不会请假,这事可怎么办呢?雷锋设法问清了小周的通信地址,以小周的名义写了一封信,同时给他家里寄去了10元钱。

我们连四班班长姓刘,和我同是沈阳人,我从学校入伍,他从工厂入伍。刘班长那一阶段情绪低落,经了解,是他父亲病重住院。他吸烟,每月津贴费没有什么结余,到用钱的时候就抓瞎了。我知道这个情况后,把我的两个储蓄存折,一个是我的津贴结余款,一个是稿费积蓄,共24元,一分钱没留全给了刘班长,让他赶快给家里寄去以解眼前困难。我觉得学雷锋就应该这样做。

我在1963年4月5日的日记里这样写道："'一滴水是渺小的，洒在地上，一会儿就会干涸，然而融入大海则能掀起万丈波涛。'为我而活着，之所以渺小，就在于和大海分离。雷锋之所以伟大，就在于他是大海中的一滴。'我觉得要使自己活着，就是为了使别人过得更美好。'这是一支瑰丽的歌，然而必须全身心地唱出来，才能震撼人心。"

雷锋是一个细节过硬的典型。生活是由细节组成的。我在连队当兵时，主食是分细粮和粗粮的。细粮就是大米、白面，粗粮主要是高粱米和玉米面。一次，我们班的小姚病得厉害，炊事班给他做了病号饭，是一碗面条汤。他一口没吃，却有人把它吃了。炊事班班长不高兴了，病号才有的病号饭怎么就有人给吃了？我在日记里写道："我觉得一个人在生活细节上不注意，不严谨，不讲究，往往会因小失大。因为一口面条丢自己的面子。一些干部在生活小节上不注意，给群众影响极坏。"

那天晚上连队点名，副指导员读了《解放军报》上"南京路上好八连"的事迹。总政主任萧华上将称好八连是集体雷锋。八连官兵有一个习惯，每年领新交旧时，总是提前一两个星期就用自己的肥皂把旧衣服洗得干干净净，破了就补好，缺个扣子就缝缀上。看起来这是微不足道的小事，然而我们有些同志就有另一种行为了，同样领新交旧时，他们总是提前一两个星期就用剪刀把旧衣服剪得"五体不全"，面目皆非，缺胳膊少腿的，结结实实的扣子也给剪下来了，弄得给养员无法收拾，不能交账。相比之下，天壤之别呀！我学雷锋学好八连，把新领的一双胶鞋上交了。

在1963年4月10日的日记里我记述着出席团员大会，会上学习了雷锋在受奖会上的发言和雷锋的一篇日记，宣布了我和张书云为支部委员，会上还选举了出席军区第二届团代会的候选代表，有副支书周兴瑜和我。

不倦地写作，张大眼睛去发现身边的好人好事

那时我张大眼睛，竖起耳朵，看和听身边学雷锋的好人好事，看到了，听到了，立即写出来。我和身边的战友何群富聊天，无意中聊到了他的一件学雷锋的动人事迹。

何群富在二机连学木工，住在一个姓康的老大娘家。一天晚上，康大娘的大儿子抽羊角风，口吐白沫，手脚冰凉，已经昏死过去了，老大娘急得直哭。何群富一边劝康大娘别着急，一边动手治老乡的病，由于他的努力，大娘的儿子"活"过来了。何群富打发人把连队卫生员找来，卫生员来了一看，认为无法施救，主张赶快送医院抢救。大娘手头没有钱，何群富将身上仅有的20元钱交给了大娘。大娘很感激，但又推辞了。她说："你们不知哪一天说走就走了，天南地北的，让我上哪儿找你还钱哪！"何群富说："这钱，我不要了！"大娘又推辞。何群富说："救人要紧！咱们是老百姓的队伍，能瞅着兄弟有病不管？"说着就张罗把病人往医院送，但大娘的儿子却连双袜子都没有，到外面一见风还得犯病。何群富毫不犹豫地把自己的厚袜子脱下给大娘的儿子穿上。病人好了以后，大娘跑到二机连还钱，何群富说什么也不要。最后回到营房，打开自己的小挎包，发现不知什么时候大娘把20块钱放在里面了。他像雷锋那样，把人民群众的疾苦当作自己的疾苦，把人民群众的利益看成自己的利益。这值得我好好学习，同时，我把何群富这件事写成了稿子，

投给了报社，在报纸上发表出来，对何群富，对连里的战友们，都是挺大的鼓励呢！

我还和我们连的老兵左秀峰合作写了一篇散文《在雷锋精神的鼓舞下》，记述了我们连饲养员张学文了不起的事迹。

全连官兵在外执行国防施工任务，张学文留守在营房，饲养40多头猪，这个活儿可不轻，饲料又不够吃，怎么办？在困难面前能低头吗？不能！他想起雷锋在困难面前的态度，要以顽强的精神战胜困难才对。他鼓起了克服困难的勇气，饲料不够，他就用豆壳掺部分粮食煮给猪吃。可是猪只吃粮食，不吃豆壳。他以为猪不吃豆壳是因为豆壳不干净，他就用筛子把豆壳筛了两遍，猪还是一口不动。这是怎么回事呢？他去请教兄弟连队的饲养员，他们都说："豆壳可以喂猪呀！"

他回来后，把煮好的豆壳用勺子盛一点闻一闻，原来有一股味，难怪猪不吃。他又把豆壳一筐筐端到河沟边，在河沟里洗得干干净净的，再煮出来，大猪小猪都抢着吃了。不到半个月，豆壳吃光了，这时正是6月初，青草、野菜都长出来了。张学文就带着麻袋、镰刀到野外去打野菜和青草。猪的饭量大，他打一次只够猪吃半顿的，一天得打四五次才能供得上猪吃。张学文不怕麻烦，不辞辛苦，天天坚持打猪草。

可是，挠头的事又接连不断地来了。七八月的连雨天，把泥土筑的猪圈泡倒了一半。猪从圈里出来，四处乱跑。张学文想，这可不行，猪跑到地里要祸害庄稼。于是，他在战友的帮助下，把倒塌的猪圈围墙修补好了，避免了猪四处乱跑。那个时节天总是下雨，猪圈泥泞，刚生下的20多个猪崽的鼻子和眼睛都被泥糊住了，大猪也满身是泥。张学文就抱着小猪、赶着大猪到河沟，一个个给它们洗澡。刚生下来的小猪不灵活，为防止母猪把它们压死，张学文除了白天看护，一晚上要起来四五次，逐个察看小猪，一个个长得都挺好的……

这篇《在雷锋精神的鼓舞下》作为通讯，发表在地方报纸上。连里的战友们看到了，纷纷表示要向身边张学文这样的雷锋式的榜样学习。

邓广志是中专学生入伍，他想当个技术兵，却被分配当了步兵。学雷锋后他大受震动，冬训中摸爬滚打，不会就学，不怕地冻天寒。训练了一天，大家都累了，晚上睡熟了，邓广志偷偷起来给大家烤鞋垫、烤袜子。炊事员程万忠，一个人做35个人的饭，驻地离施工地点来回有8里远，他每天三餐做好了饭、菜、汤，还要挑着担子送到工地上，等大家吃完了他再吃。有一次饭吃没了，他就悄悄啃块锅巴了事。房东看到了，不解地说："炊事员还空肚子呀？真少见！你不是傻子就是缺心眼儿！"程万忠听了这些话，只是笑一笑回答："咱这个'傻子'和雷锋比，差得远呢！"这是我和团报道干事廖正宽合写的《以雷锋同志为榜样朝革命化方向迈进》的报道，发表在驻地《辽源市报》上。

我们五连学雷锋的人和事总上报纸，这是战友们感到自豪和愉快的一个缘由，都说"得感谢胡世宗的笔头子"！我说："我得感谢咱们连有这么多事迹过硬的学雷锋积极分子呀！"

那时候，学雷锋不是一个口号，而是人们生活的一个氛围。就是说，到处都会碰到、看到、听到学雷锋的事，让你不知不觉地融入学雷锋的大环境里面。

比如我1963年3月15日的日记记录的：我收到两封信，一封是我哥胡耀宗的，他再一次督促我好好读雷锋日记，好好向雷锋学习；另一封是我当兵前在学校参加文学写作活动的沈阳市铁西区文化馆寄来的"学习雷锋诗传单"，油印的，上面有我熟悉的岸冈、王占喜、乔魁才、纪凯、冯幽君等人的作品，因我们连队所在的国防施工地点偏僻，加上流动性大，通信地址不固定，我写的诗无法寄给文化馆，我没参加到这本油印的"学习雷锋诗传单"的行列里，感到十分遗憾。

比如我1963年3月18日的日记记录的："傍晚，风很大，特别是山口，更明显些。傍晚后集合到山脚苞米地里看电影。团放映队来慰问我们。一张大银幕，挂在两棵杨树之间，风把它鼓起来了。我们4个连队的官兵都到了，若问我几排几号，我是第十五条垄第二十四根茬子。方副指导员叫我教歌，我一句句地唱，大家一句句地学：'一面大旗烈火红，高唱赞歌学雷锋……'几个连队拉起歌来了，劲头十足。我们连同志们的集体荣誉感特别强，一听说拉歌，劲儿就上来了。戴眼镜的方副指导员亲自指挥，不一会儿就把一炮连比拉垮了。天上的星星依稀零散，我们说，这比人民大会堂的天棚还宽广呢！许多老乡都拥到这条小山沟里来了，他们很不容易看一次电影。影片名字是《我们村里的年轻人》，马烽对农村青年的心理刻画很有个性，很典型。"

比如我1963年4月6日的日记记载了我从连队赶到团政治处参加报道会："到政治处——工地上一间普通的茅草房。罗丛林干事主持会议，他是昨晚上从东丰来的。会上，大家兜了兜素材线索，罗干事帮助取舍、确定。最后他介绍了一下《解放军报》四五月份的报道重点：……学习雷锋落实'学雷锋，看行动''千万个雷锋在成长'，南京路上的好八连，不忘战备，不忘天天练……"当时我就想，这"千万个雷锋在成长"的栏目标题多好哇！《解放军报》

的编辑就是站位高、水平高，这不是一首诗的标题吗？"千万个雷锋在成长"，既是对群众性学雷锋现实的热情反映，更是一个强有力的呼唤哪！

当时我所在团政治处主任是侯德刚，他后来当了团政委，又当了赤峰守备区的政委。他特别重视宣传报道工作，重视部队的文艺创作。他当团政治处主任时提出了"百篇团"的口号，就是在一年里，我们团上稿量要实现100篇！记得那一年，我一个人发表在军内外报纸上的稿子——包括新闻报道和诗文作品就有28篇。我受到了团里的特别嘉奖鼓励，给我记了一次三等功。在师里召开的报道兼文艺创作骨干会上，宣传科张副科长表扬了我的创作；师政治部副主任唐玉胜在看望大家时，特别表扬了我。他说，在文艺创作上，专业和业余要结合起来。军队有飞机、大炮、坦克，也得有机枪、手榴弹。而业余创作和演出更有它的群众性和广泛性。他说，咱们部队在艰苦的生活斗争中，更需要文艺骨干写出更多的战斗性、现实性强的作品，文艺骨干其实是斗争中的尖兵。唐副主任在讲话中提到我写的诗，他嘱咐我在连队里好好锻炼，将来成为一个"战士诗人"，为革命的文艺工作做出更大的贡献。部队各级领导十分爱惜和扶植青年人，他们看我发表作品，比他们自己发表作品还要高兴。各级领导把我在文艺创作上的长进和成绩，看成他们工作的成果。我在1963年3月20日的日记中写道："不倦地战斗，不倦地写作，像自己在《雷锋的胸怀》中写的：'勤奋地工作，高昂地歌唱'吧！光辉的道路展示在你的面前，光辉的顶点召唤着你孜孜不倦。去吧，向着诗歌的珠穆朗玛，只要你坚韧不拔，持之以恒，跟党走，听主席的话，在你的脚印里，就会铺满胜利的鲜花！像雷锋那样生活和战斗吧！"

在我漫长的创作道路上，曾荣获一些奖状、奖杯和荣誉证书，这些当然都是对我的肯定，对我的鼓励，对我的鞭策，但让我最刻骨铭心的一次奖励，是我们连的连长张洪亮对我的那次队前口头表扬。那天收到1963年4月25日的《前进报》，报纸上发表了我4首诗，其中有《我穿上崭新的黄军装》和《雷锋的方向盘》，署名写的是"新战士胡世宗"。我在1963年4月27日的日记里这样描述："晚上，在满天的星光下，全连在山坡上进行晚点名。连长张洪亮特意提到了这件事。他拿着手电照着报纸念了我的诗，他说：'今天《前进报》上登了咱们胡世宗的4篇诗，你们说好不好哇？''好！'大家拖着长声响亮地回答连长。我就在队列之中。我脸上发烧。连长说：'就是好嘛！'他接着讲了同志们进步不要骄傲，把成绩记在党的账上。夜风习习，在这春夜里，连长的脸庞我看不清楚，只能见他那高大的身影。我更能见他那爱才之心、扶才之意。这也是部队的优良传统。我觉得连长是在嘱咐我。是的，我一辈子也不能骄傲，无论今后做出多大的成绩，也不能骄傲。因为我是群众大海中的一滴水，是党栽培起来的小苗。"这是我当时最真实的感慨、最朴素的心境。

　　方向盘，方向盘，这是我当年十分注重的一个象征性的物件，我注目到它，我由它引起了思索，也引发了诗的灵感。方向啊，方向，一个人在人生和事业的道路上，不能偏离正确的方向啊！我从图片上看到雷锋伏在方向盘上读《毛泽东选集》，在驾驶楼里、方向盘前与战友乔安山谈心……张洪亮连长在念《前进报》上我发表的小诗中就有这首《雷锋的方向盘》，我的小本子记的这首诗的写作时间是1963年3月17日：

是同样的光辉道路,
有同样伟大的起点,
为什么,雷锋同志
能跑在我们前面?

同样是党的儿子,
同样是革命青年,
为什么,雷锋的脚步,
那样稳实,那样矫健?

看答案,很简单——
胸怀一团浓烈的火焰。
读了毛选一卷又一卷,
紧紧把握住前进的方向盘!

这方向盘,
永远金光闪闪,
在漫长的大路上,
它使我们勇往直前!

被贺敬之的《雷锋之歌》震撼的日子

有一天,我到连部去翻看报纸。对于一个士兵,他所在连队的连部是亲切的,也是庄重和神圣的。那是连首长办公的地方,一般来说,连长和指导员各住一室,公务班即文书、通信员、司号员等住一室。不是连队首长通知,战士很少能到连部去。我因为是连队团支部宣传委员,也是连队革命军人委员会的板报委员,加上自己经常写稿在报纸上发表,团里的首长、政治处的主任、副主任和干事们到连队来,都要见见我,找我谈情况。就连师里政治部门写材料,如整理我们团支部学雷锋的事迹材料,也让我参与研究和起草。这样,我就比较"特殊"一点,到连部去的机会比一般战友多。

在月夜的岗哨上,我激情地大声背诵

我在 1963 年 4 月 16 日的日记中这样记载:"早上在连部出黑板报时,在文书那里看到《中国青年报》上贺敬之的长诗《雷锋之歌》,无限欣喜。"接着在第二天的日记中又这样记载:"贺敬之的《雷锋之歌》,我连读了四五遍,心旷神怡呀!感谢诗人为我们青年一

代写出这样激情饱满的革命诗章!我一遍遍地读,有几个章节都能背诵下来了。"

那年月,我白天参加国防施工,掏山洞子,把爆破后的大石头用铁锤砸成一定规格的小石头;晚上,照样排班持枪在山沟里站岗放哨。我抽空反复拜读贺敬之的《雷锋之歌》,甚至在月夜的岗哨上,激情地大声地背诵着:

> 假如现在呵
> 我还不曾
> 不曾在人世上出生;
> 　假如让我呵
> 　再一次开始
> 　　开始我生命的航程——
> 在这广大的世界上呵
> 哪里是我
> 最迷恋的地方?
> 　哪条道路呵
> 　能引我走上
> 　最壮丽的人生?

啊!这诗怎么一下子就抓住了我的心?诗,怎么可以这样开头、这样表达?

写出这样优秀诗作的诗人是什么样子呀?贺敬之,我把这伟大的名字记住了,他是我一辈子学习的榜样!那时还没有"偶像"这个词。

两年后的 1965 年 11 月,我因在部队基层连队创作和发表了一些作品，应邀到北京出席全国青年业余创作积极分子大会，受到了周恩来、朱德、贺龙、叶剑英、彭真等党和国家领导人的接见。有一天会议议程结束，晚饭后，我和十几位部队与会代表被一辆大客车拉到王府井人民日报社，在报社三楼参加一个座谈会。主持座谈会和接待我们部队代表的是文学艺术和副刊部（那时不叫文艺部或副刊部，名字好长）的几位编辑，其中就有贺敬之，就是这位我敬佩景仰的大诗人！当时我22岁，他41岁。我目不转睛地盯着他看，怎么看都觉得他是那样的普通，那样的平和，那样的谦逊。我甚至光顾盯着他看了，他讲了许多话，讲的是什么，我都没怎么记住。我耳畔响起的是他《雷锋之歌》里的诗句：

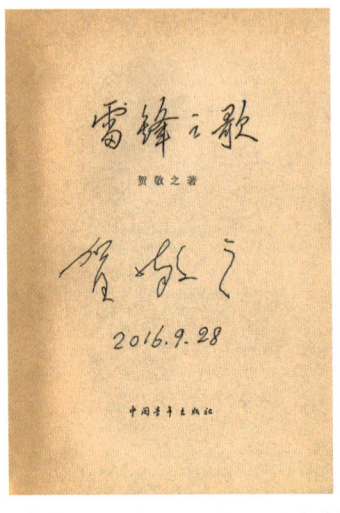

《雷锋之歌》，贺敬之著，中国青年出版社1963年5月出版

面对整个世界,

我在注视。

　　从过去,到未来,

　　我在倾听……

八万里

风云变幻的天空呵

今日是

几处阴?几处晴?

　　亿万人

　　脚步纷纷的道路上

　　此刻呵

　　谁向西?谁向东?

哪里的土地上

青山不老,

红旗不倒,

大树长青?

　　哪里的母亲

　　能给我

　　纯洁的血液,

　　坚强的四肢,

　　明亮的眼睛?

"叫《雷锋之歌》就行了!"王震将军一锤定音

当兵仅两年,就能在北京见到我仰慕的诗人,并且有了交集。

过了好多好多年,我进一步了解到,贺敬之是怎样写出《雷锋之歌》这脍炙人口的鸿篇巨制的。

1963年1月7日,国防部命名雷锋生前所在班为"雷锋班"。同年3月5日,毛泽东主席的题词"向雷锋同志学习"发表,全国上下为之振奋,很快就涌起了学习雷锋的热潮。这时,《中国青年报》的编辑特地约请贺敬之写一首歌颂雷锋的诗。早在1956年3月,也是《中国青年报》的编辑邀请贺敬之到延安参加西北五省(区)青年造林大会,贺敬之诗情大发,写出了好评如潮、广为流传的《回延安》。这次报社编辑的邀请,一定也会有令人满意的结果。果然,贺敬之被雷锋的事迹深深感动了。他如饥似渴地阅读有关雷锋的事迹材料,恰好他的夫人、同样著名的诗人柯岩到抚顺雷锋生前所在部队采访回来了,柯岩把她搜集到的有关雷锋的丰富的素材,特别是抄写的雷锋日记带回家中,贺敬之如获至宝。贺敬之听柯岩激情兴奋地讲述雷锋的经历、雷锋的事迹、雷锋的精神,两颗诗心得到了最畅快最彻底的交流。翻阅着雷锋的材料,吟诵着雷锋的日记,贺敬之胸中思想和情感的波涛止不住地翻滚奔腾,只觉得自己血管里的血像火一样在燃烧着。他遏制不住自己澎湃的激情,开始一行行倾注到稿纸上。当他刚写完第五章,时任农垦部部长的王震将军来到了他的面前。第五章结尾的诗是:

    人呵,
    应该
   这样生!
     路呵,
     应该

这样行！……

　　王震是战功赫赫的将军，也是贺敬之熟悉的老领导、老朋友。当年，贺敬之所写的《南泥湾》歌唱的"三五九旅是模范"，那个三五九旅的旅长正是王震将军！他们的交往和友谊从那个年代就开始了，就打牢了基础。

　　当时国家正从上海调拨一大批知识青年组建新疆军垦农场生产建设兵团去开发新疆。作为农垦部部长的王震约贺敬之同他一道去上海，同时也邀请柯岩、诗人郭小川及其夫人杜惠到了上海，要发动和组织上海的知识青年到新疆。他们住在上海的锦江饭店。贺敬之随王震同青年们座谈，同上海的领导和文化名人见面，这就进一步开拓了贺敬之的思想境界，激发了他的诗情。

　　1963年3月31日，贺敬之终于写完了歌唱雷锋的长诗的最后一节，当时这首长诗的标题是《雷锋——一个中国士兵的颂歌》，共1200多行。在饭店会客厅，贺敬之从头到尾朗诵给王震将军听。这么长的诗，王震听完之后，沉思一下，竟然让贺敬之再朗诵一遍。当贺敬之朗诵道：

　　　　升起来
　　　　你一座高峰，
　　　　　　我们跟上去：
　　　　　　十座高峰，
　　　　　　百座高峰！——
　　　　　　千条山脉啊，
　　　　万道长城！……

>   ……快摆开
>
>   你们新的雁阵呵,
>
>   把这大写的
>
>   "人"字——
>
>   写向那
>
>   万里长空!……

  王震将军听到这儿连声赞道:"啊,这个最好了!这是神来之笔!好,很好,赶快发表哇!"说着,说着,王震将军鼓起掌来。将军建议说:"诗的标题这么长干什么?叫《雷锋之歌》就行了。"

  《雷锋之歌》于1963年4月11日发表在《中国青年报》上,而在这首诗发表之前的1963年4月3日,柯岩的长诗《雷锋》发表在《人民日报》上。那时贺敬之在人民日报社文艺部工作,他的诗并没有在《人民日报》上发表,他是应《中国青年报》编辑之约写的这首诗,就自然地给了《中国青年报》。《中国青年报》和中国青年出版社同属于共青团中央主管,《中国青年报》发表这首长诗后,反响极好,中国青年出版社很快出了《雷锋之歌》单行本,接着,中央人民广播电台广播了这首长诗,《雷锋之歌》传遍了大江南北,在亿万读者特别是青年读者心中引发强烈的共鸣。

  在东北大山沟军营里的一角,我年轻的诗心被重重的震撼,也获得了深深的启迪。我要向贺敬之前辈学习,千百次锤炼自己,将来希望也能写出被读者喜爱的诗歌来。

因为写雷锋，我结识心中偶像：诗人贺敬之和柯岩

当时我知道贺敬之和柯岩是写出两首歌唱雷锋长诗的诗人，那时并不知他们是一对夫妻。我们连的老文书、调到团政治处当报道干事的刘德伟，知道我写雷锋的诗，给我转来了《人民日报》上发表的柯岩的长诗《雷锋》。这首长诗的开头是那样的别致，是那样的抒情：

> 在我们这儿，最多的
> 是孩子的笑声。
> 在我们这儿，最亮的
> 是青年的眼睛。
> 在我们这儿，最深沉的
> 是战士的感情。
> 在我们这儿，最安详的
> 是老年人的心境。
>
> 听讲你的故事呵，雷锋，
> 孩子们停住了笑声，
> 热泪在脸颊上流洒，
> 好像露珠在花瓣上滚动。
>
> 提起你的名字呵，雷锋，
> 青年人的眼睛更亮更明，

你红色生命的火把呵,
在他们心中烧起火焰熊熊。

在你的像前呵,雷锋,
战士都严肃地立正,
他们默默地在心中宣誓:
要像你这样的战斗一生。

面对你的一生呵,雷锋,
许多老年人失去了镇静:
"我希望再活二十二年,
像雷锋同志一样地革命!"
……

我真真被柯岩的诗句感动了!我背诵她的《雷锋》,在一个星期天从值班员那里请假一个半小时,到驻地的新华书店里,专门买柯岩的诗集。还好,我买到了柯岩著的那本诗集《我对雷锋叔叔说》,这是1963年8月中国青年出版社出版的,封面书名的上端是一个木刻画,两个戴红领巾的少先队员正在往墙上贴毛主席给雷锋的题词。这本书里有一首《你的眼睛》,写的是作为少先队校外辅导员的雷锋出车回来,把车停在学校外面,自己走到校园里来,在他辅导的那个班的门外,透过一个门上的窟窿眼儿,悄悄观察班里同学们在课堂上的表现:有的不好好听老师讲课,在下面摆弄铅笔;有的在桌子底下用脚盘球;有的拿圆圆的小镜子接太阳光晃人,照来照去,一下子照到了后门上那个窟窿眼儿,照见了雷锋叔叔的眼睛,这个淘气的孩子不好意思地低下了头……诗写得很有情趣，写了颇多孩子们生活中的细节，歌颂了雷锋在孩子心目中高大的形象，雷锋是他们可学的榜样。

多少年之后，我仍与贺敬之、柯岩保持着亲密的联系。我曾同诗友峭岩一起到贺敬之、柯岩家拜访，也曾与我的家人——老伴和儿子到他们家做客。我创作出版的长诗《我们的军旗》《雷锋，我们需要你》，都请贺敬之题写了书名；我的长征诗集《雪葬》出版，我请贺敬之题写了"红军长征　可歌可泣"8个大字；我的多卷本《胡世宗日记》出版时，也是请贺敬之题写书名。我还曾分别写了贺敬之和柯岩这两位诗人的剪影：《在生活的激流里放声歌唱》和《生活着，思考着，爱着，恨着……》，收入到2021年5月由沈阳出版社出版的《人生与诗——中国当代诗人掠影》中。

我十分荣幸，珍藏着贺敬之和柯岩签赠给我的多部著作，仅中国青年出版社出版的《雷锋之歌》单行本，为我题签的就有两本。

也是2021年，那是一个秋天，我和老伴应邀专程到贺敬之的故乡山东省枣庄市台儿庄出席柯岩逝世十周年纪念座谈会，这一次我有机会参观了向往已久的在台儿庄开设的贺敬之柯岩文学馆。

雷锋是一块强大的磁石，他吸引了众多的诗人把他歌唱。在我学诗的路上，因对雷锋的崇敬和描摹，结识了贺敬之和柯岩这样了不起的当代诗人，这是时代的馈赠、命运的安排，更是我个人的幸运。

1998年，胡世宗与《雷锋之歌》作者贺敬之（右）合影

1998年，胡世宗与《我对雷锋叔叔说》作者柯岩（右）合影

就是要高歌雷锋这个"普通一兵"

作为时代的重大先进典型，雷锋的出现，受到了全国全军上上下下的由衷称赞和景仰。

早在1960年12月11日，《抚顺日报》就曾笔调轻快地写下这样一段文字："穿上军装还不到十个月的战士雷锋，不久前加入了伟大的中国共产党。在一个人生命中最庄严的时刻，这个刚满二十岁的青年，激动的泪水像涌泉一下洒在胸前。"当天的《抚顺日报》以《毛主席的好战士》为题，用将近整版的篇幅记述了这位充满笑容的战士那如火的革命热情，并配发了3张雷锋学习、工作照片及部分雷锋日记摘抄。照片里，雷锋那年轻的脸庞洋溢着青春的气息。这篇基调高昂的通讯是全国党报中最早宣传雷锋的文章之一。沈阳军区《前进报》在这个时间前后，曾对雷锋做过多次报道。雷锋这个名字和他的事迹一传十、十传百，逐步传播开来，引起了各级领导机关的重视。沈阳军区党委曾多次举行雷锋报告会，雷锋本人就曾到过沈阳、营口、海城、丹东、长春等地"传经送宝"。仅雷锋入伍后一年的时间里，就先后为人民群众作报告50多场，听众达45000多人。《抚顺日报》收到许多读者特别是青少年的来信，

雷锋教导小朋友们要热爱祖国、热爱党、热爱毛主席

他们真切地表达了对雷锋的景仰之情，纷纷表示要像雷锋那样做人。军内外不少听过雷锋报告的人，给雷锋写来热情洋溢的信。

辽宁省大连市复县（今瓦房店市）第四高中三年三班全体同学在 1961 年 3 月 20 日给雷锋的信中说："学习了您的模范事迹材料后，我们深为您——一个共产党员的共产主义高尚品质所感动。您真是毛主席的好战士，是党的好儿女。您为人类最壮丽的事业——共产主义的实现忘我地战斗着。您给我们全国青年树起了一面红旗，您就是我们青年前进的方向。""同学们一致表示坚决向您学习，学习您那种听党的话、跟党走、党指向哪里就奔向哪里的高贵品质，学习您那种不怕困难敢于战胜困难的革命风格，学习您那种毫不利己专门利人的集体主义精神，也还要学习您那种艰苦朴素的共产主义作风。"

沈阳医学院50期16班的3名大学生在1961年5月23日给雷锋的信中说："一个人的青春可以平淡无奇，也可以放射出灿烂的光芒，可以因虚度年华而懊悔，也可以用扎扎实实的步子走到成年。你的青春是美丽的，是有意义的，你的年轻的生命已经闪烁着英雄的火光，你的英雄事迹点缀着你不平凡的青春。我们一定向你学习学习再学习，使青春更加美丽。"

抚顺十中高中一年二班的全体同学在1961年5月27日给雷锋的信中说："我们听了您的多少动人的事迹！为此，我们顽强地学习，积极地进取，雷锋的名字我们已经牢记，雷锋的事迹我们在传颂。"

这时，雷锋还健在，雷锋仍在自己的岗位上生活和工作着。他的名字，他的事迹，已经在闻知过他的青年中引发了不寻常的反响。青春与青春热烈碰撞，激情四射，火花迸放。可以想象，这些写信的年轻人，怀着怎样的向往和追寻，把自己真挚的反馈告诉雷锋；而雷锋读了这些反馈信息——我想他生前一定是读到了的——对他又是多么巨大的激励和鼓舞。由此也可以看到，雷锋这个典型的特质，是有多么深厚的群众基础，他曾受到大家怎样的喜爱。

雷锋牺牲后，沈阳军区和辽宁省委都组建了雷锋事迹报告团，报告团的足迹踏遍东北大地。雷锋事迹展览也开始在全国各地巡回展出。当时一个大连造船厂参加雷锋事迹报告会的就达12000人，为此分设了20个分会场。仅辽宁省10个市和一部分县、区就培训了8500多个雷锋事迹报告员，仅半个月就有200多万人听了雷锋事迹报告。这是怎样的一个数字呀！

一个普通的战士，在他短短的生命时光，竟然赢得了如此巨大的信赖和荣誉。

能否请毛主席题词？这个想法真大胆

诸多对雷锋的景仰和赞美，都是为毛泽东主席给雷锋题词作铺垫。

面对自下而上对雷锋大规模宣传的火热局面，时为共青团中央书记处第一书记的胡耀邦在听取了有关汇报后，以极大的热情充分肯定了宣传雷锋事迹的重大现实意义和深远的战略意义，并要求共青团系统加大对雷锋的宣传力度，组织全国青少年以实际行动向雷锋同志学习。胡耀邦的指示与号召，团中央机关刊物《中国青年》杂志当然应带头响应，责无旁贷。但作为半月刊的《中国青年》杂志，在宣传速度上肯定与报纸无法相比。因此，他们立即发动全社人员献计献策，并召开编委会，精心研究，开动脑筋，另辟蹊径，千方百计找出新的角度，迎头赶上甚至超前于全国兄弟报刊。编委会上，有人提出把5—6期《中国青年》合刊，出版"学雷锋专辑"；也有人提出请董必武、林伯渠、谢觉哉、郭沫若等在党内名望甚高的老同志为雷锋题词。这些设想应该说都很好，也得到了同人们的赞同，但细究起来，其宣传速度和力度仍会落后于其他报刊。这时，会上沉默不语的思想教育组副组长王江云提议："能否请毛主席题词？"王江云不鸣则已，一鸣惊人。他的建议一石激起千层浪，话一出口便得到了大家的热烈响应和一致赞同。但冷静之后，人们又

1963年，第一任雷锋班班长张兴吉（右）从沈阳军区首长手中接过毛泽东题词"向雷锋同志学习"

都认为：请毛主席题词非同小可，不是一般的动议，是不是有点太敢想了？能有把握吗？会上有人说，不试怎么能知道行不行呢？与会者都觉得试一试有道理。最后决定：请毛主席为雷锋题词。

写给毛主席的信的主要内容是：现在全国已掀起一个向雷锋同志学习的热潮，我们《中国青年》拟出一期"学习雷锋"的专辑，向全国人民推荐这个先进典型，教育青年一代在社会主义时期更好地锻炼成长，恳请您为雷锋题词。给毛主席的信不长，大约三四百字。

打了草稿后，请一位毛笔字写得最好的同志，工工整整地抄写下醒目的两行大字：中南海，呈毛主席。

中直机关有人听说了，不敢相信这是真的。他们说，毛主席给刘胡兰题过词"生的伟大，死的光荣"，为白求恩和张思德写过纪念文章，可那都是战争年代的事。和平年代还未见他老人家给什么人题过词，雷锋是一个普通一兵，为雷锋题词，是不是有点儿异想天开呀？

这个给毛主席的请阅件是1963年2月16日送到中南海的，年轻人性急，过了几天没听到动静，便打电话到中南海的"毛办"催问。当时任毛主席秘书的林克说，毛主席已看过了你们呈上来的信，但是没有表态，换句话说，就是没拒绝，还有希望。过了几天，《中国青年》杂志编辑人员又打了一次电话，得到的回答是："主席已决定为你们题词。"听了这个回答，编辑部的同志们都很兴奋，接着请主席办公室的同志转告主席："学习雷锋专辑准备3月1日出版，付印时间是2月26日，请主席最好能在2月25日前题好。"这可是向领袖催写题词了。不过，毛主席还真的满足了他们的愿望。主席题词的日子是2月22日。那一天，《中国青年》杂志派年轻的摄影记者兼通讯员刘全聚，骑摩托车到中南海取回了这宝贵的题词。

担负印刷《中国青年》杂志的中国青年出版社印刷厂胶印车间的工人，提前看到毛主席为雷锋的题词，心情分外激动，他们为了让全国广大青年及时看到题词，晚上加班加点连续工作，终于提前3天把载有题词的《中国青年》全刊印了出来。这本刊物一上市，立即引发了广大群众争相购买，每个销售点都排着长队。由于一时满足不了需要，又在全国定了多个代印点，几经重印，累计印数达

以雷锋作为封面人物的《中国青年》杂志

到800多万册。尽管这样,仍不能满足读者的需要,不少买不到这本刊物的人,就相互借阅或传抄。《中国青年》杂志编辑部收到一位炊事员的来信,说他到处奔走也未能买到这期《中国青年》,为了长期保存,只好借来一本,把这本刊物的10万字逐字抄了下来。编辑部的同志们为这个读者学习雷锋的热情所感动,立即给他寄去了几本《中国青年》,并请他把那个手抄本寄来。

总政治部和团中央在中国人民革命军事博物馆举办了雷锋同志模范事迹展览。这个展览经过14天的紧张准备,于1963年3月19

日正式开幕。这个展览展出了雷锋事迹的照片和实物200多件。周恩来总理百忙中对这个展览给予了极大的关注和支持，他赶到现场参观，逐字逐句地阅读了参展的全部雷锋日记与文稿，对辨认不清的字仔细地琢磨，然后告诉讲解员应该怎么念。周总理专门赞扬了那位全文抄写《中国青年》的青年的刻苦学习毅力。这个展览在同年6月12日结束，共展出86天，每天参观的人数平均达1万余人次，等候参观的队伍排出二三里那么远。仅参观后的留言就达1200多条。大家充分表达了对雷锋的敬仰之情和向雷锋同志学习的坚定决心。

谁离雷锋近，谁和雷锋亲？朱光斗的灵感来自这里

那个时候，我只能在我进行国防施工的工地，通过一切可能的手段如看报纸、听广播等方式来感受全国军民学雷锋的蓬勃热潮。我在1963年5月1日那天的日记中这样记载着："清早，空气异常清新，沁人肺腑。今天是全世界劳动人民的节日。"我在写黑板报时抄了雷锋1960年入伍的一篇日记："把青春献给人类最壮丽的事业。"接着我在日记中写道："今天的采石场上热火朝天，大家都以双倍的力气，用劳动来纪念劳动节。广播喇叭响了，大家收听了吉林人民广播电台转播的北京纪念'五一'的诗歌朗诵音乐会。会上，朗诵了雷锋的遗作《南来的燕子啊》、臧克家的《想一想生命的意义》、贺敬之的《雷锋之歌》（片段），从'雷锋呵，我想着你，我念着你'，到'烧得通红，烧得通红，烧得通红！'……同志们听了浑身是劲，我听了更是一次难得的精神享受！"

在1963年7月11日的日记里，我记载：昨天我和王承圣指导员、刘占国副指导员、司务长王德复四人坐火车从东丰来到辽源。

车上,吉林市曲艺团的同志们在车上给乘客说了段朱光斗写的数来宝《学雷锋》:

> 毛主席号召学雷锋,
> 全国人民齐响应。
> 光辉题词闪金光,
> 英雄的名字传四方。
> 到处传,到处唱,
> 学习雷锋好榜样
> ……

接下来,两位演员争说自己与雷锋近。一个说,我听过广播看过报;另一个说,我看过雷锋事迹的展览。一个说,我听过雷锋本人作报告;另一个说,我跟雷锋握过手。一个说,我和雷锋是同乡;另一个说,我和雷锋是同连,都是汽车驾驶员……两个人比着说,一个比一个离雷锋近,一个比一个对雷锋了解得多,向雷锋学得具体而深入。

这是朱光斗1963年3月12日完成的脍炙人口的作品。那一年军区业余文艺汇演,我在沈阳八一剧场听了朱光斗给大家讲他创作这个对口快板的经验。就是那一年,我曾应邀到朱光斗家,吃他和他夫人杨姐包的韭菜馅饺子,后来还奉我所在军文化处张绍文副处长之命,专门陪同朱光斗在我们军的"红九连"采访多日。他和张绍文合作的相声《小老虎与小画家》发表在《解放军报》上。再后来,1980年12月,军区接到军委命令,组织文艺小分队到南海西沙慰问海军将士,我和他曾同赴西沙群岛慰问海军战士,往返47个日日夜夜。

今年（2022年）朱光斗已经90岁高龄了，他的大半生都与雷锋有交集。

他经常开板就唱：

> 一九六三年毛主席发出号召学雷锋，
> 我写出了对口快板《学雷锋》，
> 这个段子很流行，
> 到哪儿全都受欢迎。
> 我唱雷锋几十年，
> 唱到今天没唱完。
> 学雷锋，学雷锋，
> 雷锋永在我们心中。
> ……

朱光斗是有丰富经历的革命文艺战士。他1932年出生，1946年入伍，1954年入党，2000年离休。他12岁时继父离世，母亲又病故，生活失去了依靠，于是他决心参军，投奔了革命圣地延安。他年纪小，在中央社会部当了一名勤务员。后来在他的快板里这样唱延安：

> 说延安，唱延安，
> 延安周围都是山。
> 往东看——宝塔山，
> 往西看——凤凰山，
> 往北看——清凉山，

往南看——万花山。

山连着山，山对着山，

两山中间是平川，

延河就流在正中间，

延安就坐落在延河边，

一眼望去多么壮观。

……

1949年3月，朱光斗跟随中央机关进了北京城，首长问他对工作有什么想法，他说："我爱好文艺，就送我去唱戏吧！"几个月后，被调到中央警卫师文工队。原来他以为自己会唱，是搞文艺的料，可到了文工队才知道自己懂得太少了，一切都得从头学。他勤奋刻苦，认真学习毛主席《在延安文艺座谈会上的讲话》，认真学习曲艺创作。他1959年创作的相声《野营散记》获得了创作表演双一等奖，这之后他创作的路子就宽了，艺术感受也越来越好。

1963年3月5日，毛主席为雷锋的题词发表了。雷锋出在沈阳军区，军区文工团责无旁贷地要搞一台文艺演出，领导让朱光斗拿出一个全面反映雷锋事迹的对口快板。朱光斗写好雷锋节目有独特的条件，他见雷锋3次，与雷锋握过手，听过雷锋的忆苦报告，为雷锋鼓过掌。朱光斗进入了创作的准备阶段。雷锋的事迹太多了，从哪儿下手呢？雷锋事迹太普通了、太平凡了，上哪儿找矛盾、找高潮哇？他深入到战士中间，有的战士很羡慕地问他："听说你见过雷锋啊？"他说："是啊！""听说你还和雷锋握过手？"他说："是啊！"战士说："太令人羡慕了！你太幸运了！"这样的对话，给了朱光斗一个灵感：谁离雷锋近，谁和雷锋亲，谁就是光荣的，谁就是幸运的，谁就是幸福的！

朱光斗的《学雷锋》就是这样一气呵成写出来的。对口快板的两个演员，比起与雷锋谁更近。这个说和雷锋开的是一台车，那个说和雷锋住的是上下铺……最后用一连串的"员"描绘了雷锋平凡而伟大的形象：

> 雷锋是解放军的战斗员，
> 本职工作是驾驶员，
> 火车上，他是列车服务员，
> 火车站，他是旅客服务员，
> 到学校，他是校外辅导员，
> 回连队，他是党的宣传员，
> 他积极帮助炊事员，
> 主动协助卫生员，
> 八月十五月儿圆，
> 雷锋想到伤病员，
> 四块月饼圆又圆，
> 他送给医院休养员，
> 他过去是个好团员，
> 后来是个好党员，
> 他是人民忠实的勤务员！
> ……

在毛主席为雷锋题词发表一周后，朱光斗这个对口快板问世了，由他和另一位曲艺演员范延东表演。这个节目一炮走红，家喻户晓，还曾进京到中南海为中央首长表演。

我的战友焦凡洪曾写过朱光斗艺术人生的人物特写《竹板声声唱红歌》，里面说道，有一次朱光斗率曲艺队在辽南一个部队演出，全团官兵在俱乐部翘首等待着"快板大王"朱光斗的节目《学雷锋》，朱光斗上了台刚扬起竹板，灯光灭了，音响没了，停电了！早不停电，晚不停电，这个时候停电真是要命了！战士们很扫兴，但不一会儿，大家又兴奋起来，在漆黑的舞台上又响起了竹板声。这是绝后的演出：朱光斗摸黑唱，战士们摸黑听，他把《学雷锋》唱完，官兵们全体起立为他鼓掌。

改革开放之后，朱光斗离休了。有一天朱光斗上街，一个小青年认出他，走到他身边，斜斜眼，耸耸肩，甩给他一句："学雷锋，学雷锋，有钱往我兜里扔！"朱光斗一下愣住了，他很气恼，很快他想到现在好多青年人不了解雷锋，看来对雷锋精神的宣传还不到位呀！我们这些老同志有责任哪！他与同在一个干休所的第一个写雷锋的陈广生、第一个用戏剧表现雷锋的贾六和王德英、第一个在舞台上扮演雷锋的张玉敏等一批部队原资深文艺工作者，组成雷锋精神学习小组，主动到机关、企业、街道、学校去传扬雷锋精神，仅在沈阳，朱光斗就去了30多所学校作报告，专讲雷锋。在辽西一所乡村中学，知道有一个大腕儿来演出，周围群众闻讯赶来，呼啦啦1万多人挤满了操场，朱光斗开始讲雷锋的故事，一边讲一边唱，雷锋在他心里没走样……

陈毅问：为什么学习普通一兵就不行？至今我看，都很解渴

雷锋这个普通一兵普通吗？雷锋军衣两个兜就渺小吗？非也！

我记得我在连队看到1963年3月陈毅元帅写的一首诗,标题是《向雷锋同志学习》,可是陈老总是很有脾气的,他的个性是很强的,他在诗中就驳斥和训斥了那些认为"雷锋只是一个普通一兵值得这样宣传吗"的势利眼的小人。他在诗中写道:

> 雷锋,一个普通一兵,
> 成了亿万人民学习的典型。
> 这件事非同小可,
> 它是一场真正的思想革命。
>
> 也有人发出疑问:
> 为什么要学习普通一兵?
> 我的反问直截了当:
> 为什么学习普通一兵就不行?

这是挺长的一首诗,我读到这个地方自己都感到很解渴,似乎看到曾当过上海市市长、当过我国外交部部长的陈毅元帅那瞪大了的眼睛,他在问,在大声地问:为什么学习普通一兵就不行?

正像贺敬之在《雷锋之歌》中吟唱的:

> 你的年纪,
> 二十二岁——
> 是我年轻的弟弟呵,
> 　你的生命
> 　如此光辉——

却是我

无比高大的

长兄！

……

呵，雷锋，

我的弟兄！

不要说

我比你多有

几年军龄啊——

  虽然它使我

  终生难忘，

  一提起呀

  就热血奔流

  热泪常涌……

在你的面前——

我的

好班长啊，

  让我说：

  我还是

  一个新兵……

  这才是众人应该持有的态度。而我此时，确实还是个只有一年兵龄的新兵，仅仅入伍一年哪，我必须谦虚谨慎，努力追赶，如贺敬之在诗中所说的"跑步入列"！

我写演员张玉敏：演雷锋，他被雷锋"管"了一辈子

我曾在军区文化处当过处长，分管文工团业务等。张玉敏是我熟悉的军区话剧团的一位非常谦和的老演员。他曾第一个扮演雷锋这个角色。他跟我说，这辈子最荣幸最难忘的一件事，就是随团到北京给毛主席演出《雷锋》这个话剧。

张玉敏比雷锋大10岁，他个头儿也比雷锋高出10厘米。雷锋生在南国，张玉敏生在北疆。张玉敏初中没毕业就考入了东北军区军工部下属的军事工业学校，学枪炮弹药的制造。那时他在高级班就读，生性活泼的他，自然成了学校文艺活动的骨干分子。18岁那年，他在话剧《为谁打天下》中扮演主要人物永祥，被军工部文工团相中，从此调入了文工团。

说张玉敏就还得说贾六。那是1963年元宵节，时任沈阳军区抗敌话剧团团长的贾六在北京出席在人民大会堂举办的茶话会，他亲耳聆听了周恩来总理关于要把雷锋的事迹搬上舞台的指示。

中央有这样明确的指示，贾六哪还能在北京待得住？茶话会刚结束，他就急速赶回沈阳，下车就直奔八一剧场。话剧团的同志们都在剧场排练节目，贾六向大家传达了总理的指示。话剧团在没有

本子的情况下成立了《雷锋》剧组。团里有几个适合扮演雷锋的小伙子，导演刘玲、江波却偏偏选中了张玉敏，大概看中了他比较活泼、和善，特别是那张圆圆的脸，和雷锋的形象很接近。本子刚写出一场就开排了，心里没底的张玉敏一上场就被刘导演给轰下来了，刘玲厉声问："你这演的是谁？你以为你还是演《战斗里成长》里的'小石头'吗？"张玉敏的头一下子涨得老大，退回到侧幕条里，连续几个晚上他都没有睡好觉。

张玉敏见过雷锋，那是在八一剧场听雷锋的事迹报告。台下的他，为雷锋的苦难身世流过泪。这次排戏，3天出本子，4天就排出来，七天七夜过去，首长审看演出后说可以了。陈锡联司令员指示剧组征求雷锋班的意见，正好雷锋连指导员高士祥、雷锋班班长张兴吉和雷锋生前战友乔安山等人都在军区招待所开会，剧组就请他们来看戏。

高指导员一针见血地对张玉敏说："玉敏哪，你演得挺好，但演的不是雷锋啊！雷锋对战友、对同志，从眼神到举止亲切无比，你的眼神却只是恨铁不成钢，急急躁躁的，不对劲儿！"

接着，乔安山和张兴吉分别讲了雷锋怎么带领大家学习毛主席著作，怎么节约，怎么当校外辅导员……张玉敏颇受启发。很快，他就到雷锋班去体验生活。

"演雷锋，学雷锋，做雷锋。"——这是剧组的响亮口号。张玉敏已经33岁，开始在火车上和车站候车室做好事还抹不开面子，他一点点儿体会着雷锋的思想感情。后来，高士祥再看戏，就夸奖他了："玉敏，你像了！"

1963年6月，剧组进京，周恩来、陈毅等领导人在民族文化宫观看演出。周总理对话剧《雷锋》表示了高度肯定，还说让剧组在北京多演几场。

8月1日晚上,《雷锋》剧组在怀仁堂为毛主席演出。演出结束,毛主席走上台。张玉敏被挤到人群后头,他心想,雷锋几次做梦见到毛主席,实际上一次也没见到,我演雷锋,毛主席就在我跟前,也不能握个手,真是太遗憾了。想到这,张玉敏挤到了前面,终于握住了毛主席的手,他一肚子的话却激动得一句也没说出来。

雷锋和战友粘贴毛主席语录

1977年，47岁的张玉敏被召回话剧团重排《雷锋》，这时他的身体已微微发胖。为演好雷锋，他在20天的时间里减掉了20多斤。在拍摄电影《雷锋之歌》时，他已不能再演雷锋，岁数不饶人，在电影镜头里，他就显得年纪太大了，年近半百了呀！他担任了影片副导演。如今，张玉敏已不在人世了。他生前一直是学雷锋标兵，他曾拍着胸口对我说："我这辈子演过雷锋，真不敢做任何对不起雷锋的事呀！"

我把张玉敏的这段回忆写成文章给了《解放军报》，军报编辑曹慧民就是聪慧，发表时他给命名一个标题《"雷锋"和毛主席握了手》，当然，"雷锋"是带引号的。

"写雷锋第一人"陈广生成了我的科长

人生中的缘分真是一个说不清、道不明的东西。我与雷锋真的很有缘,若不,我从长春的军政治部文化处调到沈阳军区政治部来,怎么能顺利地接近全国第一个写雷锋的陈广生呢?说是全国"写雷锋第一人",并不是说陈广生是第一个报道雷锋的,第一个报道雷锋的人可能是别人,最先写雷锋消息和事迹的可能是别人,但在全国范围内,说起写雷锋影响很大的,一说就说到了陈广生,这没有人会否认。我开始是到军区文化部的创作组从事专业创作,部里领导知道我在军里当过文化干事,有机关工作经验,很快就把我调到了文化部的文艺科。这个科很有意思,加上新调来的我,一共只有3个人:科长陈广生,副科长董靖,就我一个干事。我戏称:"少而精,少而精,两个科长一个兵!"真的呀,这个科负责全军区专业文艺创作和文工团业务方面的指导工作。我在这个科工作了4年,得到了很大的锻炼,从1979年到1983年,我一直和陈广生一起工作。

虽然我是初来乍到,但我对文艺科、对陈广生科长并不陌生。我在军政治部当文化干事时,上面对口的有两个科:一个是军区文艺科,一个是军区文化科。文化科是负责开展群众性文化工作的,

2007年，胡世宗到陈广生（左）家探望

包括业余文艺创作。俗话说，吹拉弹唱，打球照相，迎来送往，带头鼓掌，就是基层文化干部要干的事。当然这是戏说，部队基层文化工作的内涵还是很宽泛的，很有内涵的。我刚当兵的时候，就知道陈广生的大名，《雷锋的故事》就是以陈广生为主笔写出来的，谁能不知，谁能不晓？作为业余创作骨干，参加军区业余文艺汇演，或出席创作座谈会，都会碰到陈广生科长，他主管这方面的工作。他到我们军检查过文化工作，都是我陪同的。

我对陈科长很敬重，这是因为我知道他是雷锋的战友，是雷锋生前所在团出来的，他曾在这个团担任政治处理论教员、宣传干事、俱乐部主任。另一方面，我是喜爱写作的，他在创作上是有号的，部队官兵都知道他。

雷锋为陈广生参与起草的稿子改标题

只要了解了陈广生的身世，就可以明白陈广生为什么那样深情、那么执着地撰写雷锋的故事，因为他本人的经历与雷锋有许多相通之处。

陈广生的祖辈属于"闯关东"的一代。他的前辈是举家从山东蓬莱逃荒到了东北。他们家在长春郊外搭窝棚住下来。1931年陈广生出生后半年，日军强占长春郊外作为军事用地，把包括陈家在内的一些穷苦百姓强迁到贫瘠荒凉的二道河子。长春被日伪擅改为"新京市"，为伪满洲国都城，长春老百姓成了"亡国奴"。陈广生有这样的苦难经历，为他后来写雷锋做了重要的情感铺垫。

陈广生的祖父和父亲都念过私塾。父亲在病中还教他识字、写字。父亲说，不管多难，也要让孩子有文化。陈广生也很用功，每次考试成绩在同学中都数一数二。日本投降后，他考上东大桥外文庙中学。老师发现他嗓音好，课外就教他学简谱、学唱歌。他自己也向往长大当一名音乐教师。1949年夏，解放军东北军区驻长春警卫师招收文工队员，陈广生被录取。在文工队里，他吹过低音贝斯，唱过男中音，为刘白羽小说改编的话剧《无敌三勇士》制作过布景，当过自编自演节目的创作员。1951年秋，陈广生赴抗美援朝前线100天，创作歌颂英模节目，经受战火考验。文工队撤销后，陈广生被调到东北军区俱乐部工作，有了较多的时间读书和进行业余文艺创作。从1952年7月开始，他在《解放军文艺》《东北文艺》《东北战士》等刊物上，相继发表一些反映朝鲜战地生活的短小作品。这段经历，为他后来写雷锋做了写作技能的准备。

1955年，军区俱乐部减员，陈广生被调到工程兵7343部队政治处当理论教员。这个部队就是后来的雷锋所在团。他每周要给部队排级以上干部讲一次理论课。这段时间，他除了啃《政治经济学》之类的理论著作之外，就是看风靡全国的苏联小说、诗歌和电影。1958年，他为工程兵文艺代表队写了5个文艺节目，参加沈阳军区第四届文艺会演，个个捧得大奖。领导一下子发现了他的创作才能，把他由理论教员改任为宣传干事，后又从宣传干事改任俱乐部主任。就是这个岗位，让陈广生有机会与刚刚入伍的雷锋相识。

1960年1月8日，刚刚从海岛移防到营口的团队迎接一批从辽阳来的新兵入伍，这批新兵中就有雷锋。陈广生作为团俱乐部主任，为欢迎新战友大会忙前忙后。当时雷锋代表新兵在欢迎大会上发言，在一旁的陈广生暗暗惊喜这个新兵的先进思想和演讲口才，他喜欢上了这个笑容可掬、活泼可爱的新兵。1960年春节来临，领导决定让陈广生组织一个战士演出队，到新驻地抚顺给施工的指战员慰问演出，也给留守地营口的党政机关和地方百姓慰问演出。在挑选演出骨干时，陈广生就选上了雷锋，因为陈广生曾在新兵连文艺晚会上亲眼见雷锋朗诵自己写的诗，还了解到雷锋爱吹口琴、说快板。就这样，雷锋被调到演出队工作了近40天。尽管他天资聪明、好学上进，又非常积极，只因为一口湖南口音，普通话说不好，所以无论诗朗诵还是小快板剧，上节目都很困难。不能上节目，雷锋就给大家烧开水、拉大幕，做服务保障工作。陈广生亲眼看见雷锋关心集体、关心他人的许多平凡小事。在闲谈时，进一步了解了雷锋童年的不幸遭遇和中华人民共和国成立后的经历。雷锋还从陈广生那借阅《鲁迅小说集》，还就里面《祝福》中的祥林嫂的形象与陈广生探讨过。陈广生和雷锋建立了深厚的感情，为后来写雷锋打下了很好的认知基础。

1960年4月,演出队到抚顺演出,同时雷锋也结束演出队生活,被分到运输连的四班当汽车兵。仅仅半年后,雷锋的许多事迹就在机关传开了:他为国分忧、勤俭朴素、助人为乐。这个新兵的突出表现引起了团党委的重视,团政委韩万金要求政治处派人深入了解这个新兵的情况,并要求写成材料向党委报告。陈广生主动要求和宣传股一位同志承担了这项任务。他们在运输连走访,与雷锋交谈,最后以雷锋自述的形式整理成一份《雷锋同志模范事迹材料》。陈广生请雷锋过目这个材料初稿。雷锋认真地看了又看,他修改了与事实不符的几个地方,并掏出钢笔用准确生动的语言,把原来的标题改写成《解放后我有了家,我的母亲就是党》。一个新兵,文化程度并不高,敢于修改机关干部写成的材料,鲜明地表达自己的思想感情,真是难能可贵。

这个材料上报下发后,团里掀起"学雷锋,赶雷锋"的活动。雷锋的名字在团里和工程兵部队叫得很响。

荣誉太重,雷锋曾请求陈广生不要再写他

陈广生这时开始动笔写雷锋,还专程到鞍山、弓长岭等地了解他参军前的一些情况,终于在1961年2月写成了3.7万多字的报告文学《向阳坡上长劲苗》。陈广生将稿子打印出来征求意见,并寄给了《解放军文艺》编辑部。

这时,陈广生又接到一项新的任务,要他参加八一电影制片厂电影剧本《地雷战》的创作。他在工程兵部队,又搞创作,与埋地雷、挖地雷相关的题材交给他顺理成章,就让他参加了这个电影的创作。

直到1962年春夏之交,他回到部队不久就收到《解放军文艺》张文苑副总编的信,说看了他写的《向阳坡上长劲苗》的稿子,小战士还活着,不便发3万多字这么长的报告文学,让他压成1万字后发。陈广生把这件事汇报给韩万金政委,韩政委说:"你外出一年多,雷锋事迹又有了新发展,他当了班长、立了功,还当选为抚顺市第四届人民代表大会代表,并以特邀代表的身份出席了沈阳军区首届共青团代表会议,新闻媒体对他的报道很多。现在不是压缩字数的问题,而是如何把稿子写得更充实、更全面!"陈广生遵照政委指示,深入铁岭山区专为施工部队运粮拉菜的运输连四班,跟踪采访数日。雷锋出车,陈广生就坐在副驾驶位置上与他随意交谈。雷锋曾请求陈广生不要再写他什么稿子,党和人民给他的荣誉越多,他越感到不安,他说他不想出名……可是,不能因为被写主人公不想出名而不宣传应该宣传的典型啊!

《雷锋的故事》是这么来的

1962年8月上旬,陈广生"猫"到工程兵团营口留守处的老营房,集中精力修改那篇关于雷锋的报告文学。8月15日下午,一个令人震惊的消息从抚顺营区传来:雷锋同志因公牺牲了!

上级领导命令陈广生赶紧返回抚顺运输连驻地。陈广生参加了雷锋的治丧活动,参与操办了雷锋的追悼会。因他曾亲身采访过雷锋,韩万金政委让他一手操办"雷锋烈士事迹纪念室"。他和几个能写会画的战士来做这件事情。展览的说明词是陈广生写的,包括买胶合板装饰版面、摆放桌子陈列雷锋的遗物,以及雷锋那8本日记怎么摆放,都由陈广生张罗。起初,是因为雷锋辅导过的孩子们要看雷锋叔叔的遗物,想雷锋叔叔,看雷锋叔叔用的东西,寄托哀思,孩子们有这个要求。办这个展览,也是想让团里的干部、战士进一步了解雷锋的事迹。抚顺一些学校得知有这个展览后,也组织学生一个班一个班地来看。一传十,十传百,小展览,大响动,一下子惊动了中共抚顺市委书记沈越。沈越让团市委书记宋廷章到部队了解雷锋展览情况。宋廷章看后感觉非常好,并建议将展览迁至抚顺市文化宫重新布展,让全市青少年都来看一看。

抚顺团市委请陈广生作指导,很快在抚顺市文化宫办成一个全新的"雷锋烈士事迹展览室"。沈越书记题词,号召全市共产党员、共青团员和广大群众都来学习雷锋。抚顺市广泛开展学雷锋活动的序幕就此拉开。

同时,沈越把雷锋事迹向中共辽宁省委书记黄火青作了汇报,省委宣传部很快派人到抚顺复制雷锋展览,在沈阳市文化宫进行展出。与此同时,沈阳军区政治部派人到抚顺复制了全部展品,在八一体育馆两侧走廊展出,观众络绎不绝。

在办展时,陈广生有机会接触到雷锋全部日记手稿,一共 8 本。陈广生细心阅读和摘抄,并以日记为依据,把《向阳坡上长劲苗》改写成《毛主席的好战士》,在《抚顺日报》连载。《抚顺日报》的编辑同志要求每天发一两千字,这样就把那个长达 3 万多字的"劲苗"划分成若干个独立成章的小故事。这就是《雷锋的故事》的雏形。这个"故事"在《抚顺日报》连载了 25 天,成了 25 个小故事,到 1962 年 11 月底连载完毕。报纸发表这个连载前,编者写了市委号召全市共产党员、共青团员和广大群众都来学习雷锋的按语。抚顺人民广播电台也配合宣传,陈广生写出一章,就在电台广播一章。随后,陈广生又应邀为《解放军报》撰写《伟大的战士》,为《中

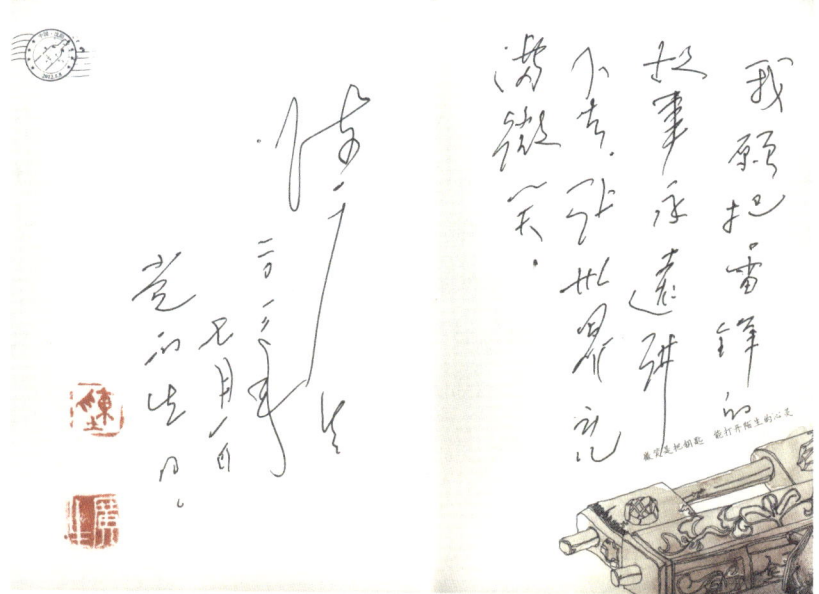

《雷锋的故事》作者之一陈广生手记

国青年》5—6期合刊撰写《共产主义战士雷锋》，为《中国青年报》撰写《永生的战士》。毛泽东主席"向雷锋同志学习"的题词，就是为《中国青年》5—6期合刊"学习雷锋专辑"题写的。1963年3月5日，《人民日报》《解放军报》发表毛主席的题词，从此举国上下掀起了学习雷锋活动的热潮。

雷锋的事迹为越来越多的人所称颂，全国各地的文艺工作者一批批来到抚顺，来到雷锋生前所在部队。陈广生负责接待来访的文艺界人士，如八一电影制片厂的编剧陆柱国和湖南花鼓戏的创作人员等，陪同他们下连队采访，向他们介绍有关情况。

为了宣传雷锋事迹，沈阳军区与辽宁省委联合组织了雷锋事迹报告团。报告团由雷锋生前所在部队的干部、战士十几个人组成。

报告团分南片和北片。北片到铁岭、昌图、长春等地，负责人是团政委韩万金；南片到辽阳、鞍山、大石桥、金州、大连等地，负责人是陈广生，陈广生也是主讲人。到了大连，陈广生嗓子哑得说不出话，只好住进医院治疗。报告团共讲了 100 多场，陈广生一人就讲了 30 多场。他宣传雷锋事迹实事求是、生动感人，不知有多少听众听了为之落泪，并受到激励。

1963 年年初，陈广生被调到沈阳军区政治部创作组从事专业创作。解放军文艺出版社副总编张文苑来到沈阳，找到军区政治部的领导，说解放军文艺出版社要出版有关雷锋的书。政治部首长说，找陈广生吧！张文苑找到陈广生，请他快写，出版社快出。陈广生问什么时候写出来算快。张文苑说五一之前。陈广生问写多少字合适。张文苑说 10 万字左右。当时陈广生领受了任务，因为他仍在忙着许多宣传雷锋的其他稿子，他就向创作组组长崔家骏请示：组长同志，请帮帮忙吧！崔家骏在部队文工团任过政委，熟悉部队生活，有把握稿子思想性尺寸的能力。陈广生写出一章，崔家骏认真修改后送机关文印室印出一章，张文苑也编出一章。很快就在 1963 年 3 月完成了这本书稿。春风文艺出版社的潘照坤和王德昌也遵照上级指示到雷锋生前所在部队采访，他们被雷锋的事迹所感动，积极投入到写作之中，付出了辛勤的劳动，这就是当时有陈广生、崔家骏、潘照坤、王德昌四人署名，由解放军文艺出版社和春风文艺出版社分别出版的《雷锋的故事》。

借 200 元钱，陈广生去雷锋家乡调查"失实"

在写这本书时，团中央来函，邀请陈广生给中国青年出版社写一本有关雷锋的书。军区政治部领导和陈广生都说，把给解放军文艺出版社的这本书稿同时给中国青年出版社就行呗。中国青年出版社说不行，我们不是给部队广大指战员看，我们是面向广大青少年读者。这样，陈广生只好去北京，被安排住在北京炒豆胡同团中央招待所。编辑刘平经常到陈广生住处给他出主意，陈广生遇到问题也到编辑部或到刘平家请教。

  1963年3月末，书稿经有关领导和出版社编辑审定后送工厂排版时，中国青年出版社责任编辑突然拿来一份中宣部批转的报告给陈广生看。报告的主要内容是：陈广生写雷锋的几篇通讯，主要是《伟大的战士》见报后，反映有失实之处。说雷锋的生年不是1940年，而是1939年；雷锋父亲不是被日军打死的，而是病死在家里的；雷锋母亲不是被地主奸污后上吊自杀的，而是生活无着被迫无奈投塘而死的；雷锋小时候也有亲戚照顾，不完全是流浪儿，不能说是孤儿；等等。军区也打电话到北京找陈广生问这到底是怎么回事。这一下大家都蒙了！雷锋是中华人民共和国成立后毛主席第一次题词号召大家学习的青年楷模，宣传报道出了问题，陈广生责任重大。这书还能出吗？两家出版社的编辑都说按照报告里说的，把几处失实的地方改过来，书仍可以出版。陈广生并不同意这样简单的处理，他是一个求真务实的人。他说这本书里写到的内容没有一处是自己胡编乱造的，每一件事都有出处，都是雷锋亲口对他说的。莫非雷锋年幼时的记忆有误？陈广生坚信，雷锋是不会说谎的。陈广生是一个特别较真的人，为了澄清事实、弄清真相，他向出版社编辑刘平借了200元钱，在北京买了一套便装，乘火车去了湖南雷锋的家乡。

  到了那里，陈广生傻眼了，他走访雷锋的乡亲们，根本听不懂当地方言，仿佛到了外国一样。雷锋家乡荷叶坝小学有一位年轻教师普通话说得好，陈广生请他做"翻译"，一家家走访，带着问题调查，一个人一个人查证，终于弄了个水落石出。原来那份中宣部转来的内参，是当地几个记者听了一面之词拼凑出来的。雷锋是农历庚辰年生的，乳名叫庚伢子，查万年历，确认是1940年出生的，没有错；雷锋父亲遭受日军毒打是事实，打后吐血、便血半年后死在家中；雷锋母亲给地主家当佣人，因她是寡妇，人长得端庄清秀，有人证实她是被地主儿子强奸的。她披头散发回家没过几天，便把儿子托给本家的叔奶奶，当夜在家里悬梁自尽了。在雷锋家乡，当时曾有一人跳塘而死，但跳塘的不是雷锋的母亲。这些情况与雷锋生前讲述的、与陈广生写过的情节基本一致。

问题查清后，陈广生连夜给中国青年出版社和解放军文艺出版社打电话说明了情况。两本书没有大的改动，按时付印了。同时，他也写信向中宣部和沈阳军区领导报告了调查后属实的情况。

1973年，纪念毛主席为雷锋题词10周年时，解放军文艺出版社约陈广生重写《雷锋的故事》。讨论写作提纲时，有人提出要适应当时政治斗争需要的问题。陈广生坚持说，雷锋生前对什么"路线斗争""继续革命"等压根儿就没提到过，不能按这个思路写，要写只能原原本本地写雷锋。那就是，他痛恨旧社会，热爱新中国；他忠诚于党的事业，艰苦奋斗，为国分忧；他助人为乐，全心全意为人民服务。有关领导和出版社同志最后表示同意他这样写。

陈广生昼夜伏案40多天，把书稿写了出来。这才没有让"文化大革命"的"色彩"沾染到雷锋的身上。解放军文艺出版社还请郭沫若题写了书名。这件事我清楚，因为解放军文艺出版社的编辑张澄寰是郭老的女婿，解放军文艺出版社领导有这个意向，是张澄寰回家时请郭老题写的。这一版《雷锋的故事》由几家出版社同时出版,当年就发行了数百万册。全国很多报刊还选登了一些章节。1989年,长征出版社编辑出版了《雷锋》一书,一字未改选用了陈广生重写的《雷锋的故事》。《解放军报》用两个整版选登了其中8节故事。

自全国开展学雷锋活动以来,《雷锋的故事》多次再版重印,仅解放军文艺出版社就再版3次、重印15次。中国版本图书馆收藏的《雷锋的故事》有52种之多,成了全国军民开展学雷锋活动的必读书籍。1993年2月19日的《人民日报》刊发了新华社电讯中的一段话:"把雷锋、雷锋精神介绍给中国和世界的《雷锋的故事》一书,30年来已累计发行2000多万册,为我国文艺类书籍发行数量之最。"人们称赞陈广生为宣传雷锋所做的一切。他的同事王笑竺赋诗道:"从容大半生,挚意颂雷锋。笔端溢心血,挥洒筑长城。"

陈广生健在时,曾多次与我说起撰写《雷锋的故事》的往事,说到大半生为宣传雷锋做过的一切,他还分别与我、朱亚南合作写过多本有关雷锋的书籍。他总是说:"我和雷锋有这样一种特殊的关联,这是我的荣幸。在我有生之年,在我力所能及的范围内,我会继续为弘扬雷锋精神做些事情……"

1965年,胡世宗给战友们念自己写的关于雷锋的诗

第二章

改革开放的春风，
呼唤雷锋重回人间

1976年10月之后,党和国家的事业发生了伟大的历史转折,雷锋精神重新回归,学雷锋活动逐渐得到恢复和新的发展。一个由亿万人民群众自觉参加的学雷锋活动在中华大地上蓬勃展开,促进了整个社会道德风尚的提高。雷锋这个光辉的名字和他崇高的精神品格,在历史发展中始终焕发着光彩。人们越来越深刻地认识到雷锋精神的价值,更加珍惜这笔宝贵的精神财富,更加努力在实践中学习和发扬雷锋精神。深入开展学雷锋活动,是新时期加强社会主义精神文明建设的重要任务。人们适应新时期的要求,不断充实活动内容,拓展活动领域,创新活动形式,丰富雷锋精神的思想内涵,弘扬雷锋精神的时代价值,努力在全社会营造学习雷锋、争当先进的良好氛围,使学雷锋活动在新的历史条件下发挥更大作用。这一时期建立起社会化、全方位的舆论宣传新格局,雷锋精神和学雷锋活动在广度深度、方式方法和社会效益上都有了新的发展和突破,基层群众学雷锋的事迹越来越普遍,各地群众立足岗位学雷锋活动成为普遍共识和实践。

　　我从部队基层单位调到了大军区政治机关,而且很荣幸地与最早写雷锋的陈广生在一个科工作多年。我有机会与陈广生、张峻、冷宽、朱光斗、张玉敏等大量"雷锋人"接触，并建立起友情联系，合作或单独写出《雷锋》《雷锋传》《抚顺，雷锋之歌》《伟大战士》《雷锋在演出队》《我为雷锋拍照片》等传记文学、报告文学、电视剧本、电视专题片脚本等，继续为雷锋歌唱，更有深度和更有质量地把雷锋形象推介到读者和观众中去。这一时期创作的主要特点是宽泛、深入地描写和介绍雷锋这个典型人物的全面事迹，树立其平凡而伟大的英雄立体形象。

这个时期有更多的文艺工作者创作了大量雷锋题材的作品，歌曲《雷锋，我又见到你》《学习雷锋唱新歌》《雷锋，时代的先锋》《雷锋叔叔回来了》《雷锋大合唱》《雷锋组歌：永不陨落的星》等都反映了这一时期人们对雷锋的怀念和赞颂。各地各单位编辑出版雷锋题材图书数量很大，出现了戴明章主编的《回忆雷锋》，陶克、王跃生著《中国雷锋现象》，罗木法著《雷锋精神新论》，华琪著《永恒的星座》，邢鹏主编的《雷锋精神论》，余纬著《寻找雷锋》等，都深受读者喜爱。

雷锋留下的哲理非常丰富，却像泥土一样朴素

中国社会进入改革开放新的时期，有大地复苏、万物萌生的感觉，人们精神生活有了崭新的追求和向往。

我清楚地记得，1981年3月，辽宁省和沈阳市策划精神文明建设诗歌朗诵会，辽宁人民广播电台刘宝祥等人组织这个活动，约我写了一首歌颂雷锋的诗，这首诗题为《三月的风》，有二三十行，歌颂传播雷锋事迹给社会带来的崭新风貌。这首诗中，强烈地表达出不能只在3月学雷锋，就是百姓口中说的"雷锋雷锋没户口，三月来，四月走"，呼唤学雷锋常态化，我在诗中强调"三月的风不是一阵风"这样一个理念。朗诵这首诗的人，是在电影《甲午风云》中饰演李鸿章的著名表演艺术家王秋颖。他在演出后台让王刚找到我说，他很赞成我在诗中表达的这个思想，他也有同感。他跟我说有一两句诗觉得念起来不顺嘴，建议我改一改，并拿着诗稿虚心地征求我的意见。我当然非常感谢他对我的诗提出意见，完全同意他的修改建议。1984年1月王秋颖先生逝世，我写出文章怀念他，文中还写了《三月的风》这段往事，交给了秋颖的儿子、我在军中的好朋友王小颖。

陈广生给孩子们讲雷锋

随陈广生到辽阳石油化纤公司作报告

1982年初夏，曾在辽宁人民广播电台当过播音员的曹峰，调到辽阳石油化纤公司当工会干事，平时管理着挺大一个文化宫。她在辽阳与我联系，想请陈广生给石化青年工人上一课。我问讲什么。她说就讲他最拿手的雷锋啊！我和陈广生科长一说，他二话没说就答应了。因为陈广生讲雷锋，不用现写提纲，不用背稿，全在他脑子里，包括给不同人讲，在不同的场合讲，他都能根据需要讲出不一样的套路来。曹峰专门嘱咐让我一定和陈科长一起来，她来接我们。

那天是个星期天，辽阳来车接我们到石化公司，先参观了这个大国企的规模宏伟的设备和生产流程，然后到了公司的文化宫。这个文化宫好大呀，装千把人一点问题也没有。

大概因为是周日，又是上午，青年工人有的在集体宿舍起得晚，有的安排了别的活动，但很快也把这个大剧场坐了个满满登登。

曹峰主持报告会，她介绍了陈广生是谁，主要写了《雷锋的故事》，同时也介绍了我是部队诗人胡世宗。

陈广生报告时，我和曹峰也在主席台上坐着。我往下一看，很多人没怎么听讲，在底下说话，看流行刊物。我就开始有些不悦。请人来作报告，怎么组织的呀？这么乱哪！

不一会儿，底下有条子递上来，曹峰把条子给我看，意思是既然来了一位诗人，请现场给大家写首诗呗！

曹峰对我说，你也准备准备，一会儿给大家讲讲，不一定作什么诗，随便给大家讲一点什么都可以，也可以讲讲雷锋。

大概陈广生作雷锋报告从未遇到过这种场面，底下说话的人很多，好像他们到这儿来都是久别重逢，那么热烈地聊着，嗡嗡的，让我们在台上都替他们感到难堪。

还让我讲？还让我现场作诗？好！我就作给你们看看！我在科长讲演时，就要了两页白纸，打诗的底稿。你们谁也想不到，我开头的八句诗，就是讽刺现场听雷锋讲座竟然可以乱到这种地步的。我在诗里也给这种场面打了圆场，说这也并不奇怪，因为我们刚从一个比较混乱的时期走出来。

科长报告完毕，轮到我讲，我对着麦克风读我刚写成的诗，这开头八句诗真的挺解气，有点责怪台下青年人不礼貌，来听报告竟然可以随便在底下窃窃私语和大声说话。

台底下一下子就静了，出奇地静！是听我批评他们了吧？开场

的八句就是敲警钟的,当当响!谁也不在底下讲话了,都抬头看我,我接着念了下面这首题为《雷锋留下的哲理》的诗:

> 雷锋不是天主,
> 雷锋也不是耶稣,
> 我们对他却很信服;
> 他是一个活生生的人,
> 像一棵活生生的树,
> 长在我们自己的国土。
>
> 他离开我们二十年了,
> 可他的笑容长在,
> 他的领章依然鲜红,
> 他的红星依然夺目;
> 他的解放牌汽车呀,
> 依然奔驰在国防公路。
>
> 世界需要善良,
> 不需要恶毒;
> 人间需要温暖,
> 不需要冷酷。
> 雷锋就是春天的风,
> 吹呀吹,吹遍了千家万户。
>
> 雷锋是普通的战士,

没有高官厚禄；
他有一副火热的心肠，
时时处处，时时处处，
为人民——服务……

正直的人谁能不羡慕——
雷锋那思想的宝库；
有志的人谁能不追求——
雷锋那精神的财富。
雷锋几乎一无所有，
可他的心却镶嵌着玛瑙和珍珠！

有人说：思想不顶饭吃，
精神也不能充当衣服；
他们及时行乐，纸醉金迷，
甘心做拜金、拜物之徒，
糊糊涂涂地打发日子，
一步一步临近坟墓……

当然，共产党人不是苦行僧，
也要吃饭，也要穿衣，也要住宿。
"四人帮"扼杀人民一切欲念，
群众不知吃了多少苦处。
谁相信那些极"左"的口号呢，
"革命"就是一切，前程却异样盲目。

我们是唯物主义者，
同时又怀有远大的抱负：
为了加快时代列车的进度，
我们甘做铺路的一块石子、一根枕木；
为了催开后辈幸福的花朵，
我们高兴地做一束阳光、一滴雨露。

一个人生活于世，
总该有坚不可摧的精神支柱。
像周云成，为抢救车轮下的孩子，
连最宝贵的生命都舍得付出；
像赵春娥，为给群众送去光亮和温暖，
默默烧尽自己，如同一块煤、一支蜡烛……

他们是新的雷锋啊，
为共产主义伟大理想所鼓舞；
用青春，用生命，用滚沸的热血，
谱写出人生最高亢的音符。
多少人从中领悟——
这样生活才算真正的富足！

雷锋不是泥塑的菩萨，
不是雨后的虹、清晨的雾。
雷锋在这个世界上生活过，

他留下的哲理非常丰富。
丰富，却一点也不深奥、玄妙，
就像泥土一样朴素！

只要你想成为他那样的人，
只要你肯走他走过的路，
无论什么民族、什么职务，
什么性别、年龄、文化程度……
谁都能获得成功呵，
看脚下，就是亮闪闪的坦途！

我把草稿纸上的这首诗在报告会上宣读完毕，赢得了一阵阵热烈的掌声。我当时想，这等于我宣读了一份青春的宣言，大家鼓掌通过了，大家认可了！

我诗中说到的周云成，是辽宁省辽阳县第一高级中学学生，班级团支部书记兼学习委员，曾多次被学校评为三好学生和优秀干部。在校期间，他曾两次临危不惧抢救同学，最后一次是在1982年5月11日中午12点13分。从大石桥开往沈阳苏家屯的1215次列车快速向首山火车站驶来，就在这时，一个男孩和一个女孩在火车前不远的铁路上被吓呆了。尽管火车司机为机车刹下"死闸"，但火车因惯性一时停不下来。车站两侧有几位行人，急忙向两个孩子跑去，但距离太远，根本就来不及了。周云成正好从首山照相馆取相片回来，听到身后火车鸣笛和人们的喊叫声，回转身看到了这个险情。就在这千钧一发的生死关头，周云成不顾一切地向两个孩子冲去，纵身跃上铁轨，把小男孩抓起来扔向西边，这时他如果顺势跑出去还来得及，但周云成把个人的生死置之度外，又使尽全身力气把小女孩推出路基，两个孩子得救了，周云成却献出了他年仅18岁的生命。

我诗中写到的赵春娥，是一位劳动模范。她1958年参加工作，曾在洛阳造纸厂当锅炉工，1966年到老集煤场做临时工，1971年转为正式工人。进煤场后，她以高度的责任感做好商业服务工作，热心为用户服务，处处为国家精打细算，热心照顾孤寡老人和军烈属，影响和帮助青年一代健康成长，被誉为"闲不住的实干家"。赵春娥就是极平凡的一个劳动者，她在自己的岗位上长期坚持干脏活累活，积劳成疾，带病工作，被称为"活雷锋"。

这首诗后来收入到1983年8月花山文艺出版社出版的我的诗集《雕像》之中，前面八句诗是批评现场不好好听报告的听众的话，当然就删掉了，现在想恢复都恢复不了，当时的草稿纸找不到了。

催促陈广生写出新书《我们的朋友雷锋》

在 20 世纪 80 年代末的一个大冷天,有两个编辑朋友到我家来做客,两个人都是辽宁少年儿童出版社的。一位是王瑞起,我们二人是在诗人晓凡家相识的,已相识多年了。他原来是一位中医,后来弃医从文,既能写,又能编,担任了辽宁少儿社副总编辑。另一位崔玉平,是一位资深的文学编辑,曾邀约我写了《坚贞不屈的赵一曼》一书。他们开门见山地说到社会风气,说到"五讲四美三热爱"(这是当时流行的正能量的词),提出想请陈广生再写一部雷锋的书。他们知道陈广生写过好

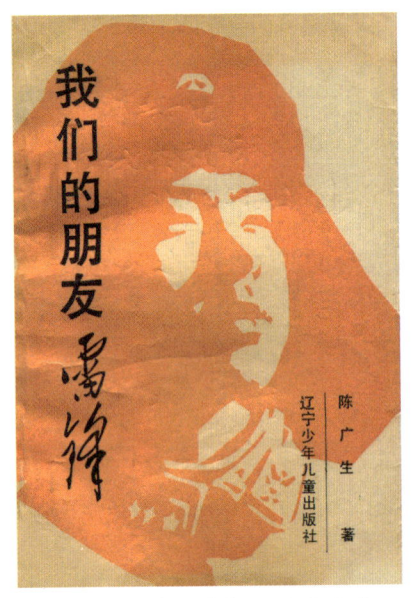

《我们的朋友雷锋》,陈广生著,辽宁少年儿童出版社 1990 年 2 月出版

多本雷锋的书了，知道我和他在一起工作。他们有好的策划，符合当前的需要和读者的兴趣，请陈广生再把"老底儿"挖一挖，把一个有血有肉、活灵活现、面貌清晰、亲切可爱的雷锋"端"到读者特别是青少年读者面前。

好！我特别赞成王瑞起和崔玉平二人的主题策划，带他们一起到了陈广生家。我的老科长热情地接待了客人。我们共同聊到了怎么写好这本雷锋新书的话题，越聊越热烈，大家都想到一起，也说到一起了。

陈广生只要答应了，就准没跑！用了一段时间，陈广生绞尽脑汁，苦思苦写，终于完成了《我们的朋友雷锋》这部书稿。王瑞起和崔玉平审看也很满意，个别的地方责任编辑崔玉平提出来，陈广生做了修改润色后，便在1989年顺利完稿了。

在此书出版之前，我在1990年1月24日的《新闻出版报》上发表书评文章，提前为这本书做宣传。

我觉得这部有关雷锋的新著有许多资料，特别是一些生动的生活细节是第一次向读者披露的。比如关于雷锋母亲的身世，关于雷家当时的生活情形，作者的考证并不是多余的。当时，当地有"女人下了田，肥田变瘦田"之说，但雷家男人不在家，公爹年纪大，雷母只好下田；下田又怕人说，只好夜间去干；夜里田间蚂蟥活跃，只好认叮认咬。雷母平时干活，腰间总是系着一条深蓝色麻花布围裙，长长地拖在脚面上，做工极精细。围得时间久了，颜色洗淡了，又剐了两个破口，该换条围裙了，结果，雷母一夜之间把旧围裙浆洗了一遍，然后用深色布头剪成两只展翅的燕子，把它们镶嵌在旧围裙的两个破口处，比新围裙还好看……从这些文字可看出雷母的勤劳、节俭、灵巧和对生活的热爱。而这样一个女人丢下7岁的雷锋寻了短见，尤其令人痛心。

书中写雷锋在鞍钢时，老工人李师傅请雷锋到他家过春节。包饺子时，李师傅的老伴儿把一枚硬币包在饺子里，结果，李师傅吃到那枚硬币，大家说他有福。李师傅说："我是一家之主，我是有福人，全家都有福。……雷锋不是外人，我说全家有福也有他。"使我们看到老工人对雷锋亲如父子般的关怀照顾。

这本书还写到雷锋刻苦读书、学跳交谊舞、参加高跷队扮小姑娘等许多青年时代的趣事秘闻。特别是写到易秀珍姑娘对他的亲近爱慕之情。雷锋为了不叫公家水泥被雨淋了，竟把自己的被子抱去盖在水泥上。易秀珍在给他拆洗被褥时发现经雨水浸泡的棉絮经火一烤太硬，竟悄悄把自己柔软的棉絮同雷锋的换了个儿。易秀珍认为男同志再精明也有粗心的时候，没想到雷锋心里明明白白，参军走之前，把这床被子还给了易秀珍。雷锋想的是还年轻，谈这事是不是早？参军后他们继续互相关心……这些都是《雷锋的故事》中不曾写到或当时不能写、不敢写的往事，让人觉得雷锋是一个情感很丰富的青年人，他受别人的崇敬包括姑娘们的爱慕是很自然的事情。

我觉得我的老科长写这部书时，不是冷静客观地旁述，而是把自己"摆进去"，把本人与雷锋的交往，同雷锋的亲友、同学、老师、工友、领导的接触，即采写雷锋事迹的过程，有选择地"和盘端出"，给人以亲切、热情、诚挚之感。这本书的另一个长处是老科长用优美的散文笔调来描述一些美好的往事。比如《可爱的红花草》一节，写被雷锋称为"健姐"的一位曾与雷锋以姐弟相处的女青年的回忆，情景交融，充满了诗意。

这本书以采访纪实和回忆录的形式，真实、细腻地描述了雷锋在短暂的一生中追求、奉献的感人事迹。

大家看这本书时会感觉到，雷锋是我们身边一个有血有肉的朋友，而不是高不可攀的雕塑。由此，我确信，我的老科长陈广生的头脑和小本子里，有雷锋太多的素材，因为他曾在1964年以申请参加"社教"（即社会主义教育）的名义，到雷锋的家乡湖南望城的山村里，一蹲就是几个月。开始的时候，他听不懂当地方言，请一个学校的年轻老师给他做"翻译"——把湖南方言"翻译"成普通话。就这样极认真地采访，搜集雷锋乡亲们对雷锋的印象，讲雷锋小时候在家乡的事，连春节都是在雷锋的乡亲家里过的。他一个人剁猪肉馅，买面、和面、擀皮，一个人包东北饺子给乡亲们尝新，因为这个地方不像北方，过年要吃饺子，他们没有过年吃饺子的习俗，而陈广生认为过年不吃饺子就像没过年一样。

没拍出来的 20 集电视连续剧《雷锋》，成了我跟陈广生合作写雷锋的第一本书

1983年，机关编制改革，文艺科取消了，与文化科合并成文化处。陈广生到创作组任创作员，从事专业创作，上级任命原文化科副科长朱亚南为文化处处长，我为副处长。1985年，朱亚南提任军区文化部副部长，我升任文化处处长。1986年，我向亚南部长申请辞去

胡世宗创作的电视剧本《雷锋》

文化处处长一职，去搞专业创作，说这是我最大的一个心愿。亚南很开明，很支持我的想法，尽管他不舍得让我离开他身边到创作组去，但还是答应了我的要求，只是让我把在文化处当处长时分管的业余文艺创作这摊活儿带到创作组那边去。这时，机关编制在改革，创作组改为创作室了，任命从《解放军文艺》散文组回到沈阳军区从事专业文学创作的王中才（时任散文组副组长）为创作室主任，我为副主任。当时创作室的主力作家有刘兆林、李占恒、宫魁斌等，加上原来在创作组任组长的老同志靳洪，还有从文艺科科长位置过来的陈广生和从沈阳军区歌剧团团长兼政委位置过来的颜廷瑞两位老同志。这时候，我反而成了我老科长的"上级"。

进入21世纪之前，有属于八一电影制片厂的北京一家电视艺术公司，到沈阳来邀请我和陈广生撰写一部有关雷锋的电视连续剧。我们在一起商量，主要写雷锋16岁到22岁这段人生经历。我们还签了合同。合同签了之后，我们不能耽误了时间哪！我和老科长立即"猫"到政治部管辖的军人俱乐部的小招待所。后来为了安静，不被人打扰，我们又"躲"到也是政治部管辖的军区体育工作队即体工队招待所连续作战数十天。

我们很高兴地拿出来剧本，制片方看了也比较满意。制片方找到了当时很红的著名导演雷献禾，因为他导演的《离开雷锋的日子》这部电影公映后，影响极好。雷献禾看了本子之后表示愿意接这部剧。这让我们觉得万事大吉了。其实，这时候，原来说好的投资方出了问题，原来许诺的几百万投资的事一下子就黄了。临时到哪儿能找到这样的投资方呢？太难太难了！过了一段时间，终于大连有一家艺术公司主动来联系我们，说愿意接这部戏，原来那个公司给我们的条件全不变，还说到片酬只能比原来的高，不会比原来的低。我和老科长千恩万谢,只要有人愿意投拍这部剧,片酬高低我们可以不计较。这是我和老科长的真心话。我们的表态也感动了投资方。他们很快拿出投拍方案,还商议了请哪位演员出演雷锋最合适等事宜。

大连这家公司公关很有力度。他们请动了省委原来的老领导写信给当时的一位中央领导同志,请这位中央领导同志为《雷锋》电视剧题写片名。这位领导同志回复说他不能题这个片名,这是有规定、有要求的。但他把这封信转到了中宣部,希望中宣部请一位书法家给这部剧题写片名。中宣部便请书法家沈鹏题写了"雷锋"二字,底下有落款"沈鹏"。我们收到了这个题字的复印件,原件在这家公司那里。

后来还是因为资金没到位,这部剧非常遗憾地搁浅了。据这家公司的负责人和我们说,这也是这个行当里常有的事,不是百分之百的策划都能落实。对于这样的事,我们真的是无能为力。

我们的老朋友,曾出版过我的诗集《鸟儿们的歌》和散文集《当代诗人剪影》的春风文艺出版社资深编辑邓荫柯闻知我们这个情况后,向社长兼总编辑韩忠良和副总编辑臧永清汇报了。他们一起盛情邀请我和陈广生把这个电视连续剧剧本改写成长篇纪实文学,邓荫柯和后来成为春风文艺出版社副总编辑的常晶做了责任编辑。2003年1月出版了这本17万字的《雷锋》,前两次印刷16000册,并参加了当年在北京举办的盛大书展。就这样,这部没拍出来的20集电视连续剧《雷锋》演变成了一本书,这是我跟着陈广生学雷锋、写雷锋以来合作问世的第一本书。

我为雷锋主题摄影精心配诗：
歌唱，不光用歌喉，
还用生命的热力与火光

在原沈阳军区机关，有两位我熟悉的摄影家朋友，一位是线云强，一位是盖旭辉。

线云强何许人？他是原沈阳军区新闻图像社社长，中国新闻摄影学会常务理事，辽宁省摄影家协会主席，中国摄影艺术创作个人成就最高奖"金像奖"获得者，中国摄影家协会首届"德艺双馨"称号获得者。我们二人包括家庭都有深厚的友谊，曾有过多次合作。最重要的一次合作是1996年，我们共同完成了《北疆雄风》诗配摄影的挂历创作，这是以沈阳军区名义给军委、总政治部和各兄弟军区及军区所属部队指战员的新年礼物。3月的照片是雷锋主题，我被线云强的一幅大图震撼了。照片中全军英模人物从雷锋纪念馆走出来，有20多位，每个人胸前都有许多奖章，有将军，也有士官，有各个军种的军装，一个个笑容可掬、春风扑面、喜气洋洋。我被这气势、这情景感动了，写出了题为《时代雕像》的十二句诗：

　　一支歌两代人唱：
　　《学习雷锋好榜样》，

不光用歌喉用声响，
还用生命的热力与火光。

人活在世上，
应该真诚、美丽、善良，
爱心与爱心相碰撞，
让人间更温暖、辉煌！

别以为世界变了模样，
就没了春风荡漾，
依然是雕像时代，
依然需要时代雕像！

最后两句诗，出自我 1982 年写的长诗《雕像》，"依然是雕像时代，依然需要时代雕像"，这是我文学创作的本能动力，是我的诗观，也是我的价值观。这两句诗，曾得到诗人贺敬之、张志民、周良沛的赞许。

盖旭辉何许人？他是我在原沈阳军区政治部的同事，是我要好的战友。他是机关专职摄影记者，大校军衔，中国摄影家协会会员、中国新闻摄影学会常务理事，中国摄影艺术最高奖——"金像奖"提名奖、中国人民解放军摄影最高奖——"摄影艺术奖"获得者。他曾组织策划大型摄影专题"全球化时代学雷锋"的报道，在抚顺举办"雷锋——时代的偶像"大型主题摄影展，对雷锋和学雷锋情有独钟。

2003 年的时候，《中国艺术报》有一分支办了个《摄影文学艺术》彩印版的报纸，有一版叫"摄影诗"。盖旭辉兴奋地拿着他拍摄的7张彩色图片找到我，让我给它们配诗。

那个时候，正是我迷上为照片或绘画配诗的时候，比如：为画家聂义斌的国画配诗，正式出版了两套贺卡，都是辽宁美术出版社出版的；为摄影家线云强的军事题材摄影作品配诗，出版了每个月一张的图片配诗的年历；时为沈阳军区杂技团团长的孙义良和业务干事张忠志让我为沈阳军区前进杂技团的12幅国内外演出的剧照配诗，也是印成了挂历；峭岩约我为军旅油画家柳青的多幅油画作品配诗，发表在《解放军画报》上；张瑜编辑约我为老年人生活的图片来稿配诗，连续多期发表在《老同志之友》的封二上；宋杰、钟诚义则约我为多幅优秀预备役题材摄影作品配诗，发表在他们编的《民兵之友》（后改名《东北后备军》杂志）的封三或封底上。当时这个杂志编辑部与我的办公室在同一栋楼，经常是他们拿着照片到我那儿去让我看，我看过后，骑自行车回家吃午饭，在骑车回家的路上，就用这10分钟的时间在脑海里构思完成了即兴创作，并拟出腹稿，进了家门，先不做别的事，也不搭理家人，担心分神忘词，马上拿笔，人还没落座，就站着把配诗的草稿写到纸上，下午上班就带给约稿的编辑。

盖旭辉这组照片让我动了心、动了情，我的配诗写起来是那么痛快！

第一幅标题为《敬礼》：是雷锋的全身雕像，正迎着明亮的晨光，雕像前是战士们戴军帽的背影，看得到举到帽檐的手……

把右手举到帽檐儿
向雷锋同志敬礼

敬礼　敬礼
心中充满了感激

是的　雷锋"级别"很低
只当过小小的班长
但在精神世界里
他是所有人的"上级"

我们感激　我们感激
雷锋为军人赢得了荣誉
在百姓面前
他是最称职的"子弟"

向雷锋同志敬礼
是一次人生目标的凝聚
走　坚定地跟随
雷锋的足迹

第二幅标题为《旗》：画面的中心是一座顶天立地的雷锋的雕像。这座雕像很生动，雷锋似从外面归来，左臂上搭着一件雨衣，目视前方，执着而坚定。在他两边，约有 10 面红旗，红旗招展，大约是从战争年代走过来的部队的荣誉旗帜，也许曾经是雷锋崇敬和向往的英雄旗帜。

漫长之旅
不能没有旗
旗　是事业的彩霞
旗　是人生的火炬

当年　雷锋心中有旗
仰望旗　如同仰望旭日升起
旗　给他不灭的信念
旗　给他用不尽的力

雷锋从未想到自己
未想到自己变成一面旗
他只是让平凡中的伟大
照亮每一天的日历

雷锋从未想到自己
未想到自己被时代高高举起
这面历经了岁月风暴不倒的旗
让众多的旗有了崭新的意义

旗呵旗　旗呵旗
你们是那么鲜艳绚丽

第三幅标题是《雷锋铺》：背景墙上有一面锦旗，上面赫赫显示出"雷锋班"3个字,近处是上下铺,下铺栏杆上吊着"雷锋铺"的红字铜牌。雷锋生前所在团曾担负维和任务前往非洲。他们即将在离开祖国之前来到"雷锋班",4位战友一起整理"雷锋铺"。很有时代感的是,4位战友都穿戴着联合国维和部队的军装,他们蓝色的贝雷帽、迷彩服,与老班长的黄色军装及黄色军被相映生辉……

一个个维和部队的成员
就要奔赴海角天边
他们要代表中国军人
为了世界和平做出贡献

万里行前
他们虔诚地来到雷锋班
瞻仰雷锋的铺位
获取远征的灵感

雷锋已经离开四十年
他的被褥、衣帽仍留在这个班
值班员每天也整理他的内务
仿佛夜里能听到他在打鼾

虽然雷锋一生没有出国
但他的照片在国外许多地方高悬
虽然他的生命十分短暂

但他熊熊燃烧了每一天

第四幅标题为《雷锋网站》：画面上是一个戴着耳机的女兵在电脑前操作着，屏幕上是雷锋着冬装的照片，女兵微笑着，象征着春天般的温暖……

是的　无论民族和职业
也无论性别和年龄
在雷锋网站交汇着
一片高尚的真情

雷锋这颗闪亮的星
照耀着一代代人的生命旅程
成千上万的人争相登陆他的网站
因为那是一座真正的高峰

第五幅标题为《榜样》：在雷锋生前所在团的营区里，冬季，后面有积雪的山林，大操场上耸立着一个大大的方框，方框里是雷锋微笑擦车的彩照。在一块题有"不辱使命"4个红字的石碑前，一位老兵弯着腰正给一个年轻战士拍照，从年轻战士的装束可以看出他刚刚入伍，领章、肩牌、帽徽一概没有。还有新战士排列等待着拍这个难忘的合影。

新战友走进营房
最着急的是和雷锋一起照相

战士们在雷锋照片前留影

排好队　一个个地来

这是多么激动人心的时光

雷锋那微笑的脸庞

雷锋那火红的领章

雷锋那闪亮的帽徽

雷锋车头那两个金字：解放……

雷锋穿着一身夏装

背后是一片绿意荡漾

好似要融化我们脚下的冰霜

烘烤得我们脸上发热心里发烫

这次合影太不寻常

这次合影永生难忘

刚穿上棉军衣还没发帽徽领章

就毅然选定了一生的榜样

近景是雷锋和我

远景是雪野苍茫

在走向未来遥远的路上

会始终有耀眼的恒星导航

  第六幅标题是《雪片》：画面上是雷锋班5名战士在阅读和回复全国各地每天像雪片一样飞来的信件。我曾有幸在雷锋班读到全国各地各界人士写给雷锋班同志们的信的一小部分,因为真的是读不过来呀。读信和写回信是雷锋班的战士们一项神圣的义务,当然他们也是选择性回复,不可能每封必回。他们不愿意采用打印出来的统一回复的制式信,他们觉得那样做不礼貌,他们尽量亲手写,哪怕只写上几句话呢,他们理解来信朋友的心情……

每天每天

雷锋班

都收到很多的信件

这些信

从全国各地飞来

从六岁孩童到八十岁的老翁

也有海外朋友

写信的多是青少年

关心　询问　请教

飞来时　像雪片

飞来后　便堆成了小山

雷锋班的战士

经常起早贪晚

每封信都要认真拆看

这是一颗颗火热的心呵

绝不可轻慢

他们回复时不用熟练的打字

而要一封封亲笔书写

说这样才有亲切感
这些信带着热烈的回应
也带着真诚的呼唤
就这样飞向了万水千山

第七幅标题为《擦车》：这张照片是在沈阳军区雷锋纪念馆拍的。在"雷锋擦车"的雕像前，雷锋班班长李贵臣带领几个战士在这儿擦车，新班长李贵臣与老班长雷锋通过一块抹布在对话。我曾到雷锋团、雷锋连、雷锋班采访，曾与李贵臣交谈、合影。这张照片很经典，2004年，解放军文艺出版社出版由我主编、由沈阳军区政委姜福堂作序、军区司令员钱国梁题写书名的记录我们沈阳军区先进人物和先进集体风采的报告文学集《黑土地·红松林》时，封面选用的就是盖旭辉的这件作品。

擦车　擦车
擦车　擦车
和四十年前的班长
擦四十年前的车

这台车
陪伴雷锋走过高山大河
在古老而新生的土地上
留下了深深的车辙

这台与英雄相伴过的车

从未遭遇冷漠

在它身边

每天都有大批的参观者

这台陈列的车早已寸步不挪

却每天都在风驰电掣

它载托着一种宝贵的精神

那是我们民族兴旺的火

  盖旭辉和我的摄影配诗，发表在《摄影文学艺术》创刊号上，在第 3 版"摄影诗"发了整整一个版，好纸彩印，非常显眼。作品中间从上到下是毛主席为雷锋题写的 7 个鲜红的大字，出版时间是 2003 年 3 月 21 日，责任编辑是绿岛、伟业、一凡。

在雷锋团,每天我都被温暖的事感动着

2003年年初,总政治部解放军文艺出版社组织各大军区、海军、空军、二炮、武警和国防科工委,每个大单位都单独创作出版一部反映改革开放新时期部队新面貌的报告文学集。丛书总编辑佘开国、策划董保存。沈阳军区卷由我主编,军区政委姜福堂作序,军区司令员钱国梁题写书名,书名为《黑土地·红松林》,2004年1月由解放军文艺出版社出版。参加写作的有杜守林、中夙、吕永岩、韩光、王伏焱、张立江、戴墨、杨卫东、张秀梅、胥得意、陈冠旭、曾剑、于利华、王宗仁、杜树人等多位军区创作骨干。我在军区先进单位和先进个人中选写了一篇《今日雷锋团》。

雷锋生前所在团,一直把雷锋精神当作"团魂",把雷锋事迹当作"团课",把学雷锋典型当作"团宝",把《学习雷锋好榜样》当作"团歌"。

在雷锋生前所在团听到的新奇事：
骗子还钱，老人怀疑，商贩告状

2003年3月，我走进雷锋团。团里派出组织干部股股长周道海（后任团副政委）和宣传科报道干事蔡润龙帮我提供相关资料，并陪我在团内外进行采访。这个团官兵阳光般的心怀、春风般的风采，以及他们向前挺进的铿锵脚步，都叫我震撼、令我鼓舞、给我启迪。

没有想到我最先听到的竟然是一件件在雷锋生活的年代不可能发生的事情。

一个冬日，雷锋班第十九任班长李有宝外出作报告后回部队，在沈阳火车站转车。他走进售票大厅时，见一群人围着一个哭成泪人的妇女，便走上前问这是怎么回事。那女人说是她的钱包被人偷了。李有宝问她家在哪儿，她说在辽阳。李有宝毫不犹豫地掏出了仅有的一张百元大票给了这女人，并安慰她别着急，天快黑了，你快买票回家吧！

两个月后，雷锋班收到一封署名"谢雷"的来信和夹寄来的100元钱。信上说自己是个骗子，骗了这100元后，偶然从电视上认出被她欺骗的就是雷锋班的班长，心里特别不安。雷锋班的战士给老百姓做了那么多好事，自己还把他们骗了，深感内疚。她把这钱还给了李班长，并请求他能原谅自己，她今后再也不干这伤天害理的事了。

家在山东梁山的雷锋班战士邓兆国休假回家，去车站路上遇到一位背着个大背包的老大爷，小邓习惯地主动上前帮忙，这在雷锋班的战士是极平常的事情，却没想到遭到了老大爷的怀疑和拒绝。小邓意识到了自己探家穿的是便衣，没穿军装，便笑笑说："我是解放军战士。"老大爷仍是半信半疑，小邓只好把自己随身携带的那个贵重小包交给大爷，这才换得那个挺沉的大包。上了火车，安顿下来后，大爷才说了心里话，他说："生人，我可不敢给呀！一是怕给拐跑了，二是怕帮我拿完包，朝我要小费！"

有一回，雷锋班的修鞋机坏了，拿到附近的地方修理店，人家不肯修，花多少钱也不给修。和他们熟悉的师傅说了实情："给你们把这个修鞋机修好了，你们做好事，在大街上修鞋不收钱，这就把我们的生意夺走了呀！"战士再三声明："我们当兵的鞋坏了，没工夫到外边来修，我们修好了机器，绝不到外面来义务修鞋！"这样，老师傅才答应收下这机器。干部、战士利用节假日和双休日在驻地附近街道上支起棚子或露天免费给老百姓理发、修鞋、修自行车，一些个体户就到部队来"告状"，说："你们做了好事，可坑了我们呐！我们下了岗，没别的进钱道，得养家糊口，好不容易找个活儿干，竟让你们把活儿都抢走了！"

看来，世界上不会有一成不变的东西。历史车轮已经走到了市场经济时代，改革开放的中国已经进入了商品社会。学雷锋做好事，也要与时俱进。雷锋团官兵改变了一些不合时宜的老做法，在学雷锋的方式、方法上做了些调整，把更多的精力和钱财放到帮助群众科学种田、脱贫致富和资助那些失学的孩子身上。

雷锋班、雷锋连、雷锋团，名头响当当

在雷锋团最有名的是雷锋连，在雷锋连最有名的是雷锋班。每

届雷锋班班长的选择都是百里挑一、优中选优。参加竞选的战士要比政治、比文化、比军事技术、比身体素质、比口才……看哪一个更胜任。记得2001年年底，雷锋班班长的候选人刘进忠、陈晋、李桂臣等笔答了初高中的语文、数学科目，交了雷锋知识和驾驶理论的试卷，李桂臣的成绩颇好。接着，5公里越野，排除汽车故障、投弹，李桂臣都是第一名。单双杠之后是队列指挥……团党委常委们在现场观看，司政后装的参谋干事助理员出任监考。每个应考者面对的都是一群严肃的考官。"假如你是雷锋班的班长，你怎么带这个班？""假如你带着雷锋班外出，最注重的是什么？"……任何一个常委都有权提出考题，他们主要考的是雷锋班班长的"施政纲领"和班里建设最看重的是什么。最后李桂臣总分高出一分，险胜刘进忠，雷锋班班长这个重任就落到了他的头上。

雷锋团组织干部科科长周道海告诉我一组有趣的数据：雷锋班命名40年来，总共收到35万封来信。最早的一封是"雷锋班"命名第二天"董存瑞班"的来信；文字最长的一封信写了127页纸；最急的信封上插有3根鸡毛，表示十万火急；最多的一天收到512封信；最远的来自大洋彼岸的澳大利亚；邮戳最多、辗转时间最长的盖了20个邮戳，历时151天到达雷锋班……

南京雨花台小学学生玉冰患了白血病，她生前最大的愿望就是到雷锋班看一看。她在给雷锋班的信中写道："叔叔，我在学校里是学雷锋积极分子，但我得了白血病治不好，去雷锋班的愿望实现不了啦。班里43名同学给我送来了43颗雨花石，代表43份真诚的祝福。我把这43颗雨花石送给你们，是想把我一生的夙愿留在雷锋班。"雷锋班的战士接到这封信，连夜回信，把全班的照片，每个人的祝福录成磁带，连同全班每个人当月的津贴，一并寄给了小玉

第二十一任雷锋班班长李桂臣将"雷锋班"班旗带到联合国赴利比里亚维和区,传播雷锋精神

冰。玉冰病逝后,她的母亲在信中告诉雷锋班的战士们:"我女儿虽然离去了,但你们给她带来了欢乐。每天病痛时,她听到你们的录音,看着你们的照片,脸上总会露出笑容,好像病痛减轻了许多。"

雷锋班,雷锋连,雷锋团,都是响当当的名头。这里的官兵经常应邀外出给群众作雷锋事迹报告,作他们怎样学雷锋的报告。他们把一颗颗学雷锋的火种播撒到更多人的心田上。只要有群众邀请,只要上级批准了,他们会把作报告这件事当成神圣的事业。神圣的事业需要神圣的情感去维护。2002年的一天,雷锋班战士刘进忠,就是竞选班长仅落后李桂臣一分的那位骨干,到平顶山一所小学作报告,报告的时间长,讲得非常成功,校方很是满意和感激。刘进忠归队后学校领导告诉他,学校给他的讲课费1000元已经悄悄地塞在他的挎包里了。他果然找到了这笔钱,二话没说就到邮局把讲课费给学校汇了回去。还有一次他到某机关作完报告,临别时,机关领导把一个信封给他,说是挺匆忙的,没准备纪念品,一点心意,请收下。刘进忠连信封都没拆就退了回去。被邀请到各处作报告的同志们说:"我们讲雷锋,就是要做雷锋。"

2002年7月,雷锋班班长李桂臣接待深圳一位老板,老板聘请雷锋班战士做他们公司的名誉职工,只要外出作报告时捎带介绍一下他们公司,就可以给他们几千元的报酬。李桂臣当场就谢绝了。那位老板劝他们不要自己做主,这样的事最好向上级报告一下,看上级有什么指示再作结论。李桂臣说:"这事不用请示,肯定不行!"

雷锋团的官兵和雷锋一样是讲诚信的。有一年腊月,雷锋连的排长郑金宝应邀到抚顺二中作报告。早晨6点钟,他赶到汽车站时,由于雪大路滑,所有通往市内的公交车都停止运营了。这可怎么办?郑金宝心急如焚,搭马车赶了一段路,又冒着零下34摄氏度的严寒,顶着六级的西北风，踏着厚厚的积雪，艰难地跋涉了10多公里的路程才赶到学校。等待已久的师生们，见到周身霜雪、眉毛和头发都凝结着冰碴的郑金宝出现在会场时，全场爆发出长时间的热烈掌声。校长紧握着他的手说："你没有走上讲台，就已经用实际行动给我们上了一课！"

也是这位郑金宝，1990年一天下午，天降暴雨，雷锋班突然接到一个女子从抚顺南站打来的电话。电话里，女子说她自己到处被人欺骗，认为当今社会上没有好人，决定结束自己的生命。但死之前，她想到雷锋班，不知雷锋班是否像报刊上和电视上说的那样好。她约定，一个小时后，雷锋班的战士如果不来接她，就证明一切都是假的，她就去寻短见。时任班长的郑金宝接到电话后，立即请示团里有关领导，领导指示，一定要去，要快！要用事实向这个女孩证明雷锋精神依然存在。仅仅几分钟后，雷锋班几名战士在郑金宝的带领下就驾车出发了。当时，雷锋团驻地距离抚顺市区有百里的山路，而且暴雨未停，行车不顺。但为了拯救一个年轻女子的生命，为了证明世界上真善美的存在，雷锋班战士凭着晶莹的心灵和优良的驾车技术，40分钟后就把车开到了指定地点。那个一直在雨中徘徊的女孩，见到了这些比亲哥哥还亲的战士，禁不住脸上热泪和冷雨交汇涌流。

这个女孩叫李梅（化名），年仅17岁，父母离异后她一个人流落在社会上，被一些小混混拉过去混日子，又被人抛弃。万念俱灰的她失去了生活的勇气。轻生前想到在学校听过雷锋班战士作报告，于是萌生了找雷锋班试一试的念头。战士们把她接到班里，安顿她在荣誉室住下来，教她唱"团歌"——《学习雷锋好榜样》，大家像陪小妹妹一样轮流陪她散步、谈心，还让她和大家一起拆看

雷锋连入连仪式

全国各地给雷锋班的来信。战士们外出学雷锋时也带上她。李梅主动给战士们做饭、洗衣。她表示要珍重人生、重新做人。郑金宝利用到抚顺作报告的机会,找到了李梅的父母,介绍了李梅的情况。两位老人为雷锋班的热心所感动,亲自到雷锋班接女儿回家。离开雷锋班的那一刻,李梅拉着战士们的手放声痛哭,她说:"我相信了,你们是天底下最好的好人,我一定好好生活,洗刷以前的耻辱!"后来,这个女孩真的重返校园,成为一名品学兼优的学生。

无独有偶,河南一所中学的一个女生给雷锋班写来一封异样的信。她说这学期我没有节约,开销大,欠了同学好多钱,同学把我的手机拿去作抵押,你们一定要帮我呀!请按我的地址邮500元钱来,一定不要告诉我的父母和我的老师呀!等我有钱时,一定如数还给你们!这封信引发了全班的大讨论。大家说,500元,对于我们当兵的，不是一个小数目，但我们也能凑齐。可是，我们邮去的这笔钱，不一定能帮她走上正路，还很有可能促她走下坡路。如果不给她一个回音，她可能说雷锋班在她有困难发出求助时无动于衷。考虑再三，雷锋班的战士们给这个女生写了封回信。信上说，你遇到的麻烦我们已经了解，你是否知道还有许许多多大山里的孩子仅仅为了几十元的学费而失学呢？你生活条件这样好，不珍惜学习机会，是愧对父母的，希望你能养成勤俭好学的作风。采访时我问："你们收到这个女生的回信了吗？"他们说，没有。我想，雷锋班的战士们是善良和智慧的。这件事他们想的和做的都是周到而正确的，也许这个女孩当时不能完全理解雷锋班战士们的良苦用心，但这封短信会对她一生的成长起促进作用。

当年我采访时，团政治处副主任是颜显宏，13年前还是团电影队的放映员。他曾在火车上偶遇一对兄妹，他们为了医治母亲的乳腺癌，远行山里寻找冬青这种中草药。颜显宏从小没得到过母爱，出生一个月母亲就去世了。他把这兄妹的母亲贺大娘当成自己的母亲，在春节放假的几天里，他到积雪没膝的山里寻找冬青，给贺大娘熬冬青汤，还坚持数年用一种特别的偏方帮助大娘医病。医生说："你小伙起码延长了老太太一年的生命。"贺大娘临终时，颜显宏坐在她床边，给她唱她爱听的《小白杨》《十五的月亮》，还有那首《世上只有妈妈好》……

有一年元旦前夕，雷锋团七连指导员熊承新回湖北汉川老家休假，他带着妻儿乘坐轮渡准备到汉川南河乡看望哥哥。就在轮渡起航时，一辆中巴因抢渡来不及刹车掉到了江里，车上有4名乘客和司机随车淹没在冰冷的江水中。轮渡上百余乘客被这突如其来的事故惊得不知所措。熊承新只对妻子交代一声："照看好孩子！"就纵身跳到江里救人。他先救起了一位老大爷,接着救起另3个人。这时,他也有些精疲力竭了,但当他准备上船时,发现下游20多米处有一个老大娘正在水中挣扎,便立即快速游了过去。由于求生的本能,老大娘死死扯住了熊承新,使他连连呛水,体力渐渐不支了。在这危急关头,熊承新没有放弃,他用尽全身力气,把老大娘推上了甲板,他自己却被湍急的江水掀倒了。群众找来绳子、棍子,将熊承新搭救上来。群众目睹了他的英雄行为,问他的姓名,他却悄然离去。事后,当地电视台和报纸连续多日追寻英雄,还像破大案要案一样依照人们的口述描画出了他的模拟图像,登在报纸和电视上。有一天,他的姨妹看了电视上他的图像,说:"呀!这不是咱们家承新吗?"她向有关部门报告了这个人是谁、在哪里服役。一问人呢?早回部队了呀!汉江市委、市政府给雷锋团写来了热情洋溢的感谢信,熊承新的事情才"败露"。

五连战士鞠晓军在探家途中,火车因暴雨被迫临时停在抚顺市清原站,一停就是十几个小时,多数旅客没有备钱买吃的。鞠晓军见此情景,拿出身上携带的钱买了些面包分给老人和孩子。第二天上午,鞠晓军发现一个五六岁的小女孩饿得直哭,孩子爷爷却没有钱给她买吃的。鞠晓军摸摸口袋,自己也没有钱了,他狠狠心,把自己上车前花100元买的一双新皮鞋,拿到车站上卖了30元钱,给这个小女孩和她爷爷买了面包、香肠和矿泉水。鞠晓军主动参加了为通车而进行的抗洪抢险战斗,长达15个小时。全体乘客都记住了这个军人的模样,却不知他是哪个部队的。后来人们找遍了驻抚顺的几支部队,最后在雷锋团找到了他。

雷锋团的官兵也不是天生一样的强,十个指头有长短,初到团里的战士也是各式各样的。二连有个战士历来花钱大手大脚,本来家境就不富裕，却愣充大款，竟然说吃不惯连队的伙食，宁肯到街上买方便面、火腿肠，也不爱吃连队的饭菜。仅一年，他就借了5000元钱并花得精光。团长马剑和政委肖林发亲自出面帮助这个兵，三次带他参观雷锋纪念馆，语重心长地和他谈心。这个战士深受感动，改掉了胡乱花钱的毛病，用积攒的津贴费资助了一个因父亲犯罪入狱而失学的11岁男孩。他的爱心让孩子的父亲感激涕零，在狱中表现优秀，得以减刑一年。

还有一个黑龙江入伍的战士，入伍前干过个体，往豆油里掺米汤，往酱油里兑水，还贩卖假烟假酒。他以为有了钱就有了一切，就好办事，甩张10元票让别人替他站岗，出5元钱让别人给他洗一件衣服。新兵下连时，无人敢要他，雷锋班班长把人要到自己班里。有人说，把这个兵要到班里不是给雷锋抹黑吗？雷锋班的战士用雷锋精神感化他。他却宣称："不要指望我学雷锋，我才不干呢！"班长把他应该干的工作做了，一次做，两次做，总做。还让他跟大家看雷锋班收到的来信。小学生学雷锋那个虔诚劲儿，深深感动了他，他终于改变了自己，进步显著，不仅担任着3所学校的校外辅导员，立了功，还入了党。

团里原来有个马车排，马车排有个老兵张三明，在部队甩了一辈子马鞭子，卸甲归田生活依然清苦。在老宅翻建时，他竟然翻出了一个装有千两白银的钱罐。他毫不犹豫地交到国家的银行，自己分文不取，表现了雷锋似的正直清白。

那是一个旧历除夕，大连运输公司的大货车到清原送货，不想在回来途中熄火了，停在抚顺靠山屯附近的外环路上，前不着村后不着店。大货司机揣了几盒好烟找到几个汽车修理部，都放假了，人走光了，给多少钱也没人给修哇！这时有热心的老乡跟他说："这里面有部队,有个雷锋班,说不定他们能帮你。"大货司机走投无路,就来到了山里的雷锋班。雷锋班也张罗着过大年,此时正在包饺子呢。班长赵宏光请示了连部,得到批准,赵宏光二话没说,带上两个技术过硬的战士李昌滨和马占国,拎着专业修车工具,跟着大货司机来到公路上。经检查,是发动机第五个缸损坏了,需要拆下发动机。滴水成冰的日子,雪紧风骤的时刻,雷锋班的三个兵钻到车底盘下,戴手套拧扳手不方便,不戴手套又打滑,铁工具粘破皮肤,弄得满手是血。战士身下的冰雪化成了水,浸透军衣。司机是40多岁的中年人,他心疼地说:"我走南闯北几十年了,没见过这么好的人!快别修了,找个屋子暖和暖和。"战士不依,仍坚持作业,直到修得可以对付把车开回大连,回到家换新件不迟。司机感动不已,掏出了兜里仅有的400元钱和全部好烟,递给赵宏光,赵宏光不收,他硬要给。赵宏光急了,说:"要为钱,这么个鬼天气,大过年的,莫说400元,就是4000元,我们也不会来的。"这位司机感动得什么话也说不出来,把车开走了。转年3月,春风吹拂的日子,这位大货司机特意做了一面锦旗,千里迢迢送到雷锋班。

这个英雄的团队群星闪耀哇

我在雷锋生前所在团采访的日子里,每天都被深深地感动着。我收集到的可用素材,比实际需要用的量大得多,这就保证了我在写这篇报告文学时,能够从容地做到宽打窄用。

雷锋生前所在团党委号召全团官兵:人人学雷锋,班班学雷锋班,连连学雷锋连。2003年3月1日,沈阳军区在沈阳军区军人俱乐部的八一剧场,正式给运输连也是汽车连的四连授予"雷锋连"称号，由汽车连指导员王军代表全连干部战士接过了那面绣有"雷锋连"3个字的鲜红的旗帜，就好像1963年1月7日在这个剧场由国防部命名"雷锋班"并授旗，由班长张兴吉代表全班战士接过那面"雷锋班"的旗帜一样。

我曾与王军进行长谈。这个小伙子1991年12月从辽宁省锦州市北镇满族自治县（今北镇市）入伍，当兵初期是在北京军区。他是从长沙工程兵学院毕业后来到这个工程兵团的，曾在一连当排长、副指导员，还当过政治处的宣传干事。2002年3月，一个命令，他和搭档许传达来到了汽车连。他俩上任后，从干部入手，从党员入手，内强素质，外树形象，很快就让连队的面貌发生重大变化。汽车连是个技术密集的单位，是士官云集的地方，兵龄普遍比较长。士官还不是干部，娶妻成家的多，到了年底老兵休假便成了令人挠头的一大难题。家家都有难唱曲，只是曲调各不同。王军的岳父曾是个老兵，在董存瑞生前所在连担任过指导员，他把女儿安

雷锋团战士为"雷锋号""美容"

晓红嫁给了当兵的王军，把另一个女儿——安晓红的妹妹，也嫁给了一个在驻港部队服役的军人。安晓红在工商部门工作，与王军两地生活，自然吃了许多苦。王军和安晓红结婚后没敢要孩子，其中一个原因是哥哥离婚后，把那个只有11岁的儿子留给了他们。安晓红的父亲有脑血栓后遗症，母亲身体也不怎么好，妹妹的对象在驻港部队服役，安晓红要照顾双方老人，还要接送孩子上下学，特别是要辅导孩子的功课。2002年11月，正在老兵复员和休假繁忙的当口，王军家里被盗，相机、手表、饰物、电脑主机，还有王军多年积攒的视若宝贝的集邮册……总之，所有值钱的东西都丢了！安晓红回家时发现门锁坏了，门虚掩着，东西没了，就报了案。这边闻讯后，团里批准王军一周假回家处理家事。王军乘了4个小时的火车急急赶回家，安抚了受惊吓的爱人，丢失的东西不可能如愿找回。王军只在家中待了一夜，次日就出现在全连官兵面前。正要求休假的四川老兵魏星和黑龙江老兵魏树林感叹不已，他们说："指导员家出了这么大的事情，头天走，第二天就回来了。今年连队这样忙，我们的假不休了！"王军给大家立了标杆打了样。

团里有个筑伪营地爆连，瞧！这个连队的名字多特别呀！这个连的连长韦昆是1993年12月从皖北大别山下革命老区入伍的，1997年9月还没当满四年兵就直接提干了。厉害不？他说他来到雷锋团的第一印象是学雷锋的氛围特别好，温暖春风扑面而来。他自然而然地融入学雷锋大潮之中。当战士时，团里的《学雷锋简报》介绍他的事迹整整占了两个版！团里学雷锋标兵他始终排第一号。1998年7月，他从大连陆军学院毕业归来任三排长，8月就随队开上松花江万宝大堤，那是会写进中国历史的"98抗洪"的伟大事件。韦昆带的排，被团评为"抗洪抢险先进排""基层建设先进排"和"学雷锋先进排"。当了副连长后，他所在的连队荣立两次集体一等功、一次二等功，被军区评为"学雷锋学习成才先进单位"。他当连长后，连队被集团军评为"基层建设标兵连"。在配属军区科研部门进行一项试验论证和实兵演示时，韦昆负责炸药熬制、引信装填、雷弹搬运布设和实弹发射任务，每个环节都充满危险。每次排除哑弹，专家都点名叫他跟着，都特别相信他。有一次一颗哑弹就在他前面三四米处爆炸了，他头戴钢盔，及时伏倒在地，才没有伤着。还有一次，他带两名作业手进行直升机抛撒某种破障弹演示时，直升机临近海面破障区，在作业手打开控制器充电的瞬间，一枚破障弹抛伞装置药盒突然爆炸，顿时直升机内浓烟滚滚，这可是在空中啊！飞行员和作业手一时慌了手脚，韦昆沉着镇定，一边迅速关闭电源，插上破障弹的保险销，快速分离弹体和抛伞装置，一边鼓励飞行员安全降落，避免了机毁人亡重大事故的发生。

2002年6月，军区要进行一次新型教练员比武。恰在这个当口韦昆得了急性阑尾炎，医生会诊后要求立即手术。消毒后，他被推上了手术台，护士给他打了麻药，就要开刀了。他想到一旦做了手术，就得在医院里住上一周，住一周哪行啊？而且即使出了院，也不能立即做什么剧烈活动，考评不就泡汤了吗？他突然提出这个手术不能做，要求保守治疗。正准备手术的医护人员一下子全愣住了，真没见过这样的病人哪！女军医不解地问他："这是为什么？"他只是说："这个手术不能做！"女医生说："不做手术后果自负，你本人要签字。"他爽快地答应并且郑重地写下"本人不同意手术，责任自负。韦昆"。女医生看不起地说："胆小鬼！你是怕疼吧？到了战场上也是一个怕死鬼！"韦昆任她拣"赶劲儿"的说去，反正自己的目的达到了。就这样他被从手术台上推了下来。与医生告别时,他诚恳地说:"我是军人,我不能错过一次上级的重要检验和考核!"

从1997年开始,韦昆义务资助河北省涞源县赵家井村一个失学女孩翟佳羽。每年开学前都给她邮去学费。我采访时,这孩子已就读北石佛初中,学习成绩在班里一直是前三名。

我在伪装连采访了四班班长孙东贞。孙东贞1997年12月从江苏灌南入伍。他当兵之前,曾在一家外资企业工作,月薪800元。这样的条件对一个农村出来的孩子来说已经相当可以了,可是年轻的孙东贞始终有一个梦要圆,这就是从军报国。于是他毅然走上了军旅生涯。他是一个随时能找到可效仿榜样的人。当新兵时,他以辽宁西丰的新兵班长才勇为榜样。才勇待战友亲如兄弟。新兵孙伟,刚到部队两天父亲就去世了。才勇的亲切抚慰,使他减轻了悲痛。孙东贞从中懂得了什么是"春天般的温暖"。训练中,他以教导队教员、区队长王顺青为榜样。王顺青的军事素质非常过硬,军体拳做得刚劲有力,十分洒脱。当时孙东贞长跑是弱项,王顺青以自己长跑的经历,教他如何把这个弱项变为强项,如何做人做事都要做到最好。孙东贞的单杠四练习、双杠五练习,都是照着王顺青一举一动的样子做成功的。在学雷锋方面,他以张贵亮为榜样。张贵亮每天擦雷锋塑像,持之以恒,风雨不误,使他明白做好事不能三分钟热血。时时都能找到榜样的人是有心的人,是可以做大事的人。孙东贞勇于在训练中磨炼自己。5公里长跑,别人跑四五圈,他就跑六七圈;别人轻装,他就负重。一段时间下来,他的5公里由原来的23分钟缩短为17分钟。同班战友张俊伟因没钱报考军队自学考试而一筹莫展,孙东贞为他垫交了近500元的学费。施工中,第一个跳进水坑的,第一个挥锹抡镐的,一定是孙东贞。他多次把考学、学技术、入党的机会让给别人。入党也让？真新鲜！孙东贞说："谁先入党并不重要，关键是要在思想上真正入党。"这是多豁达的胸怀呀！

雷锋团有一个来自雪山草原的藏族放牛娃，名叫泽仁郎介，他属于1996年12月从四川省阿坝藏族自治州入伍到雷锋团的那批藏族兵，这批藏族兵如今留在部队的只有他一个。仅仅上过小学的泽仁郎介，开始到部队连汉语都听不懂、说不全。新兵连班长宋克利给了他一本《新华字典》，7年来他一直没离开过这本字典。新兵排长蒋仕国给他规定一天认几个字、写几张田字格，必须完成。新兵连指导员吴海传和排长于喜民都向他伸出热情辅导的手，团政委修长智也经常过问他的学习情况。多少人关心着这个藏族战友哇！泽仁郎介的母亲能美太念过初中，可以给他写信，但他给母亲回信就费了事啦。战友王继锋通过交谈，把他要回信的内容用汉字写出初稿，他再照抄邮回家。母亲看了儿子的亲笔回信兴奋万分，就不断鼓励他。连里搞知识竞赛，让背团里电线杆上的大标语，指导员吴海传主持竞赛，他问，泽仁郎介答。泽仁郎介答不出，就十分严肃地说："我会背的，你不问；我不会背的，你偏问。"逗得大家全笑了。后来就不同了，泽仁郎介每次看电视新闻或听报告，都在下面默默地跟人家对口型、练发音。如今，他已达到初中汉语水平，不仅能写信、读报、记日记、看政治理论书，还能编写教案，给士官上专业课，对专业相关的主战装备了如指掌，一专多能，多次被上级评为"训练尖子""施工标兵""优秀学员"和"四会教练员"。他对上级配发的野战工事作业车进行两项技术革新，还摸索出了新的作业方法，使作业手由8个人减少到两个人，作业时间也缩短了40分钟。他是个非常细致而且公益心非常强的人。冬天连队扫雪工具不足，他就利用施工中的边角废料和山上的树条制作了推雪板和扫帚。夏天为让战友们洗上澡,他用废铁皮做了一些淋浴喷头。无论严冬酷暑,每天三顿饭他都是最快一个吃完,坚持替战友站一会儿岗,让站岗的战友吃上热乎饭。有一回,连队宿舍的下水道堵了,团里的职工来了没捅开,从地方请来的师傅说是楼外的马葫芦冻了,因气温达到零下35摄氏度,给多少钱人家也不干,走了。泽仁郎介二话没说就跳进了马葫芦,刨一尺多厚的冰层,那里面空间小,锹镐施展不开,脸盆也用不上。他就撸起袖子,伸进涵管用手抠,一点一点往外捧。我采访时,泽仁郎介是筑城连七班班长,被评为团里的"十大学雷锋标兵"。

那是1995年的夏季,浑河水冲决河堤,雷锋团官兵为保卫人民生命财产安全,奋战在抗洪抢险第一线。在沈阳苏家屯方向战斗的二连战士金丛富,始终冲在最前面,冲在最危险的地方。水大流急,战士们近距离作业,一个战士不小心把铁锹铲在金丛富的右脚趾上。连长泰春发现金丛富的右脚有鲜血从鞋边渗出,便命令他去包扎一下,可小金却说:"没事,没事,就破了点皮。"说完,又背起沙袋奔向决口。垒坝战斗结束了,小金也昏倒了,战友们把他抬到医院,一检查,右脚趾粉碎性骨折。医生心疼地感叹道:"一个脚趾断了的人,怎么还能坚持干了40分钟?"在另一处洪水冲塌了百间民房的抚顺市东洲区碾盘乡一个小村子,120多名群众挤在一座坝顶上。雷锋团的官兵赶到这里时,听得到对岸群众的欢呼和求救声,却难以靠近。副团长张振明和副政委贾权几次组织大家企图用冲锋舟横渡都失败了,百余条生命危在旦夕!唯一的办法就是蹚出一条路来。三连班长陈云辉主动请战,由他带领3名水性好的战士,腰系缆绳,跳入滔滔洪水之中。他们被洪水冲到下游,陈云辉不屈不挠,经过两个小时的艰苦努力,探出了一条70米长齐腰深的路,向上级作了汇报。上级研究了他的报告,很快形成了方案,80名战士5人一组,手拉手护卫着被困群众,最后群众全部脱险。后来陈云辉探出的这条路,被人们誉为"生命之路"。团史上有一个令人难忘、令人不解又令人佩服的战士,他就是从河南省西峡县入伍的雷锋连一班的潘尚进。1998年松花江抗洪部队就要开进的那天下午,小潘接到了父亲病危的电报。他是汽车驾驶员,第二天早上部队开进到松花江边,第三天他收到父亲去世的电报,家人让他务必回去处理父亲的后事。可他忍着失去亲人的巨大悲痛,回电报嘱咐他的亲属们帮帮忙,毅然每天出车投入查堵管涌的战斗,并因而荣立了一等功。从抗洪前线下来,考虑到他家庭困难,团里有意要提拔他这个典型留在部队,可他说:"我已经对不起父亲对不起母亲了,我不能再对不起我的弟弟妹妹,他们都小,我不能辜负父母的期望!"有人说他傻,怎么在部队提干都不答应?提了干,留在部队,也一样可以资助弟弟妹妹呀!而且可能更有条件资助呢!首长多次找他谈话,他心如铁石,一定要回去照顾弟弟妹妹。后来部队专门找他家乡民政部门把这个一等功臣安排到了他家乡那个县公安局工作。

在爆炸的手榴弹下抢救战友的四连连长张兴杰;远在农场,冬天捂皮帽子睡觉,夏天蚊子糊满身,坚持守望土地三年的场长宋阳;一心钻研业务,在沉寂的岗位上没有沉寂,发表许多学术论文的助理工程师郭防;特别能吃苦的"老工程兵"、二营副营长张继春;学雷锋金质荣誉奖章获得者朱华、张景学、马剑;全军优秀班长李仕库;电器维修大王刘义德;军中神医曹德荣……雷锋生前所在团,这个充满朝气的团队人才济济、英模辈出,如一片晴朗的夜空里,有无数的星辰闪烁着耀眼的光亮!

春天，我又走进雷锋团

2003年，我再次走进雷锋团。雷锋团将多彩的英姿展现给世人。人们常常以为雷锋团只在学雷锋做好事上特别突出，却不知这个团队一直在追求全面过硬，尤其是以军事斗争准备为牵引，开展科技练兵，在提高遂行工程保障能力上成果显著。他们用雷锋精神建团

《春天，走进雷锋团》（《人民日报》2003年2月27日刊载）

育人，软件硬件并重，实现了团队全面建设跨越式的发展。他们在完成抗洪等急难险重任务、重要的军事演习及基础训练方面，都做出了令人惊叹的成绩。团党委常委都达到了本科学历，通过了总参自考答辩，取得了学士学位，人人会驾驶操纵指挥车、运输车、自卸车、推土机、挖掘机、装载机、火箭布雷车、火箭扫雷车等8种主战装备。凡新进团班子的成员必须在半年内达到这个要求。机关干部有三分之二达到了常委班子成员的标准。他们确立了新的用人机制和导向，提倡既要做好人，又要做能人；既要做好事，更要有本事；既要看奉献精神，更要比贡献成果；特别是提出既要做文明之师，又要做威武之师！在采访中，我得知，近年来，他们年年组织首长机关军事集训，组织团内编制装备尤其是新装备的操作使用训练，组织首长机关、分队军官针对性演练和比武竞赛。一次，军区政委姜福堂带四大部机关同志来团检查工作，随机抽点团里8名常委操纵8种主战装备，破32种障碍，对他们进行军事素质考核。8名常委同时展开实地作业，所考科目人人优秀，演示非常成功。不想，姜政委又点团政委、团党委书记修长智开大型挖掘机，团里官兵都知道他们政委不仅能操纵8种主战装备，还能用微机网上标图。只见修长智把个大家伙开到主席台前，操作熟练，动作到位，赢得一片喝彩！修长智和各位常委的表演令首长非常满意，更让全团官兵大开眼界，军心振奋。我采访修长智时重提此事，并想以此为开端，探知他更多的事，谁知他竟巧妙地避开自己，只谈团队面貌，只谈团班子这个整体。他的雄心是"把常委班子建成全团精兵第一班"！在雷锋团，这可不是一句简单的口号，而是可以充填无数动人事例的活生生的行动。修长智和常委们曾经带政治机关做直前破障演示科目，常委们亲自操"冲锋第一舟"破"第一浪"，被集团军和军区研讨观摩会评为第一名。出于公心,知兵要深,爱兵要真,是修长智给自己提出的要求。每天早晚,修长智都要在团队转一圈,各岗点情况,官兵们有什么新信息,他摸得准,知道得早。他能如数家珍地说出全团在各项工作和竞赛中名列前茅的一个个士官的名字,这可不是三个、五个、八个、十个人的名字,而是长长的一串,他们是各个连队的骨干。修长智十分珍爱地说:"这些士官在某种程度上比干部还管用。"他非常重视士官反映的情况。

后来,已婚士官人数增多,士官家属临时来队住房难的问题越发显现出来。来队的家属住在连队不方便,到地方租房团里又不允许。士官们想让家属来队,谁敢让来呀!这个问题不解决,势必影响士官工作的积极性,还会影响士官家庭的和睦。修长智及时召开团党委会作出决定:把6公里外的旧营区改建成一栋士官公寓,每天派专车接送。为了方便战士们打电话,团里与电信部门联系,在营区内安装了142部"200校园卡"电话。那个时候这种校园卡是挺先进的。一次,修长智下连,有一个老士官向他反映:"政委呀,我们想在电话里跟老婆说句悄悄话都说不了。"修长智设身处地一想,可不是!电话安在连部,打个电话,连长、指导员、文书、通信员、卫生员全能听见,怎么保护人家的隐私呀!修长智让机关和地方电话部门联系,做了不小的努力,终于在大操场四周安了8部IC卡电话,老兵们亲切地管它叫"悄悄话电话亭"。从雷锋团出去的老兵都会记忆犹新,官兵集会时,坐着小马扎,冬天呛着风雪,夏季顶着烈日,那是什么滋味呀?团里建成了多功能活动中心,宽敞、明亮,看着顺眼,用着舒心。许多大型活动,如军内外的篮球赛、健身表演等,都在这里举行。有了这个中心,到团里慰问的自然也多了,抚顺的、沈阳的,还有从北京来的。中央电视台播出的纪念学雷锋活动40周年大型晚会"与时代同行",就是在这里录制的。这个活动中心是2001年年初筹划,五一动工,十一竣工,官兵们热情极高,所谓"早上四点半,中午一顿饭,晚上看不见,有时还不分昼夜连轴转"。一些当年退伍的老兵离开军营时欣慰地说:"我虽然用不上了,但留下的战友和将来来队的战友能充分享受到这个活动中心给他们带来的舒适和快乐,再苦再累我们都觉得是幸福的。"雷锋团搬迁数次都没有浴池,战士一冬天洗不上一回热水澡,只好请假到外面去洗。后来有了一个大池子,千把人轮番在里面涮,条件过于简陋。现在好了,一个集池浴、淋浴、坐浴、桑拿于一体的现代化大浴池建成了,被评选为全团十大学雷锋标兵的军工陈德锋比管理自己居室还要精心地管理着这个浴池,致使来团检查工作的首长产生了误会,以为这过于干净的浴池是不让战士用的。从首都到雷锋团采访的一些媒体记者对雷锋团官兵有这样好的生活条件一致赞不绝口。一些从杭州、千岛湖地区入伍的,在外打过工、见过大世面的新兵,第一次洗澡进了浴池,都惊喜地一个劲儿"唔哇"。新任团长初庆华自豪地向我介绍说:以往,到了冬天官兵们餐桌上的副食就是老三样:白菜、萝卜、土豆,吃得大家都不怎么爱吃了,花样翻新吧,连队伙食费又不允许。2000年和2002年,团里先后建起5个大棚,总面积10多亩,西芹、生菜、韭菜、西红柿、黄瓜、佛手瓜、紫菜、茼蒿……达到十几种,基本上保证了团里提出的早上四个菜、中午六个菜、晚上四个菜的"四六四"要求。逢年过节,还要多加上两个菜,这是一般家庭都不可能做到的。如今,团里统一购买了先进的节能炊事灶台,同时可做饭、烧开水、炒菜,还不会煳饭,不仅改善了炊事班的作业条件,节省了开支,提高了效率,也提高了主副食烹制质量,做到了营养配餐。全团官兵用上了漂亮而实用的床头柜。团里新建的服务中心,能加工各种熟食、小菜,只需4个小时,可以让全团吃上豆腐。在服务中心有全团官兵的生日登记,谁过生日这里就给准备一个生日蛋糕,并插上小贺卡,写上几句祝福的话,连队派人来取,取来一种关爱,带回去一片温馨!团卫生队原来只有9个科室,我采访时增至29个,一般常见病的治疗如阑尾炎手术,就不需要出军营大院了。

我被雷锋团的领导干部和战士们的生动故事感染着,恰好见到《人民日报》有"闪光的足迹·散文特写"征文,便写了一篇《春天,走进雷锋团》,把雷锋团的事迹和我的感动写了出来,在3月5日到来之前,发表在2003年2月27日《人民日报》的"大地·文艺副刊"上。

数十年来,这个团学雷锋的信念从未动摇过,对雷锋精神的教育从未放松过,学雷锋活动从未间断过,对雷锋的宣传从未停止过。

雷锋团政治处主任张维祥陪着我在营区里转。我觉得,花园式的营区,在雷锋团不是梦。经美化的军营简直就是一首美丽的诗篇。营区道路实现了硬覆盖,雨天里,让人们脚不带土,车不带泥。1999年,沈阳军区的营房正规化现场会在这儿召开;2002年,这儿被总部评为"文明卫生军营"。夜晚,整个营区彩灯闪烁,一个个精美的灯箱,可以看到雷锋亲切的面容和雷锋传人青春的风采,灯箱上面的名言警句,给每一个走过它身旁的人以人生的启迪。这是一座座照亮人生道路的灯盏哪!

在这里,"依靠双手,挥洒汗水,做出贡献,建设家园"是官兵们最认同的口号。雷锋生前说过:我活着,是为了别人生活得更美好。为追求美好的生活而拼搏奋斗,无上的光荣!全国两届少先队夏令营"相会在雷锋叔叔身边"的红领巾们,把一束束鲜花敬献到雷锋团官兵的手中之前有来自美国、澳大利亚的北京师范大学留学生,在雷锋班见到了雷锋铺,肃立在铺前,在胸前画十字,闭眼,抱头,很长时间没有说话,突然要给雷锋铺磕头,被雷锋班战士们劝阻了。这几个外国青年在留言中表示:"雷锋是中国很伟大的英雄,我们能来到他生活的地方特别激动。"

抚顺曾有两个青年:赵修华和张光勇,他们都是毛纺厂的工人,想探知雷锋在中国到底有多大的影响力,决定徒步进行全国考察。行前,他们带着一面鲜艳的国旗来到雷锋班,雷锋班战士何荣惠代表大家把班名庄重地写在了国旗上。两个青年从鸭绿江入海口出发,开始了环国旅行,一路艰辛坎坷自不必说。路过浙江时,他们被两个劫匪抢劫了。当他们说明了来意,劫匪看到了写有"雷锋班"字样的国旗,顿时放弃了抢劫的恶念,临走时还给他们留下了50元人民币。在漠河北极村,驻守在那里的连队为他们捐款800元。他们在西藏患上了疟疾,当地牧民得知他们不远万里来传播雷锋精神,把他们及时送到医院救治,还给他们送上青稞粥。他们走过的地方都有群众在国旗上签名,从东方第一哨,到西部贡嘎拉哨所,从北极村到南海前哨,签名密密麻麻,中间始终是"雷锋班"3个大字。他们两个人历时3年,总行程4万公里,穿坏的鞋不知有多少双!他们俩写下了50万字的考察笔记,这笔记曾在《地理》杂志上连载。他们归来时,一个大款欲出资8万元买下这面不寻常的国旗,可是两个青年不答应。他们把这面意义巨大的国旗,连同从祖国四个端点带回的国土,一起赠给了雷锋班。

据雷锋纪念馆解说员吴限说,她曾接待过专程来雷锋团参观的父子二人。父亲让儿子学雷锋,给他讲雷锋的故事,这儿子就是不信生活中真的有过雷锋这个人,他认为雷锋是杜撰出来的人物。当

战士们在雷锋雕像前宣誓

他跟着他父亲来到雷锋班细细问过,来到雷锋纪念馆细细看过后,他信了:世上真的有过一个雷锋,他是人们喜欢的好人,应该向他学习。

3月的一天,我再次来到雷锋团采访,遇见一支不寻常的自行车队,他们身穿红色的上衣,头戴红色的小帽,打着学雷锋的旗子,唱着学雷锋的歌曲,热情洋溢,青春焕发。一问,这支300人的队伍,是辽宁老年自行车队,成员年纪最大的83岁,最小的60岁。他们从沈阳而来,路上骑了3个小时,沿途宣传环保、宣传禁毒,更宣传雷锋。

雷锋团的官兵就是在这样的氛围里生活着、成长着。那是一个早春晴朗明亮的日子,我看到雷锋团的又一批战士迎面走来,望着那一张张年轻的、充满朝气的脸庞,听着那一句句掷地有声的口号,我感到春风拂面,内心充满激动和喜悦。

写《雷锋传》，我和老科长再次合作

那一年出了一件事，让人们都警醒起来。南昌某小学三年级作文课出了"好人好事"的命题，满分为30分，一个女同学虚构了自己扶起路边摔倒的一位老人的故事。没想到老师竟然给这篇作文5分，给了个差评。老师的评语是："现在这个社会，老人摔倒了还有人敢扶吗？"评语使这个三年级小学生感到十分茫然。老师以自己的所谓"成人经验"来教训学生，从而击碎了学生的美好愿望。有评论说："扶人有风险，这是事实，可教师该如何教育学生？不是武断地和学生说'老人摔倒了还有人敢扶吗'，你老师不敢扶，并不代表着学生不敢扶！你一个人不敢扶，并不意味着所有的人都不敢扶。我们每一个人都会老，当我们摔倒的时候，更需要年轻人来扶起我们。而且我们也该清醒地认识到，不是每一个老人都会诬陷别人的，恩将仇报的人毕竟是少数，对社会，对未来，我们依然要充满希望。"

那段时间，媒体盘点这一年最突出的事件和焦点问题的时候，一个不应该成为问题的问题被摆到了显著的位置，那就是这个时代怎么做好事？为什么做好事竟然这样难？不断看到有关做好事遭遇尴尬的报道。

南京一位男子搀扶一位摔倒的老太太，反被告上法庭并索赔。法院一审判决称："这名男子自认其是第一个下车的人，从常理分析，他与老太太相撞的可能性比较大。不是这名男子撞的老太太，他完全不用送她去医院，而应该选择自行离去。"也就是说，在法官的思维中，见到一位老人倒地选择不管不顾、自行离去才符合"常理"，助人为乐、救死扶伤反而不合"常理"。判决书还说：如果这名男子是"见义勇为做好事"，那么，更"符合实际的好事是抓住撞倒原告的人，而不是好心相扶"。这个荒诞的逻辑等于说：如果你抓不住罪犯，你就最好不要助人为乐；如果你贸然救助别人，你可能成为"替罪羊"。

另有一个初二学生在路边扶起一个摔倒的老人，也被老人及其子女说成是肇事者并告上法庭，要求赔偿。因为证据不足，法院一审驳回老人的诉讼请求。一个让人哭笑不得的事实是，对好人好事，许多人的第一反应往往不是敬佩、赞美，而是怀疑、嘲讽。可能吗？什么动机？想作秀还是太傻？这些事件和现象所反映的道德伦理问题是非常尖锐的。好人好事存在的土壤已经出现问题，在社会道德缺欠而法律又不够健全的情况下，做好事会招致一系列的麻烦。首先就是被怀疑。北京一个公交车司机和售票员好心救助一位被撞倒在路边的老人，老人家属不但不感激，反而诬赖是他们撞倒了老人，最后是调阅了道路交通的相关录像才真相大白。另有一位开红色小轿车的女子被诬告撞倒了电动车的车主，原因是她在现场打了120急救电话，并一直守在电动车边。120急救车来了之后她就走人了。举报她的两个人其实是真正的肇事者。这个谜团也是警方找到了完整记录这场事故的录像，才弄清红车车主是见义勇为者。她隔着一个车道，竟靠过去停下车救人。

我们这个社会难道在做好事之前先要找好证人、预备好证据，要用录像机把过程录下来才可以吗？我们这个民族自古以来的与人为善、助人为乐的优良道德风尚和价值取向受到了质疑，受到了伤害。雷锋是怎么想的，是怎么做的呀？

我们的人民怀念雷锋。

我们的时代呼唤雷锋。

2011年11月9日，我这一天的日记里记载着，春风文艺出版社社长韩忠良和我商量，希望我把2003年1月在他们社出版的长篇纪实文学《雷锋》再修订、增补一下。原来的《雷锋》是从雷锋16岁开始写的，这次修订需要从他小时候写起，写他22年人生的经历。由于没有电子版，我无法在书稿的电子文件上修改，问忠良，问时任出版社编辑部主任的王维良，都说社里没有保存。维良还找到责任编辑之一的常晶，常晶说她也没有。我自己跑到后来经常给我做书的姿兰制版公司，他们的经理王妍说他们也没有电子版。这本书出版时，他们的公司还没成立呢！这可抓瞎了！我想如果实在找不到，就只好拿书让另一位经常给我做书的韩永红把书给"变"成电子版的了。我找到了自己以往的几个资料光盘，竟然在F盘里找到了这本书的电子版，我立即向维良报喜，并请他通报忠良社长等周知。

我在这个F盘里意外地找到了一些珍贵的史料，其中有1962年6月29日我入伍离开母校沈阳第二师范学校那天，教我们政治和哲学的魏福祥老师为我送行时写下的诗作："自古疆场多将才，豪歌千曲激人怀。荆轲易水咏壮志，岳武征功垂千载。班超提笔从戎去，天祥殉国志不改。革命英烈尤难尽，美名浩气溢江海。当今蒋美掀恶浪，南国天涯一片哀。英雄哪堪江山阙，荷戈从军不迟徊。手把日月乾坤定，斩灭妖魔化尘埃！莫谙挥袂此地别，更欢他日荣归来。"

2011年11月10日的日记：开始修增《雷锋》这部书稿，越修增越有兴趣，觉得这部书是很有看头的。

2011年11月12日的日记：到解放军第二○二医院（现北部战区总医院和平院区）干诊病房208房间看望陈广生科长，他一人在床上读报呢！他老伴儿中午回家取点东西，没在。我与广生科长说起春风文艺出版社韩社长要再版《雷锋》的事。他听了很高兴。我见老科长脸有点肿，氧气瓶还在床头，让他保重身体，切勿过劳，好好静养。

当我把修订、增补完毕的书稿发到韩忠良社长的邮箱后，他很快就给我回复，惊异我的"神速"。我只提出一个希望，请韩社长亲自做这本书的责任编辑，以示重视，以示我们友好的合作。忠良说他尽力。

2011年12月5日日记记载：我到春风文艺出版社与韩忠良社长谈书的事，常晶和张玉虹也过来了。我和忠良签订了出版合同。书的起印数是1万册。说到稿酬，我说可以尽量压低，只要把书印出来，出好，比什么都重要。我说就百分之五的版税吧，忠良社长说怎么也得百分之六以上吧！从出版社出来，我去二○二医院干诊科看望陈广生科长，他老伴儿张赤在伺候着他。陈广生盘坐在床上读报呢。他用放大镜罩着花镜，很费劲地看。我把出版合同书给他一份。他拉着我的手说："全信赖你呀，小胡！"哈，他还叫我小胡呢，我都快六十岁了呀！

按照编辑的要求，书稿前面写一引言或前言。2011年12月31日，我把我写出的引言给常晶副总编辑发过去了。她回话给我："胡老师您好！引言拜读了，很好哇！精练且一下子抓住了人的情绪，最后一句话也为全书的基调做好了铺垫。在即将到来的2012年，就让您受累了，很不安哦。不过一想到感人又能让人难忘的雷锋，会继续感动更多的人，心里也好期待。在这2011年的最后一天，祝您和家人幸福安康，如意吉祥！常晶敬上。"我回复："常晶副总编辑，得到您的赞赏我很高兴，再累也值了！我必须抓紧修改。请放心好了，只担心我的努力不能让人满意！我只能保证自己是尽力的。胡世宗。"

在2012年1月最初的几天里，我都在努力修改书稿，自己觉得改得很顺。2012年1月4日日记记载：到二〇二医院干诊科病房看望陈广生老领导，广生科长在吸氧，他离不开氧气，即使春节回到家也离不开氧气瓶了。他老伴儿张赤大姐也在，在床上织毛衣。我向广生科长汇报了雷锋书稿现在进展的情况，如何继续努力搞好。他给我一本他和朱亚南合写的《我们的雷锋》，这是解放军文艺出版社2008年3月出版的。广生说，这本书中关于雷锋童年的部分更为细致一些，可做参考。我把我分列出的《雷锋传》这本书的目录，即每章中的小标题打印好的，给他留下来，请他斟酌。

那段时间里，我几乎每天都是全天修改雷锋书稿，很有滋有味地做这个工作，并在其中获得快乐。

后来，这本叫《雷锋传》的书出来了，版权页上的时间写的是：2011年12月第1版，2011年12月第1次印刷。本书策划：韩忠良、常晶。责任编辑：韩忠良、常晶、张玉虹，这3个人分别是春风文艺出版社的社长兼总编辑、副总编辑和编辑部主任。

央视《人物》栏目组的编导潘丰生这时联系我，要为雷锋这个主题采访我和陈广生。恰好有这样一本《雷锋传》，多么适时呀！

《雷锋传》，胡世宗、陈广生著，春风文艺出版社
2011年12月出版

可是付印和印制是有周期的，央视记者来采访是看不到书的，只好作罢。但是，春风文艺出版社的常晶和张玉虹听说后觉得央视采访，能上一回电视很不错呀！印刷厂大批印不出来，咱们找制版公司印出两本还是可以的。他们为央视拍节目专门花了几百元钱，赶制出两本《雷锋传》来，真的在采访时就用上了。这两本特制的书，一本在我手上，另一本保存在陈广生家。

二〇二医院的医护人员按规定不让外面来的媒体记者采访陈广生，我与张赤大姐沟通后，由我陪着央视《人物》栏目导演潘丰生及摄像师张久生到了陈广生的病房。

这天，陈广生非常兴奋，记忆力惊人，讲起雷锋来刹不住闸。他身体虽虚弱，但仍坐在床边上，与记者侃侃而谈，讲到雷锋当兵之初的情况，参加演出队的那些日子。原定在他病房待上15分钟，结果讲了45分钟，是原定的时间3倍，我担心他太累了，就让采访结束了。

潘丰生编导来我家采访那天，我手持这本杜江设计封面的《雷锋传》，重点说了我在书的后记中写的那段诗：

> 世界需要善良，
> 不需要恶毒；
> 人间需要温暖，
> 不需要冷酷。
> 雷锋就是春天的风，
> 吹呀吹，吹遍了千家万户。
> ……

这本《雷锋传》在2016年4月更换了统一的"书香辽宁丛书"封面，这是因为这本书入选了"书香辽宁丛书"，以辽宁省第五届全民读书节组委会的名义又印了一次。"书香辽宁丛书"共选了各种类别的图书60种，其中选了我写的《赵一曼传奇》和这本《雷锋传》。书前的"出版说明"写道："阅读，是一项百年树人的基础工程。1995年，联合国教科文组织将每年4月23日确定为'世界读书日',提出'让世界上每一个角落的每一个人都能读到书';2006年,新闻出版总署提出'全民阅读',并会同11个部门联合发出《关于开展全民阅读活动的倡议书》;2012年,党的十八大报告历史性地写入'开展全民阅读活动';今年,时值开展全民阅读活动十周年之际,迎来了辽宁省第五届全民读书节,阅读对我们来说显得更加富有意义。这套'书香辽宁丛书'立意高,内容新,可读性强,为读者节省了从浩瀚书海里挑选的时间成本。"

我为《雷锋传》能入选其中而颇感欣慰。

《雷锋传》问世后,果然引起了很大的反响,多家报刊发表了出版消息和评论文章,军内外报纸还报道了我和陈广生到雷锋生前所在团、抚顺雷锋纪念馆、雷锋小学等单位送书的短讯。

《文艺报》原总编辑,多届全国"五个一工程奖"、茅盾文学奖、鲁迅文学奖评委范咏戈这样肯定这部书的价值和意义:"或许由于社会意识到雷锋精神对于当代的重要,学习雷锋的宣传又兴起了一股'热',在这股出版热潮中,除《雷锋日记》《雷锋的故事》修订再版外,又新出了《雷锋日记选》《雷锋全集》《雷锋箴言》《雷锋精神学习读本》《乔安山忆雷锋》以及长篇小说《雷锋》等。但是把春风文艺出版社出版的胡世宗、陈广生所著的《雷锋传》置于其中,不难发现它不仅十分抢眼,而且不可替代。这是用传记形式原汁原味还原雷锋,并给予雷锋精神准确解读的一个优秀文本。"范咏戈还说:"传记文学的精神是要充分写实,但在写实中还要抒情,从我们今天的认识看,就是要抒发爱国之情。《雷锋传》用充分写实的笔墨,传达出来的却是作者澎湃的激情和理性认识的深刻内涵。每一章节中,《雷锋传》都精心选择雷锋语录或诗歌镶嵌在文本中,使《雷锋传》给读者以一种立体的阅读感。相信这是一本能够传之久远，对当代精神文化尤其是社会主义核心价值体系建立具有积极推动作用的具有史诗之美的力作。"

解放军报文化新闻部原主任陈先义著文说："这些年，关于雷锋的书出版过不少，这其中有从各种不同角度再写雷锋事迹的，有从思想精神层面研究雷锋现象的。雷锋，已经成了我们这个民族精神向往的一座高地。但是，许多年来关于雷锋的宣传，难免与政治的开放度有着紧密的关联。雷锋，从20世纪60年代一个几近完美无瑕的英雄形象，逐渐地成为情感丰富、更接地气、更加可亲可近的平民英雄。从而，让这个平凡而伟大的战士真正地在人民心中耸立起来，成为人民敬仰的士兵英雄。在众多的作品中，由胡世宗和陈广生联合创作、春风文艺出版社新近出版的纪实作品《雷锋传》可以说是独树一帜，它是一部系统全面、客观真实表现和叙述雷锋生平事迹的著作。"陈先义说："《雷锋传》对雷锋的故事没有夸张，没有使用时尚的政治口号和语言，几乎全部用质朴平实的语言去叙事，但却深深打动了人心，使人们看到了一个真实鲜活的雷锋，看到了一个令一代又一代青年人敬仰的人生偶像。写雷锋，要真正打动人，最忌讳随意拔高和肆意夸张。毋庸置疑，过去我们对英雄人物的宣传，在这方面是存在诸多弊端的，往往根据不同时期的政治需要而随意让英雄人物扮演不同的角色，在某种程度上，这样做的结果恰恰歪曲了英雄人物的形象。《雷锋传》的优长，恰恰在于作者向人们奉献了一个客观真实的雷锋形象。作为祖国怀抱中成长的新一代，雷锋与平常的青年人一样，有爱美之心，同样也有对美好情感的期待，而有了这些，丝毫不影响他作为一个伟大共产主义战士的高尚。"

过了一段时间，我接到老战友并且是我老领导朱亚南的电话，他从沈阳军区文化部部长的位置调到北京总政下属的体工大队当政委,后又到解放军文艺出版社当社长兼总编辑。他说中央有批示,解放军文艺出版社要再版《雷锋的故事》,需要得到原作者的授权。他们老版的作者是陈广生和崔家骏,崔家骏已经去世,要请陈广生签名授权。他们准备来人找一下陈广生,后来听说陈广生住院治疗疾病呢,且在吸氧,便想拜托我代他们办一下这个授权的事,找陈广生签名,然后把文件快递给他们。

接到朱亚南电话这天晚饭后,我和老伴儿到二〇二医院,在干诊科二楼,推开208房间的门,里面黑灯,原来张赤大姐担心陈广生看报纸太累眼睛,把灯给他关闭了。见我们来了,他们特别高兴,把灯重新点亮。我说明来意,拿出在家打印好的解放军文艺出版社用微信发来的授权书和同意书,请陈广生签了名。我们要走时,张赤送我们。陈广生也拔掉氧气管,光脚下地要送我们。我们不允许,他不干,非要送我们,这时就和小孩子一样。张赤说让他送到门口吧,不让他送,他不干,走廊里容易感染,他免疫力低。到了门口他还要送,让我们推回去了。他张开双臂,和我们笑着招手,和小孩子一样。

《雷锋传》出版后,我带着陈广生老科长的心意和新书到抚顺举行赠书活动,来到雷锋小学、雷锋纪念馆和雷锋团。

在雷锋团赠书那天,团里一个摄像报道员专门跑来说,央视7频道编辑指名让拍好《雷锋传》到团里赠书这条新闻。

在雷锋小学,喻晓梅书记和山水副校长把我们迎进一个学生穿戴整齐的班级,前面打出屏幕横额:"春风文艺出版社《雷锋传》赠书仪式"。山水副校长主持,我和春风文艺出版社单瑛琪副总编辑都讲了话,我给孩子们讲了陈广生爷爷的状况,转达了他的问候和祝福。我特别讲到单瑛琪是一位著名的儿童文学作家，她的作品非常适合大家阅读。单瑛琪还给雷锋小学带来了一捆适合孩子们读的和在少先队活动时能够用到的书。孩子们很高兴，学校领导更是高兴。

我和春风文艺出版社的单瑛琪、邓楠等人专门去看了雷锋歌碑、日记碑和雷锋墓。在雷锋纪念馆赠书，受到了陈茁馆长非常热情的欢迎，她把馆里的人都找出来，在大厅举行了赠书仪式。

2012年3月3日，《沈阳晚报》报道胡世宗赴雷锋团赠书活动

军旅作家胡世宗昨赴雷锋团赠书

《雷锋传》披露雷锋鲜为人知的故事

军旅作家胡世宗和陈广生创作的《雷锋传》日前由春风文艺出版社出版，备受各界关注。昨天上午，作者胡世宗又代表老作家陈广生赶到雷锋生前所在的抚顺雷锋团，将这本饱含着深情的文学作品送到了雷锋团战士的手中，让雷锋团的战士们十分感动。雷锋连现任指导员胡兴表示，这样一部文学作品能够让我们更好地了解雷锋同志生前的一些光辉事迹，这对我们学习雷锋精神是一笔宝贵的财富。之后，作家胡世宗又将《雷锋传》一书赠送给了雷锋小学的孩子们和雷锋纪念馆。

胡世宗告诉记者，他入伍时雷锋尚未牺牲，那时雷锋已经是人尽皆知的模范人物了，在雷锋牺牲后他写过许多关于雷锋的文学作品，可以说50年来是雷锋精神伴着他成长起来的。为了这本书的创作，他和陈广生用了10年的时间才完成，而且本书非常注重文学性，更是涵盖了雷锋一生生活点滴的作品。

作家陈广生是雷锋的战友，与雷锋非常熟悉。在雷锋生前他就写过关于雷锋的报告文学。雷锋牺牲后，他曾最先深入到雷锋的家乡采访达半年之久，细致地采访过雷锋的老师、同学、亲戚、邻居30多人，为采访雷锋事迹先后13次赴湖南，他掌握了大量有关雷锋的生动素材，许多从未披露于世。

而这些鲜为人知的故事都将在书中展现。胡世宗透露说，在以往的岁月里，限于当时宣传尺度和所写作品的篇幅，许多生动的素材都被割舍了，比如雷锋生前曾参加过陈广生团俱乐部主办的战士业余演出队，因为浓重的口音不能上台演出，在一时不能回连队的情况下，他就给大家拉大幕、烧开水、泡胖大海喝、帮厨，这也是雷锋精神的一个侧面。还有雷锋在农场、在部队、在工厂，曾广泛地受到人们的喜爱。雷锋曾用自己的被子盖在公家的水泥袋上，一位女青年帮他拆洗被子，悄悄地把自己被子里的棉絮装到了雷锋的被子里，以为雷锋不知道。没想到雷锋在入伍前把被子送给了这位女青年，并表示了感谢，可见雷锋是领情的，记住别人好的。胡世宗说，这本书中有太多的笔墨写雷锋很细小的事情，写雷锋性格中的可爱细节，这在其他的关于雷锋的作品中是很难见到的。

本报记者 盖云飞

捐赠《雷锋传》引出了另一部雷锋书的采写

我有一个战友兼诗友邢德铭这时正在全国学雷锋"两会"（即中国社会福利基金会学雷锋基金管委会和中华志愿者协会弘扬雷锋精神促进会）工作。邢德铭早在黑龙江省黑河当兵时就与我有联系，他爱好写诗，我曾推荐他的诗歌作品在报刊上发表，他出版诗集时，我曾为他写序。这也是2012年2月初的事。邢德铭问我和陈广生科长写的《雷锋传》印出来没有，我说很快就印出来了。他说本月26日在北京人民大会堂有一个重要的学雷锋活动，如果能在这个活动上把这本书捐赠一下、参与一下，是很有意义的。他同时告诉我，上海一家出版社要在活动中捐赠1万本《雷锋》，解放军文艺出版社要捐赠500本《雷锋日记》。德铭让我和春风文艺出版社说说看，有没有这个意愿，如果有，他明天汇报活动议程时加上我们这本《雷锋传》的捐赠。我立即和书的责任编辑之一、春风文艺出版社副总编常晶联系，她很快问了韩忠良社长。回话说：春风文艺出版社愿意参与这个活动，一定赶印出来500本作为对北京这个活动的捐赠，一定要送上这个礼物，这是好事情！我跟德铭说了后，他说，会邀请春风社的社长、总编辑和作者到会，因为有一个捐赠书的环节。

我说我就不去了，最近的活动有点儿多。韩忠良社长坚持让常晶和我两个人代表春风社和作者参加活动。

我把这个活动的事与辽宁省委宣传部的孙伦熙处长说了。伦熙说他昨天刚从北京参加中宣部的会议回来，是一个宣传雷锋的会。咱们省鞍山的郭明义将被中央精神文明建设指导委员会授予唯一的"当代雷锋"荣誉称号，今年3月4日要在北京开会授称。我说了我们这本《雷锋传》将到北京参加一个学雷锋的活动，在会上捐赠500本书。他说这本书太好了，会有大用场的。

2012年2月13日，我到春风文艺出版社，在常晶副总编辑那儿与责任编辑张玉虹一起看《雷锋传》的封面，这个封面是我熟悉的画家，也是给我的《当代诗人剪影》等多部书做封面的杜凤宝的儿子、新派美术家杜江设计的。这个封面用一张经过处理的雷锋戴冬装帽子手持冲锋枪的照片，显得淡雅而庄重，我非常满意。春风社为了捐书提前付印了。

2012年2月25日是周六，中午，常晶带车接我到沈阳北站，车停在军代处和派出所前面，司机送我们走了很远的路，因为随身带了500本书哇！

近晚6点到达北京站，有首都的士雷锋车队的司机在等候我们。这个司机叫李宏义，40来岁，是受命学雷锋基金会而来。一路上他向我们介绍自己学雷锋的心得，他这趟出车是义务的，免收费的。他一直热情地把我们送到翠微路海军第三招待所，和另一位雷锋车队的队友一起被工作人员留下吃会议工作餐。这个雷锋车队共有50多人呢！

邢德铭热情地接待我们。他在这儿工作几个月了。我们在这儿遇见了从杭州开来的一个"雷锋万里行"的面包车，领头的是杭州雷锋纪念馆的馆长，他多次出国宣传雷锋。

从辽宁作家协会退下来的华东方也在这儿工作，他是去年五月份来的。他曾是沈阳军区工程兵政治部的干部，宣传雷锋有热情、有成绩。他拿出一个上海吉尼斯纪录的证书给我看，这个证书是镶在玻璃框里的，很正规。学雷锋"两会"申请的理由是一个士兵获得最多的领导人题词，申报得到了认可和批准，我还和这证书一起拍了照片。

海军原副政委冷宽中将在全国学雷锋"两会"主持工作，他谦谦为人的样子给我印象很深。他到房间来看望我们，并在我带来的雷锋邮品上签名。

我认识的雷锋辅导过的学生孙桂琴也来了，她在沈阳军区陆军总医院血库工作。

孙桂琴和邓凤兰住同一个房间。邓凤兰是抚顺市学雷锋先进典型、全国劳动模范。她们俩加上我和常晶，在邢德铭的指挥下，为第二天的会议代表装文件袋，里面有赠书和《学习雷锋好榜样》的歌片，一共 350 份，我们忙乎到夜里 12 点。

历任雷锋班班长都到了，共 22 位。我与第十三任雷锋班班长王显荣住同一房间。

举行活动的这天是 2012 年 2 月 26 日，一个星期天。

早餐时，我遇见从三亚飞回北京参加活动的朱光斗。早 8 点出发，参加活动的代表分乘两辆大巴车去人民大会堂。在大会堂前，见到《解放军报》副总编辑陶克、解放军出版社副总编辑李杰，还见到高吉全、刘施浩，学雷锋先进人物孙茂芳、李素丽、龙凡等。雷锋班来了 22 任班长，还有一任班长去世，他的夫人到了。乔安山因当天在抚顺参加央视《永远的雷锋》晚会，不能来了。原说到会的郭明义和张海迪都因为有别的事，不能分身到会。

我们参加的这个活动全名叫"学雷锋，心向党，讲品德，看行动"学雷锋系列活动的启动仪式。仪式开始前，人们分别找学雷锋的名人签名、合影。

全国关心下一代工作委员会主任顾秀莲来到这个启动仪式现场，与大家合影，并在活动仪式上讲话。

国旗班代表向大会赠送了一面国旗，抚顺市赠送了雷锋塑像，张峻和季增赠送了大幅雷锋照片。被北京市民称为"京城活雷锋"的学雷锋积极分子、北京军区医院副院长孙茂芳在大会上讲话。他讲得十分精彩，讲了半个小时，等于作一场学雷锋的报告。朱光斗说了他著名的快板《学雷锋》的选段，很不错，英雄不减当年勇。他是见过雷锋的，和雷锋握过手。10名学雷锋先进代表每个人讲一句感言。活动还向将要出征的"雷锋文化万里行"授旗。

我很高兴和常晶副总编一起在仪式上捐赠了我们的新书《雷锋传》。我们捐赠的环节刚结束，一位步履蹒跚的老者走到我跟前，他就是著名雷锋摄影家张峻。他的儿子也来了，搀扶着他，也挎着个相机，在现场进行拍照，明显是子承父业。

张峻握着我的手很谦虚地说："世宗！久仰大名啊！我一直在找你呀！""噢？找我？"我很纳闷，不知张峻大哥找我有何贵干。他接着仍声音十分响亮地说："我想请你帮助我，把我拍的雷锋照片的真实往事写成一本书，用我的第一人称也好，用你的第三人称也好，总之，太希望你帮我一下了！"我说："张峻大哥，我对你慕名已久，这也是我学习的机会。我听你的就是了，咱们回去联系！"当场，我们交换了名片。在现场听到我们这番对话的常晶副总编很及时、很热情、很诚恳地说："这本书由我们'春风'来出吧！这

胡世宗在北京赠书时与张峻(右)合影

将是很有价值、很有意义的一本书。"我和张峻同时说:"好!"

这就是由《雷锋传》的捐赠引发的,另一本关于雷锋照片纪实图书开始写作的因缘。

中间插了一本《漫画雷锋》的文字写作

在春风文艺出版社担任过副总编辑的臧永清，曾参与我和陈广生合作《雷锋》一书的策划和运作，他后来到人民文学出版社任社长。在去人民文学出版社之前，他曾在中信出版社任副社长、现代出版社任社长兼总编辑。

2012年，中共中央办公厅印发《关于深入开展学雷锋活动的意见》，鼓励运用图书等文艺形式传扬雷锋精神，使雷锋精神进学校、进企业、进社区、进村镇。发挥青少年学雷锋的骨干作用，各级各类学校要将弘扬雷锋精神作为校园文化建设的重要内容，广泛开展学雷锋主题班日、主题队日、主题团日等活动，广泛开展学雷锋主题演讲、报告座谈、读书征文、诗歌朗诵、展览展示、文艺演出、网上互动等活动。新形势下深入开展学雷锋活动、弘扬雷锋精神，对于激发人们思想道德建设热情、倡导文明新风、提升社会道德水平、实现中华民族伟大复兴，具有十分重要的意义。

时任现代出版社社长、总编辑的臧永清让编辑刘刚找到我，说社里要编辑出版一本《漫画雷锋》的书，这是他们社"漫画中华英雄"丛书的一本。因我对雷锋比较熟悉，也写过多本雷锋的书，希望我

《漫画雷锋》，胡世宗、星汉著，现代出版社2012年6月出版

能为他们的这本《漫画雷锋》撰稿。我立即答应全力以赴，把我写过的有关雷锋的文字资料提供给了出版社，出版社请星汉与我合作撰写这本书的文字。这就是2012年6月由中国出版集团现代出版社出版的图文并茂的《漫画雷锋》。

这本书封底的介绍中说："本书用少年儿童喜爱的漫画形式来讲述雷锋的生平故事，通过《做一颗建设社会主义的螺丝钉》《为人民服务是无限的》《给战友以春天般的温暖》《节约，为支援国家建设》等10多篇雷锋的经典故事，诠释雷锋精神。""在小说、电影、广播剧等诸多有关雷锋题材的艺术形式中，这种用中国传统连环画和现代漫画相结合来演绎雷锋故事的形式，还是首创。这种形式更利于当代少年儿童理解雷锋精神，对学习雷锋活动的深入开展，有积极的推动作用。"在这里补一句，漫画是由权迎东工作室绘制的。

张峻拍雷锋，我写张峻和雷锋的故事

再来说与张峻的合作。

张峻住在鞍山，我住在沈阳。他和我都有很多的社会活动和自己想要做的事。我们总是阴差阳错，采访时间安排不到一块儿，一直到了春暖花开的时候，我才得到采访之机。

张峻与雷锋亲密接触 79 天

张峻与我同属羊，他比我大一轮，1931 年 4 月出生在山东烟台。15 岁参加人民解放军，同年加入中国共产党。他于 1948 年 11 月接触相机，开始学习摄影，长年做军事摄影记者。早在 1960 年，张峻任沈阳军区工程兵宣传处助理员（那时不叫干事）时，就在报刊上发表宣传雷锋事迹的文字和照片。直到 1962 年 8 月 15 日雷锋因公牺牲，张峻先后为雷锋拍摄黑白及彩色照片 200 余幅。这是他对这个时代、这个社会和全军、全国学雷锋活动独特的巨大的贡献。

在雷锋活着的时候，张峻曾 9 次去雷锋所在的连队为雷锋拍照，有时还陪同雷锋到部队和学校作报告。那时候张峻也就 30 岁出头，

1961年7月,雷锋为张峻拍摄的照片,题名为《赤膊上阵》,这是雷锋为他人拍摄的唯一一张照片

他与雷锋亲密接触了79天,建立了深厚的战友情谊,使他成为与雷锋比较熟的一个战友和雷锋精神最近距离观察者和见证人。

张峻告诉我,他山东烟台老家那儿只有一两家照相馆,张峻小时候没照过相,他母亲也没照过,照不起,所以,张峻没有童年和少年的照片。他感学摄影很神秘,曾长时间琢磨这件事,怎么也解不开这个谜,不知道其中的奥妙何在。

也算幸运,张峻17岁那年拿起了照相机,那是部队领导发现他有绘画、写大字的特殊才能，把他从连队调到了辽南一分区宣传股，地点就在他现在居住的鞍山市。后来，领导派他到大连学摄影。上级机关在大连办一个摄影培训班，他跟随着著名军事摄影家郑景康学摄影，这该有多么幸运！郑景康在1934年就举办了个人摄影展，给毛泽东、周恩来、朱德、叶剑英等中央领导人都拍摄过照片。张峻非常刻苦用功，成长为专业摄影记者。他下部队勤，拍片特用心，每个月都是同级别的单位上《解放军报》摄影稿子的第一名，最多一个月在《解放军报》上刊登过43张照片！

张峻从军区工程兵政治部调到沈阳军区政治部时，工程兵宣传处黄汉副处长请张峻交代工作，最重要的是把他拍过的雷锋照片底片作为重要的档案资料留在工程兵机关。他当时上交了自己拍摄的198张雷锋照片。

张峻对我的信任沉甸甸

我对张峻的正式采访，是从2012年4月27日开始的。那天早上8点多，春风文艺出版社副总编辑常晶接我同去鞍山。真是不巧，从沈阳出城的宁官和北李官两个高速公路入口都封闭了，我们只好绕道苏家屯奔鞍山而去。本来一个小时可以到达目的地的车程，我们走了两个半小时。还算顺利，没有走冤枉路。我们找到了张峻住的那个小区、那栋楼，张峻家人下楼来接我们。张峻老伴80多岁了，仍健朗。这个时候张峻自己到邮局邮资料去了。我在他家的客厅里观看，有雷锋金色半身塑像，有雷锋浮雕头像，有张峻拍摄的多幅有关雷锋的作品，特别是那幅雷锋擦解放牌汽车车头的微笑照片，还有大幅的毛泽东主席观看话剧《雷锋》的照片。有一幅雷锋

跟他学摄影、给他拍摄的照片,这是很经典的。有几幅张峻的书法,多是篆书,写的全是雷锋的名言。还有一张是他的老伴桂云52岁时他给画的一幅猴像,他老伴是属猴的。我们等了一二十分钟,张峻就回来了。我觉得他比我们在北京人民大会堂见面时要硬朗一些。

张峻又重复在人民大会堂见到我时对我说的话,他说:"对你,我是久仰大名!久仰大名!我特别希望你能把我拍摄雷锋的书写出来。"他说到我熟悉的两位作家的名字,说曾要做这件事,但他希望我来写。

张峻从内室捧出一本《雷锋照片大全》的大书,是解放军出版社出版的。张峻说,叫"大

这几张照片都是1960年冬天拍的,是张峻与雷锋熟悉之后,为雷锋拍的特写镜头

全",其实不大全,仍有遗漏。他说这本书就要付印时,有一张最重要的照片,就是墙上这张,他指着雷锋擦汽车的那张,他说如果没有这张,我不能答应做这本书的顾问。如果不用这张,其他的照片我也要撤出来。这时,大全的书都编好了,这张照片最后没有地方放,只好放到了后记文章的右边了。他翻到这页给我们看。我听出了张峻的直率和执着。

张峻兴奋地打开了他的几个抽屉,全是他整理好的雷锋照片的档案册,满满的,都写着雷锋生活中的某个方面,如雷锋与战友、雷锋与辅导的学生、雷锋与相关领导……除雷锋本人外,还有雷锋中队、雷锋小学、雷锋车队、爱心联队、红领巾卷、郭明义卷、白雪洁卷、孙桂琴卷……

张峻老伴给我们沏了茶水,我们聊起有关雷锋照片的故事。张峻说到雷锋如何去辽宁省实验中学作报告的事,说到雷锋与易秀珍的事,说到为毛主席给雷锋题词拍照的事,题词是一张还是三张,都在什么地方……

张峻捧出他整理出的《"鲜红颜色的历史"的佐证——雷锋生前图片释疑》《雷锋照片知多少》《雷锋——知荣明耻的先行者》《美联社记者探察张峻补拍雷锋照片实况》《弘扬雷锋精神不能戏说》,还有《"雷锋与义父母合影"是假照片》,还有一些零散资料和1998年辽宁人民出版社出版的由张峻撰文并摄影的《永远的雷锋》一书的全书复印件。因为这本书没有复本,张峻就把这200多页的书专门到复印社复印了一套。他把这些宝贵的资料全交给了我,并且不让我打"借条",这是多么大的信任哪!

张峻说他五月份要去山东、去大庆、去雷锋团。我说我恰好五月份也不在家,要去南方。我们商定从六月份开始,集中时间和精力把这本书搞好。我说咱们的新书就叫《雷锋照片背后的故事》怎么样？张峻说他不喜欢"故事"两个字，他认为一说"故事"容易让人觉得有编的东西在里边，不真实。他主张叫《雷锋照片纪实》。常晶说，《雷锋的故事》也是真实的呀！不能说带"故事"两个字就不真实了。张峻说，最近他与20多家报刊社、出版社签订了合同。

这一天，我拎着沉甸甸的张峻提供的资料，也拎着张峻沉甸甸的信任，走出了张峻的家门。

我和张峻真的就隔了一整个5月，连6月也过去了多半，才又开始我接续的采访。

2012年6月27日，春风文艺出版社常晶副总编辑和办公室张磊主任，接我去鞍山张峻家。我请张峻把他拍摄的雷锋全部照片，按照时间顺序排好，从第一张照片开始，细致地给我讲这张照片是怎么拍的，拍照前后都有什么样的情景，雷锋有什么表现，照片用到了什么地方，在哪儿发表出来的，反响如何……千方百计还原当时的情景，这是我请张峻费心费力做的事。我说我随时听您的消息，您准备好了，我立即就可以来。

过了将近两个月，2012年8月21日，又是春风文艺出版社常晶副总编辑带着单位李师傅开的车，拉着我一起到鞍山张峻家。张峻和家人热情地迎接我们。

这次常晶来，是来与张峻签订出版合同的。开始，张峻仍然是按他所想谈的谈，我告诉他我和他要合作写的一本书应该是什么样子的，我是想写张峻和雷锋的事，是张峻拍摄雷锋的事，不是用照片写雷锋的传记，不是用照片讲雷锋的故事。这是唯一可靠的摄影者讲述，说明当时雷锋为什么拍摄了那么多照片，也是为张峻立传的一本书。张峻这时才恍然大悟，明白了我来帮助他写这本书的主旨，他立即答应了出版社合同上的要求。事先，张峻自己打印了一份出版协议书，常晶带来的是制式的常规的协议，我和张峻作为甲方，春风社作为乙方，我们分别在协议上签了字。

我觉得我要采访张峻得连续几天在鞍山，时任辽宁省军区政治部主任的康晓辉帮助我联系了鞍山军分区赵恒志司令员和吴兆成秘书，让我就在鞍山军分区招待所318房间住下。无论是我到张峻家，还是张峻到招待所来，都很方便。

在正常听张峻依次谈他拍摄雷锋照片的往事外，我列了11个问题，并打印出来交给了张峻，他思考后逐一回答了我，我觉得很充实。

张峻敞开心扉，深情回顾，畅谈往事，我迅疾笔记并录音，确保采访的内容不会遗漏和有误。

第一张照片，是雷锋主动要求张峻给他照的

人们都见过并喜爱张峻拍摄的雷锋照片，这些照片是那样的传神。人们看到的是雷锋照片的正面，我在这儿介绍的，是张峻所拍摄的每一张雷锋照片的真实记录……

我开始从第一张照片写起——

这是张峻为雷锋拍摄的第一张照片。雷锋微微笑着，文静而安详。领章上有汽车兵的标志和两颗金星，那是当时上等兵的军衔，拍摄时间是1960年9月。

当时，张峻身为沈阳军区工程兵政治部宣传处的宣传助理员（后来政治部门的"助理员"的称呼都改为"干事"了），主抓新闻报道工作。一天，工程兵政治部接到下属工程兵第十团转来的两封地

洪流放歌 / 我写雷锋60年

张峻为雷锋拍摄的第一张照片

方来信，都是表扬一个叫雷锋的新战士的。一封是抚顺市望花区和平人民公社寄来的，说一个叫雷锋的战士向公社捐助了 100 元人民币。另一封信是中共辽阳市委寄来的，也是说一个叫雷锋的战士向受到洪灾侵害的辽阳人民捐助 100 元人民币。这两封信在政治部引起了很大反响。当时国家经济困难，人民生活水平很低。一个刚刚参军还不到 9 个月的新兵，竟拿出这样多的钱来帮助人民群众，这是很不容易、很不简单的。十团还把这个叫雷锋的新兵树为"节约标兵"，也一定会有许多事迹。雷锋这个名字，就这样进入了工程兵政治机关，采访任务落到了张峻身上。

张峻是在 1960 年 9 月最后一个星期天，从沈阳赶到抚顺到达雷锋所在的运输连的。运输连驻扎在抚顺市望花区瓢儿屯。张峻经常下连队，与运输连的干部如连长虞仁昌、指导员高士祥都比较熟悉。

"张助理，你来干啥？"刚进门，高指导员就迎上来问。

"你们连有个小战士叫雷锋？"张峻开口就说明来意。

"对对对！这个小战士入伍 8 个多月，表现可好了！"高指导员满意地说着。

张峻说想见见他。

高指导员打发通信员："快找去！快找去！"

不一会儿，通信员回来了，说："雷锋不在班里，去卫生所了。"

"怎么了？"高指导员和张峻几乎同时问。

通信员说："他肚子不好，看病去了。"

"那咱们先说说吧。"张峻想既然来了，先向连队干部了解一下雷锋的情况也是应该的。

张峻把带来的两封地方来信给指导员看。

一封是抚顺市望花区和平人民公社寄来的，信中提到一个叫雷锋的战士为新成立的人民公社捐助100元钱的事情,并向部队表示感谢。另一封信来自辽阳市委,表扬的也是一个叫雷锋的战士,这个战士给受洪灾的辽阳群众捐助了100元钱。辽阳市委的信是这样写的:

7343部队首长并请转

15分队雷锋同志:

8月28日雷锋同志给我们来了信,并随信寄来100元钱,表示他对灾区人民的关怀和支援。雷锋同志能在我们遭受特大水灾之时,寄信和邮钱,从道义上和财力上支援我市灾区,这种崇高的阶级友爱精神,说明了一个问题,就是人民解放军是人民的子弟兵,和人民有着密不可分的血肉联系,说明了我们的人民解放军有着一贯的与人民同甘苦共患难的光荣传统。雷锋同志能够有着至高无上的共产主义品德,也是党和部队长期教导的结果。

辽阳市遭受百年不遇的特大洪水灾害,受到严重损失。但是,在党中央、毛主席和省委、鞍山市委的亲切关怀和正确领导下,在人民解放军和兄弟市、县的大力援助下,抢救了被洪水围困的灾胞,减轻了洪水灾害的损失;同时,中央和各兄弟市、县又运来了大批救济物资,安排了灾区人民的生活。目前,灾区人民在党的温暖和无微不至的关怀下,信心百倍,干劲十足,热烈响应党的号召,积极投入生产自救,重建家园运动。我们对雷锋同志寄来的款项,不准备收留,首先代表灾区人民向雷锋同志再一次地表示感谢,希望他能把钱继续存到银行里,支援国家建设。我们一定教育灾区人民,学习雷锋同志的阶级友爱和共产主义风格,鼓起更大干劲,更加奋发图强,为彻底医治洪水创伤,重建辽阳幸福的新农村而努力。

  此致
敬礼

中共辽阳市委员会(盖章)
1960 年 9 月 6 日

  其实,这两封信的事儿高指导员是知道的。团里曾跟连里通过气儿,了解了雷锋在连队的表现和影响才上报给工程兵机关的。

  经过了解,得知雷锋到储蓄所取出了自己多年的存款 200 元,都送到了新成立的抚顺市望花区和平人民公社,那时的公社就是乡级人民政府。望花区的领导觉得一个战士积攒 200 元钱不容易,他有庆祝人民公社成立的心愿,不满足他的意愿不好,可是都收下又太多了,就只收下 100 元,另 100 元退还给他。雷锋就把这退回来的 100 元,寄给了遭遇水灾的辽阳。后来辽阳市委表示感谢后,把这 100 元钱又退回来了。

  说到雷锋的捐款,张峻和高士祥议论,当时有 16 年军龄的张峻,工资不到 70 元。雷锋入伍前在鞍钢的工资不到 25 元,入伍后的战士津贴只有几块钱,他这 200 元钱是怎么攒下的呢?

  高士祥介绍说,这个雷锋是个苦孩子,高小毕业,在家乡开过拖拉机,在鞍钢开过推土机。在地方上就是先进,曾多次被评为先进生产者、红旗手、标兵和青年社会主义建设积极分子。这次给灾区捐款也是他先进思想的自然之举。

  中午,张峻在连部整理采访笔记,就听到窗外锣鼓响和嘈杂的人声，问了一下，指导员也不知发生了什么事。指导员让通信员去打听打听。原来是地方上有人给连队送用大红纸写的感谢信来了。来人正是表扬雷锋的，说雷锋去卫生所看病，路过一个小学校工地，工人们比学赶帮超进行劳动竞赛，运砖供不应求，那边砌墙的没砖了，停工待料。雷锋听了广播，知道运砖的缺人手，就没去卫生所，二话没说，把军衣一脱就推小车运上砖了。干完活儿，雷锋把衣服穿上就走。人家就问："小同志，你哪儿的？叫什么名啊？"他没回答，就跑回连了。这个地方除了运输连也没有别的驻军。十团团部在营口，也不在抚顺，只有运输连在这儿，人家自然就把感谢信送到连里来了。指导员笑笑，说："是雷锋，肯定是雷锋。"他告诉通信员去把雷锋找来。雷锋跟随通信员来到连部。这是张峻第一次见到雷锋。

这个跟随通信员进来的小战士个子不高，没有一米六，面容一直是微笑的。

指导员问："雷锋你上午干啥去了？"

雷锋："去卫生所了。"

指导员："去完卫生所又干啥了？"

雷锋："没干啥呀。"

正在连部送感谢信的工人们还没走，他们认出了雷锋："就是他！就是他！"

指导员问："你是不是上工地了？"

雷锋腼腆地回答："是，赶到那儿了。我看他们运砖的供不应求，就帮他们运砖了。"

雷锋不得不承认。

工人们说："他干得满头是汗，叫他休息也不休息，帮助我们运砖。问他叫什么名，他也不说就走了。"

张峻现场亲眼旁观了这生动的一幕。

高指导员把张峻向雷锋做了介绍，说："这是政治部搞宣传报道的张助理员，来了解你的情况来了。你们谈谈吧！"

接着，张峻把雷锋请到屋里，拉过一把椅子，让雷锋坐下，就和雷锋唠了起来。这是张峻第一次采访雷锋。

张峻让雷锋谈了一下怎么去人民公社送钱的。在当时这样一件事需要核实清楚，才可以报道出去。张峻想请公社的书记来谈一下。指导员挂电话一问，张书记去沈阳了，明天才能回来。张峻说那好，明天见见张书记。

第二天，和平人民公社的张书记亲自来到运输连，向高士祥指导员讲述了雷锋去送钱的经过。张书记说："小战士哪有那么多钱？不能要。"他让雷锋把钱寄回家。雷锋说公社就是我的家，我没有家了。他简单地讲了讲自己的家史。听了雷锋的讲述，张书记没有办法不收他的钱，但200元太多了。张书记说："这样吧，我们留下100元，另100元留下你自己用。"张书记不知道，雷锋把这退回来的100元又给了辽阳灾区。

张峻采访雷锋后，和雷锋也熟悉了。一天，张峻在连队院里看见了雷锋，雷锋乐呵呵的，好像有什么事情，又不好意思开口。张峻就问雷锋："有什么事情吗？"

雷锋就鼓足勇气说："张助理员，能给我照张相吗？"

张峻惊异于雷锋提出这样的要求。当时张峻军衔是大尉，雷锋是上等兵，一般战士对机关来的干部通常都敬而远之，即使有什么要求也不便开口。雷锋的开朗和直爽让张峻感到意外。雷锋毕竟是自己的采访对象。他有这样的要求，应该尽力满足。

张峻问雷锋:"你为啥让我给你照相?"

雷锋说:"我当兵以后,想给家乡的工友和领导一人寄一张照片,让他们知道我在部队的情况。"

"行。我给你照一张吧。你站好。"张峻很快就给雷锋拍了这第一张照片。

第二张照片:还是雷锋主动要求照的——一个战士如果背枪照一张相那是多么美和自豪

拍完这张照片,雷锋不走,又有新的要求,这要求也挺在理,于是有了第二张照片——

拍完了第一张照片,张峻向雷锋再三交代:"这照片,你给家乡的人,给谁都可以,就是千万别给战友哇!我给你照了,不给别人照,不好;都照,也照不过来。我是搞报道的,拍照片要给报社投稿。尽照私人相,我回去怎么向上级交代呀?影响也不好哇。"这张照片,雷锋从未给过部队战友。

雷锋一个劲儿说:"行行行!"就是待在那儿不想离开。他接着腼腆地继续要求:"张助理员,我不是要照这样的相。我想,我想照个背枪的,照个军人标准像。"他见张峻不解,便解释道:"这种单人相,参军后我到照相馆照了三四张了。可是,我是当兵的,非常想照一张背枪的。到街上照相馆,部队又不准把枪带出去,尤其是新兵,更不准了。"当时部队战士也没有机会上街,节假日、休息日,上街有规定,按人数的比例去。

雷锋说的都是实情,他的话打动了张峻,确实是这么回事,一个战士如果背枪照一张相那是多么美和自豪的一件事呀!

拍这张照片的时候,雷锋因为有枪在肩,
表情严肃,有保卫祖国的自豪与庄重

　　张峻同意了雷锋的要求,说:"行。你去拿枪吧!"他看着雷锋兴奋地跑回宿舍,取来一支步枪。张峻注意到雷锋还把共青团的团徽及3枚在鞍钢得的奖章戴在了左胸衣服兜口的上端。刚才拍第一张照片的时候,还没有戴呢,说明雷锋是一个有很强荣誉感的人。拍这张照片的时候,雷锋的表情因为有枪在肩,所以脸上没有了微笑,很自然地严肃起来,有保卫祖国的战士的自豪与庄重。两张照片,上衣左兜里都插着一支钢笔,这是他经常用来做笔记,经常写点什么用的,这也是他爱学习的表现。这几张照片不是为了报道而拍的,是应雷锋请求而拍的。

都说雷锋是个特别爱照相的人,看来,他更热爱自己从军的岗位,当兵要拿枪,要保卫祖国,要留下这样的影像。

雷锋入党,突破常规

在雷锋短暂的人生经历中,加入中国共产党是他人生中最光辉的一页。雷锋的入党受到部队各级组织的关注和用心,特别是运输连指导员高士祥对培养雷锋倾尽了心血。张峻把雷锋与高士祥在一起填写入党志愿书的情形,聚焦到他的镜头里,给我们留下了宝贵的资料——

雷锋加入中国共产党是他人生中的一件大事,也是部队培养典型的重要一步。雷锋入伍时间太短了,仅仅10个月呀。但无论是雷锋对党的感情,对入党的渴求,还是他本人的思想境界,入伍后的表现,上级机关的考察,周围战友的评价,都达到了一个共产党员的标准。

张峻的新闻报道,当然不会错过雷锋入党这样一个非同寻常的重要环节。

以张峻对雷锋入党这件事的了解,可以认为雷锋入党是特批的,是破了先例的。

和平岁月里入党,比不了战争年代。战争年代,烽火连天,枪林弹雨,伤亡很大,战斗骨干需要及时补充,火线入党的事时有发生。那时候,革命前辈脑袋别在裤腰上,能不能以生命和鲜血作为付出,为民族的解放和人民的解放贡献自己的全部,包括青春和生命,这是彼时对一个要求入党的人考察的最基本的条件。和平年代就不同了，入党动机呈多元化。党组织需要鉴别和考验。部队相对于地方，党员发展得还是比较快的，也是比较多的。但在一般的情况下，入伍不到一年的新兵，是不可能列为党组织发展对象的。当时在战士中流传着一个顺口溜："当兵一年看，二年好好干，三年入了党，复员进工厂。"复员后，是党员，对于当时找一个好工作，是很重要的政治条件。

雷锋可不是这样想的，也不是这样做的。他在入伍前后曾写过两份入党申请书：一份是他到鞍钢后，在弓长岭铁矿开推土机的时候，1959年11月3日写的；另一份是他参军后，1960年9月19日写的。雷锋当新兵就非常突出。那年夏天，抚顺地区暴雨成灾，他带病参加抗洪抢险，荣立三等功1次。他先后将自己积蓄的200元送到新成立的抚顺市望花区和平人民公社，寄给辽阳市委支援灾区人民。他勤俭节约，用半年时间从汽车厢板上扫下2000多斤水泥。他省吃俭用，上缴军装和鞋子，入伍8个月被团党委树为全团"节约标兵"。

据张峻所知，第十团党委早在1960年6月就考虑吸收雷锋入党了。连队党支部在讨论雷锋入党时有不同意见，有人认为雷锋干得确实好，各方面都不错，可是他毕竟入伍时间短，如果把他列为党组织的发展对象，势必会影响老兵中要求入党而未获批准的积极分子的情绪，论资排辈，排队也排不到他呀。这年的7月，运输连支部委员会第二次讨论后，通过了将雷锋列为发展对象的议题，上报到团政治处。运输连这次申报了7名发展对象，只有雷锋是当年兵。当时全团100多名发展对象，也只有雷锋是当年兵。团政治部有人提出，雷锋军龄太短，应延长对他考验的时间。团政委、团党

雷锋填写入党志愿书

委书记韩万金指出:"对一般同志,这样要求是必要的。但雷锋在地方上工作时也经受了考验,是我们的典型,只要条件具备,不应受入伍时间的限制。"每个人的政治审查都是必需的。十团政治处两次派出人员到湖南望城雷锋的家乡,调查他的家庭历史和社会关系,并责成组织股股长赵玉瑞协助运输连党支部抓紧对雷锋的培养。对于运输连支委会有关将雷锋列为发展对象的申报,团党委批复:将雷锋列入1960年第四季度发展对象。

因为沈阳军区首届共青团代表大会将在1961年2月召开,雷锋被确定为特邀代表,并在会上被授予"模范共青团员"称号。在大会筹备期间,审查代表资格的时候,军区工程兵党委成员都认为,像雷锋这样的好同志,应该以党员的身份出席军区首届团代会。

1960年11月初,军区工程兵政治部在沈阳召开连队党支部工作交流会。会上,组织处的同志就问运输连高士祥指导员:"雷锋入党问题解决没有？"高指导员回答："支委会讨论同意了，但还没有召开支部大会通过。"组织处同志就说了军区将要召开首届团代会，雷锋将以特邀代表身份出席，那他入党的问题就需要早点解决。组织股股长赵玉瑞请示团政委韩万金怎么办好，韩万金说："特殊情况特殊对待。让高士祥立即回连队，当天召开支部大会通过。然后回来，趁团党委委员多数都在这儿，后勤党委书记也在（运输连归后勤管），后勤党委来不及批，我们团党委批。"

就这样，11月7日下午，高士祥赶回抚顺，连夜召开支部大会，24名党员到了18名，一致通过了雷锋入党的申请。次日早晨，支委会征求因执行任务没能出席支部大会的另外6名党员的意见，都表示同意雷锋入党。

11月8日上午11点钟，高士祥带着支部大会通过的雷锋填写的入党志愿书回到沈阳的会议上，向韩万金政委汇报了连队支部大会的情况。这一天午休时间，韩万金主持了临时召开的特殊团党委扩大会，只有一个议题——讨论雷锋入党。在会上，雷锋的入党介绍人、运输连党支部书记高士祥宣读了雷锋的入党志愿书，韩万金作简短讲话，党委委员举手表决，一致通过，批准雷锋加入中国共产党。

会议刚散，工程兵部的同志就通知正在沈阳市实验中学作报告的雷锋，让他赶快到招待所找自己的指导员。

下午3时许，高士祥把雷锋领到了军区工程兵宣传处办公室，拿出雷锋的入党志愿书，以庄重的口气对他说："雷锋，从现在起，你就是中国共产党党员了！"这时，雷锋的双眼愣愣地盯在他的入党志愿书上，双手颤抖地接过纸页薄薄、蕴涵却无比厚重的志愿书，上面有他心愿的表达，有介绍人对他的评价，有上级党组织批准的话语和鲜红的印章。雷锋哽咽着,断断续续地说:"我……终于是个共产党员了……党,是我的生身母亲……今后,我坚决听党的话!"

以上情形都是张峻亲历的,也都是张峻口述的。他一直跟踪报道雷锋,所以关于雷锋入党这一人生重要环节,他没有错过,并荣幸地参与了许多细节。甚至高士祥与雷锋关于入党的激动人心的谈话,就是他安排在自己的办公室里进行的。这在采访高士祥的报道中有记录,那张高士祥就雷锋入党的事找雷锋谈话的照片上,有工程兵宣传处办公室一排报夹子,《人民日报》《解放军报》的报头都看得见。

张峻在现场拍摄了一组照片,其中有些照片的颜色是后来填充的。当时拍摄没有使用彩色胶卷。

为什么单选陈雅娟和雷锋拍照

做一个优秀的培育幼苗的园丁,雷锋是很称职的一位校外辅导员。那时报刊编辑部也约张峻提供这方面的图片。当时彩色胶卷是很稀少的,为了能上《解放军画报》的封面,张峻就选择了雷锋与抚顺市本溪路小学品学兼优的少先队大队长陈雅娟在一起进行拍照。没料到为了实现雷锋的承诺,张峻在陈雅娟入伍和后来的成长上都尽了心力。

那是1961年4月,张峻挎着相机第三次到运输连拍雷锋与红领巾的专题图片。地点就选在连队院内,把雷锋办的那个"学习园地"作为背景。

因为要拍两个人的特写,就要在孩子们中间挑选一个与雷锋单

雷锋与他辅导的学生陈雅娟

独拍照。张峻考虑到能上《解放军画报》封面,所以,不仅拍了黑白的,还拍了彩色的。这个时候,雷锋这个典型在全军区、在全军都是很有影响的了。雷锋做小学少先队大队的校外辅导员也有很长时间了,他和孩子们关系密切,互相都很亲近。

为什么单选陈雅娟和雷锋拍照?

首先,陈雅娟是雷锋担任辅导员的本溪路小学五年级的学生,她是这个小学少先队大队长,三道杠。她品学兼优,家庭出身好,爸爸是地道的老工人,她本人长得又俊气。如果仅仅长得好看,学习和品行等方面不好,那也不合适。

张峻拿了一本1960年2月的《解放军画报》让雷锋和陈雅娟看。

陈雅娟当上了解放军

开始用黑白胶卷拍,拍了一会儿觉得构图、光线和人物面貌都不错了的时候,就用彩色胶卷拍。

张峻忙着拍照,陈雅娟和雷锋在说着话。陈雅娟对雷锋说:"雷锋叔叔,我长大了也要当兵!"雷锋说:"好哇,你长大了要当兵,到时候找张叔叔去!"

这是后来陈雅娟转述的。当时,张峻并没有听清楚他们俩说的是陈雅娟要当兵的事。

但是，张峻相信陈雅娟的转述，也相信雷锋会这样说。

既然是雷锋说的，雷锋已经牺牲了，张峻一定要照办。这真是一诺千金哪！

陈雅娟小时候就是一个有远大志向的孩子，她在与雷锋接触过程中，深深地被雷锋全心全意为人民服务的精神品质感染，她立志长大要像雷锋叔叔那样，做一个有益于人民的人，做一个保卫祖国的卫士。

陈雅娟铭记着雷锋叔叔的教导，1966年在她初中毕业那一年，真的就来找张峻叔叔来了。

入伍后，张峻对陈雅娟说："你这个兵当得可不容易呀！到了部队上，可不能给雷锋脸上抹黑呀！"

陈雅娟当场激动地表示："张叔，你放心吧！我一定按雷锋叔叔的教导去做！"

总站是服务机关首长的通信单位，总站最主要的工作是接转机关首长的电话，上传下达，需要严格保密。

张峻事先对总站赵政委说，不要让陈雅娟直接去当报务员，先让她到炊事班，而且让她去养猪，在艰苦的生活环境里锻炼锻炼再回报务班。

陈雅娟真的不负所望。她在总站开始就是养猪。她也没养过猪哇，但她不怕苦、不怕脏，在自己的岗位上做出的成绩很突出。她也学会了烧火做饭，成了一名合格的、熟练的炊事员。张峻拍摄过陈雅娟在连队炊事班当兵的照片，向军内外媒体进行了报道。

雷锋生前是陈雅娟所在学校的少先队大队校外辅导员。陈雅娟接了雷锋的班，也做起少先队校外辅导员的工作，她也担任了抚顺市本溪路小学的校外辅导员和五年一班中队的校外辅导员。

1969年，北部边疆发生战事，上级派张峻到前线执行拍摄任务，同时对国内多家新闻媒体记者特别是摄影记者进行协调。张峻到了前线，发现那里有通信兵，张峻就建议把陈雅娟调来。调谁都是调。调陈雅娟来，可以让她经历战火的洗礼，对她的成长和锻炼有益。上级同意后，张峻直接打电话给总站的王宜文副站长，把陈雅娟调到珍宝岛前线来了。前线地区气温达到零下30摄氏度，但陈雅娟执行任务毫不含糊，十分勇敢、认真、细心，圆满地完成了上级交给的野外查线任务，受到了首长的好评。

陈雅娟说，雷锋对她最大的影响，就是教会了她怎样做人：做一个有爱心的善良的人，做一个有远大理想的上进的人，做一个懂得感恩的不忘本的人。在人生道路上，陈雅娟始终把雷锋叔叔的教诲铭记于心。从军营到地方，从转业直到被提升为抚顺市烟草专卖局副局长，再到退休，陈雅娟始终坚持践行雷锋精神，踏踏实实地做好每一件事。

张峻一直跟踪报道陈雅娟，至今已有50年了。他认为，在陈雅娟身上，涌流着雷锋精神的血脉，宣传陈雅娟，就是延续地宣传雷锋。在陈雅娟成长的漫长的道路上，有雷锋深刻的不可磨灭的影响，也有张峻倾注的心血。

雷锋擦解放牌汽车，是张峻思考后的创意

张峻有一张雷锋照片是被媒体用得最多的，这就是雷锋擦汽车那张。这个镜头，张峻一共拍摄了14张，那都是怎么拍出来的呢？

这14张照片，其实是一个场景，只不过角度不同，雷锋的姿势不同，用光不同，都拍的是雷锋在擦车。这一组照片中最经典的

一张是雷锋自己挑选出来的，是张峻最满意的，也是被各大媒体用得最多的一张。

这张照片题为《毛主席的好战士》，也曾用名《伟大的共产主义战士雷锋》。

《毛主席的好战士》这个标题，曾是一篇通讯标题，是张峻、佟希文、李健羽、赵志华四人合作，1960年11月26日在沈阳军区《前进报》上发表的。这篇通讯影响广泛，让军内外很多读者知道了雷锋这个名字，也引发了很多媒体的关注和约稿。解放军画报社就向张峻约一张雷锋的照片，是柳成行副总编辑约的，具体负责编辑是周肖。要求拍得好一些，要用在画报的封面上。

如何能达到画报社的要求呢？张峻反复斟酌，冥思苦想。他想到雷锋容貌英俊、聪颖潇洒、气质非凡，他是由一个苦孩子成长为好战士的。他与雷锋多次交谈，想获得创作的灵感。他读到雷锋写的一首诗中的两句：小青年穿上军装，实现了美丽的理想。这是雷锋内心的真实体现。雷锋当兵被分配到运输连开汽车，他苦练驾车技术，对汽车无比爱护，精心保养，爱车胜于爱自己。张峻想，要拍摄雷锋，必须拍他与汽车在一起，要体现出他是汽车兵这个特点。张峻把自己这一想法与周肖编辑说了，周编辑给了他首肯和称赞。张峻决定先拍黑白的，再拍彩色的。他向解放军画报社要了一个彩卷。当时中国还不能生产彩色卷，都是进口的。因为他没拍过彩色的，而拍彩色的要求很高，宽容度只在六度左右，差一点都不行。他为保险起见，又到柳成行副总编那儿多要了一个德意志民主共和国制造生产的爱克发彩色负片。当时，柳成行副总编说："我们记者出去拍照也只给一个卷啊，一个卷那么多张，只用一幅还不行吗？拍一个卷，用一张，这有多么大的富余天地呀！"张峻申明自己没

洪流放歌／我写雷锋60年

这张经典的擦车照是当年雷锋自己选中的，也是张峻最为满意的彩色照片

有拍过彩卷，担心完不成任务！柳副总编另外特批给他一个彩卷。

从北京解放军画报社回来，张峻就对雷锋说："我要给你拍一张擦车的照片。"

张峻想到雷锋的一个讲话稿。这个稿子是吴广信、王漪南、陈广生根据雷锋的事迹和他多次发言整理出来的，原题是《雷锋同志模范事迹材料》，他们在征求雷锋本人意见时，雷锋把原题用笔划掉，改成了《解放后我有了家，我的母亲就是党》。这件事在机关传开，人人都知道了。张峻对此深有感触。他特别注意到雷锋改题中的前两个字"解放"。他想到了雷锋是汽车兵，当时有咱们中国自己生产的"解放"牌汽车。这一思考给他打开了思路，让他获得了灵感。

张峻要用雷锋微笑俯身擦车的镜头，体现雷锋"从苦孩子到好战士"这个主题。雷锋驾驶的车是苏联生产的"嘎斯"51车。为了使照片体现主题，张峻提出要换一辆车。连里只有一辆国产"解放"牌汽车，是王广湘教员开的。他跟运输连连长说，把这辆车开出来，拍照用。于是，连长把"解放"车调了出来，张峻如愿地拍到了自己想要的效果。

开始，张峻拍了3张，都不一样，但共同的不足是"解放"二字不突出，这不是张峻理想的照片。他又连续拍了4张，后两张是彩色的，比前几张好多了，但仍不理想。他又掉转身拍了几张，接着，张峻试着请雷锋把右臂抬起来，换个姿势，效果好了许多，但背景杂乱，也让人感到人物不突出。张峻最满意的一张，是采用逆光并且前面打了反光板拍摄而成的。照片中，雷锋的笑意洋溢在脸上，他俯身在车头上，双手做擦拭状，红牌金字"解放"非常鲜明，映衬着雷锋的红领章和帽徽上的红星，还有他红润的脸庞，连酒窝都很清晰。背后的车窗和朦胧的绿色树影，平添了青春的诗意和美感。

当张峻把这些照片都冲洗出来，让雷锋看，请他挑选自己满意的照片时，雷锋立即选出那张经典擦车照。他说："这个好！"接着又补充一句："这个最好！"

英雄所见略同。雷锋选中的，正是张峻自己最满意的那幅彩色照片。

曾有中央电视台记者指着那张照片问张峻："你拍的这张照片是不是后来着色的？"张峻说不是，当时这个镜头共拍了4张彩色的，这是其中的一张。

这14张照片，原来张峻的手里只有9张。最近到北京，在新华社找到了1张，在解放军报社找到了1张，在解放军画报社找到了3张。

张峻口述实录：补拍的雷锋照片，有19张

我就是这样进行着对张峻拍雷锋的采访与写作。我在这本书的"简序"中打了一个比方，我说："说起这本书，我忽然想到某知名品牌水的广告：'我们不生产水，我们只是大自然的搬运工。'这富有诗意的语言，给我无限开阔的想象，令人记忆特别深刻。我想模仿这则广告向亲爱的读者说一句：'在这本书里没有我的创作，我只是张峻大哥口述史实的一名忠诚的记录员，我只是原生态地记录，只是他讲述的一个传声筒。'"

回想起当年为雷锋拍照片，特别是补拍照片的事，还有为举办雷锋事迹展览所做的准备，以及最初闻知雷锋不幸被砸伤以致牺牲的消息，张峻有以下详细的表述。

在全国各地的雷锋纪念馆陈列室里，共有351张雷锋生前真

实活动的照片。其中，从雷锋1960年1月8日参军到1962年8月15日殉职，在951天的军旅生涯中，共拍摄了222张照片，其中近200张是张峻拍摄的。张峻曾在雷锋生前所在团的上级机关做宣传报道工作，同时兼摄影报道。他与雷锋一起相处了79天，经常陪同雷锋到兄弟部队和外地学习、作报告，所以为雷锋拍摄的照片最多。其余的20多张是当时任工程兵第十团俱乐部图书管理员的季增拍的。

1961年1月，中央军委工程兵政治部发出了《关于学习雷锋同志的通报》等指示，从而在全军范围内掀起了学习雷锋的高潮。

鉴于学习雷锋的新形势，沈阳军区工程兵党委做出了由政治部和雷锋所在的工程兵第十团共同筹办"雷锋同志先进事迹巡回展览"的决定。1961年2月初，着手抽调有关人员，组成筹办展览班子，共调集了6人，分别是：沈阳军区工程兵宣传处副处长黄汉、宣传处宣传报道助理员张峻，工程兵第十团俱乐部图书管理员季增，舟桥第八十一团政治处秘书季道逵，工程兵第七团宣传助理员杨宝威，舟桥第八十一团宣传助理员赵志华，由黄汉统筹领导。在他们6个人的分工中，张峻与季增负责展览图片的补拍。

1961年2月5日，抽调的人员全部到齐后，沈阳军区工程兵政治部宣传处处长吴守业召开了第一次展览班子会议，共同拟订出展览的具体方案。会上决定：雷锋参军前童年部分用绘画来表现；入伍后的部分用照片来反映，这样就需要补拍一部分照片。会上特别传达了沈阳军区工程兵首长关于补拍雷锋照片的指示：拍摄照片必须真实，必须是雷锋实实在在做过的好人好事。

领导决定由张峻草拟补拍雷锋照片的具体提纲。这个拍摄提纲是以雷锋1960年9月荣获"节约标兵"称号和《解放后我有了家，我的母亲就是党》事迹报告，以及雷锋的忆苦思甜报告、雷锋本人的口述和日记等有关资料为依据拟订的。2月10日，趁季增回工程兵第十团过春节之机，上级指派他抓紧时间完成补拍任务。

根据补拍提纲所列内容，这次共补拍照片20多张。大家常见的有以下照片：

1. 雷锋头戴毡绒棉帽、手持冲锋枪站在毛泽东半身像前。
2. 送老大娘回家。
3. 给战友王延堂送盒饭。
4. 到抚顺市西部医院给伤病员送月饼。
5. 到储蓄所取出200元钱支援新成立的人民公社和辽阳灾区。
6. 打开手电筒，夜间读毛泽东著作。
7. 捡粪支援辽阳人民公社。
8. 帮助战友乔安山学习文化。
9. 车场上组织战友学习《毛泽东选集》。
10. 雷锋练习投手榴弹和二排长手把手教雷锋投手榴弹，共两张照片。
11. 雷锋在练双杠。
12. 雷锋在补袜子。
13. 行军途中休息时，雷锋给大家读报纸。
14. 给地方群众的来信写回信。
15. 保养和维修汽车。
16. 雷锋与抚顺市建设街小学学生合影。
17. 雷锋给乔安山家里寄去10元钱。
18. 雷锋将从储蓄所取出的200元钱送到抚顺市望花区人民公社。

19. 雷锋代表入伍新兵讲话。

除了补拍上述照片外，还拍摄了雷锋的部分实物，如印有黄继光画像的笔记本和雷锋补过的袜子，使用过的牙刷、针线包和读过的书及部分日记段落等。

季增在工程兵第十团的大力支持和协助下，按规定时间顺利地完成了补拍任务，于1961年2月25日返回沈阳。

张峻在评论这批补拍的照片时说："总的来说，还是比较满意的。当然，不能说全部合格。主要问题是有些照片摆拍的痕迹太明显。"

从现在的角度来看，应该承认，在20世纪60年代初的条件下，照相器材比较落后，摄影技术也不到位，再加上时间紧、任务重等客观原因，能拍出那么多照片是可圈可点的。今天看来，这些照片可以说都是非常珍贵的。

雷锋事迹展览大约在1961年3月上旬准备就绪，经过沈阳军区工程兵领导审查后，就开始到工程兵所属部队进行巡回展览了。

抢救雷锋的路上，一个事故连着一个事故

1962年8月14日晚10点多，吴海山团长接到正在离团部100公里外执行施工任务的二营打来的电话：由于连续暴雨，全营仅剩一天的粮食了。放下电话，吴海山赶到办公室召开党委会议，决定连夜派车送粮，任务交给了运输连。由于任务较重，运输连自然想到了思想、技术双过硬的雷锋。经过准备，雷锋带上助手乔安山上车出发了。

粮食运到目的地后，雷锋和乔安山没有休息，第二天早饭也没

吃就开车返程。回到团部时已是中午 11 点多了。连长叫他们洗脸吃饭，可雷锋考虑到车身满是泥水，不及时清洗就可能生锈，决定把车洗好后再吃饭。于是，雷锋赶紧招呼乔安山洗车。他们想把车开到九连前面的水栓处去洗。为了防备小孩淘气，通往九连的路上拦了许多铁丝网。雷锋去清理铁丝网，乔安山把车开到他面前，停下来问："行吗？"雷锋收拾了一下，说："没事了。"

乔安山倒车拐弯，车开进一个狭窄的人行道。车左侧道口有一棵大树，从这棵树开始，用铁丝连了一排一人来高、碗口粗细的方木杆子。这是平时用来晾晒衣物的。雷锋一直紧贴着车左侧指挥着："没事了，往前开吧。"乔安山听着指挥就往前开车。

灾难就在这时降临了。拴在空中的铁丝被扯断，巨大的弹力将断木砸向雷锋左太阳穴。可驾驶室里的乔安山对外面发生的事一无所知，一直把车开到九连水栓处才停下来。下了车，乔安山发现雷锋已倒在那里。他赶紧扑过去抱起雷锋，呼喊着："雷锋，雷锋！"这时，雷锋的鼻孔和嘴都往外喷血。不远处菜园里的战士听到喊声也跑过来。战士找来连长，连长派副连长把雷锋抱上车飞快地向西部医院驶去。

西部医院院长刘斌为雷锋腾出一个急救室。由于体温过高，雷锋抽搐着坐起来。刘院长见此情况，便让副连长下楼买一些冰棍。冰棍买回来后，放在了雷锋的脖子下和额头上，体温降了下来，可呼吸停止了。刘院长又亲自上前为雷锋做人工呼吸，呼吸又恢复了。刘院长找到连长说："他的颅底骨折，内部又出血，必须立即手术。可是抚顺所有的医院都做不了开颅手术。我给你写个条，赶紧派人去沈阳陆军总医院找脑外科专家段主任来。"

团党委立即派车去沈阳接专家救人，他们启动了团部唯一的一辆美式吉普车上路了。然而，忙中出乱，这辆本来就跑不起来的吉普车先是与一辆地方大货车相撞，把地方车辆撞到路边壕坑里。地方车辆当然不让。军车人员下车说明救人求医的特殊情况，对方记下了车牌号、单位等情况后，才勉强同意放行。吉普车在走到望花区一条铁路时，正有一列火车驶过，这辆不争气的吉普车突然制动失灵，一下子撞到列车后节车厢上。火车疾驶而去，吉普车却再也无法行驶了。车上受伤的同志急忙向团部报告了情况，团里又派运输连副连长曹玉德开着"嘎斯"车第二次去沈阳求医。

《我为雷锋拍照片》，纪念雷锋，也纪念张峻

我和张峻合作的这本《我为雷锋拍照片》在2013年3月完成，2013年7月由春风文艺出版社出版。我和张峻大哥联手合作这本书，献给关心雷锋、愿意了解雷锋、愿意学习雷锋的朋友们，这是我们一片诚挚的心意。同时也希望这本书作为宝贵的历史资料留给后人，永远存档于史册。

雷锋是一个时代的典型，更是一个周身涌流着热血的青年，是一个在我们身边真实存在过的活生生的普通人。通过张峻点点滴滴的回忆，通过雷锋生前事迹的写真与图证，人们完全可以确信这一点。

可惜的是，在这本书即将付印的时候，即2013年3月5日毛主席为雷锋题词发表50周年纪念日这一天，张峻大哥出席沈阳军区纪念雷锋座谈会，在座谈会上发言时突发心梗，因抢救无效而不幸逝世。因为是纪念题词发表50周年，从2月以来，张峻大哥先后在北京、抚顺等地出席多个纪念雷锋的活动，接受武汉、长沙等地

2013年3月5日，张峻在沈阳军区深入开展新形势下学雷锋活动座谈会上发言，这是他生命中的最后影像

各种媒体的采访，并忙碌于出版自己编辑的雷锋明信片等事情，特别劳累。开会前一天，他上午10点从鞍山赶到沈阳，还马不停蹄乘坐出租车应邀到抚顺出席雷锋中学的一个活动。在参加沈阳军区纪念雷锋座谈会前，鉴于他已是82岁高龄并且刚因心脏病出院不久，领导劝他不要作报告，出席一下就行了。但他坚持走上讲台，给大家作了他人生最后一场精彩的报告。"虽然我已是耄耋之年，我还是把有限的生命继续投入无限的'留住雷锋'的事业中。"这是张峻大哥留给人间的最后一句话……

于是我们合作的这本书表达了纪念雷锋，也纪念张峻的心愿。

第三章

在新时代,
把雷锋精神的种子
广播在祖国大地上

★

历史进入了新时代，雷锋精神集中体现为社会主义核心价值观和志愿精神。志愿形式成为学雷锋的新形式，并逐渐走向常态化、制度化，吸引力和感召力进一步增强。2014年3月4日，习近平总书记给"郭明义爱心团队"回信时勉励他们："雷锋精神，人人可学；奉献爱心，处处可为。积小善为大善，善莫大焉。""希望你们努力践行社会主义核心价值观，积极向上向善，从'赠人玫瑰，手有余香'中感受善的力量，以实际行动书写新时代的雷锋故事，为实现中国梦有一分热发一分光。"2018年9月28日，习近平总书记在辽宁省抚顺市参观雷锋纪念馆时指出，雷锋是一个时代的楷模，雷锋精神是永恒的。2021年9月，党中央批准了中央宣传部梳理的第一批纳入中国共产党人精神谱系的伟大精神，雷锋精神被纳入其中。

在这一时期，我更多地参与了学习、宣传雷锋和雷锋精神的实际活动。比如给一些大、中、小学和街道、社区、企业、部队、机关群众讲述雷锋的事迹和雷锋精神是怎样确立的，都有哪些组成部分，面对面地让广大群众特别是青少年朋友深知雷锋是我们这个时代不过时的楷模。我也应一些报刊之约撰写他们需要的、我也想写的有关雷锋和雷锋精神的稿子。如给《中国报告文学》杂志撰写中国学雷锋活动来龙去脉的《洪流万里》，给《解放军文艺》撰写《雷锋初到军营》，给《芒种》撰写《青春的光芒》，给《人民日报》撰写《让雷锋无处不在》，等等。我也更多地接触和联系到雷锋的知情者，了解和掌握了有关雷锋更多的过去鲜为人知的生动素材，更准确地把握雷锋成长和雷锋精神形成的真实过程和颇多细节。我还应沈阳军区《前进报》领导之邀约，撰写了记录军区部队四十年学雷锋活动的长篇综述《坚持不懈的伟大工程》，发在2003年2月10日《前进报》头版头条。

1996年3月4日上映的电影《离开雷锋的日子》，讲述了雷锋的战友乔安山因一次意外造成雷锋去世，随后乔安山留下一系列不是雷锋又恰似雷锋的事迹。电影让正要淡出人们视野的雷锋和雷锋精神再次成为热议的话题，尖锐地触及了现代社会生活中人们对道德状况的关注。由乔安山体现出的雷锋精神，带给人们极大的震撼和温暖。2001年，一曲《东北人都是活雷锋》红遍大江南北。郭明义的出现、罗阳的出现，并且以郭明义和罗阳等新的雷锋式人物为主人公的作品，如黄传会的长篇报告文学《国家的儿子》在读者中产生巨大反响。从2015年3月至2022年3月，中宣部连续公布七批全国学雷锋活动示范点和全国岗位学雷锋标兵。这是运用榜样的力量，不断深化拓展岗位学雷锋活动，推进学雷锋活动常态化，使这项活动更加多样化、具体化，让雷锋精神渗透到人们的生产生活各方面，把雷锋精神的种子广播在祖国大地上。

央视把镜头对准抚顺

2013年3月不是一个寻常的月份，毛泽东等老一辈革命家为雷锋同志题词发表50年了，50年就是半个世纪呀！

多家媒体为了这个日子策划和安排了自己的活动，有的甚至提前一年就开始了行动。

2012年2月14日，我接到中央电视台编导陆海宁的邀约电话。陆海宁是中央电视台3套节目的一位编导，我们的相识是有故事的。2006年8月17日，对于我是一个特别的日子，这是我的处女作《给阿拉伯的小朋友》这首二十四行抒情诗发表48周年纪念日，由此我走上文学之路。

这天晚上，我一位战友张蒙邀我和来沈阳参加"中国诗歌万里行"活动的诗人叶延滨、雷抒雁等人在沈阳金城汉斯啤酒城小聚。小聚后我们又赶到中街大舞台观看民间艺人的表演，在观看表演时我接到一个电话，是央视3套《电视诗歌散文》栏目主编陆海宁打来的。陆海宁是毕业于中央戏剧学院导演系戏剧导演专业的硕士。她说给我发短信，我没回，其实是我没看到。我赶忙看了她的短信：

"您好，胡世宗老师，我是中央电视台《电视诗歌散文》栏目编导、主编陆海宁。您现在是否在沈阳家中？我有工作想和您一议，方便请回信，我致电您，谢谢！"电话里她说，要选播我的长征诗，并做现场采访。我告诉她，这组长征诗是参加解放军文艺出版社组织的"长征笔会"时写的，和我同时参加"长征笔会"并一道重走长征路的还有海军诗人陈云其和空军诗人马合省。如果您采访，最好同时采访我们3个人。海宁同意了我的这个建议，她让我提供了陈云其和马合省的联系方式。我很快把相关资料发给了海宁，并且很快就商定了哪天在北京录节目，一切都准备好了。

2006年9月7日，在军事博物馆里一组红军和战马的雕塑前，对着镜头，分别开始了我们3个人的回顾讲述。我们讲述的总标题是《不可忘却的长征》。在我的讲述中穿插着瞿弦和朗诵我的《沉马》、徐涛朗诵我的《雪葬》、晏积萱朗诵我的《向着火红的小果子》。这3首长征诗经几位表演艺术家的倾情朗诵，达到了异乎寻常的强烈效果。海宁亲自选取资料片里的镜头，完美地体现出这几首长征诗的思想内涵，让我感动不已。

这个节目播出之后引起强烈反响，《解放军报》文化新闻部编辑曹慧民邀青年军旅作家雷从俊共同写了一篇较长的报道，发在《解放军报》和《中国电视报》上；中国电视艺术出版发行总公司还向海内外发行了《不可忘却的长征》这张专辑。

因为有了这样合作的经历，又出于这样的友情和信任，陆海宁编导后来有这方面的撰稿事情就想到我，比如纪念八一建军节，让我撰写《铁军》电视片的解说词，我都没有推辞。

还说回2012年2月14日陆海宁的电话。她邀请我跟她及她带的一个摄制组到雷锋的家乡湖南省长沙市望城区写一个有关雷锋的节目。她让我跟她去湖南四五天，为他们这个雷锋摄制组撰稿。我说，写雷锋上辽宁来呀！辽宁是雷锋精神的发祥地，雷锋当工人在鞍山、弓长岭，当兵在辽阳、营口、抚顺、铁岭、沈阳，特别是在辽宁抚顺成长，雷锋精神也是在这儿形成、成熟、完善的。我陈述了剧组到辽宁来、到抚顺来的种种益处。海宁说，她也知道一些，可是听说抚顺近来有关于雷锋的两台晚会都扎堆儿了，接待上会有种种不便。我下保证似的说，我在抚顺有熟人，接待上没有问题！我放下她的电话就给焦凡洪打了过去。焦凡洪原在驻哈尔滨那个集团军就是创作骨干，在《人民日报》上发大半版的报告文学，当时军区政治部好几个部门"盯"上了他，我建议他到军区政治部文化部来。他来之后开始当干事，当文化处长，当宣传部分管文化工作的副部长，此时在抚顺军分区当政委，是抚顺市委常委。他很重视管辖单位的文化建设，还曾请我和铁源等人给他们军分区机关和所管的各武装部的同志们上文化课呢！我把陆导的意思跟他说了，他听说后一口应承，表示没有任何问题，请他们来吧。首先军分区保证一台拍摄用的面包车。同时凡洪说他可以与市委、市政府主要负责同志讲这个工作，相信一定全力给予支持。凡洪说，他派一个干事杨万峰全程陪同，遇到什么问题解决什么问题。

在永安桥上，我打开了灵感的闸门

我给雷锋团副政委周道海打电话说了这件事，他正与《东北后备军》杂志主编颜培华在沈阳毓英楼——也是沈阳军区政治部幼儿园的招待所里写雷锋团学雷锋的连续报道稿呢。我说了央视一个摄制组要去雷锋团采访，包括到雷锋班采访的事，他也是一口应承，说没有问题。

第二天，我就到毓英楼与周道海、颜培华见面，他们在一起挖掘雷锋和雷锋团的新素材，撰写长篇通讯。我和周道海说好，在雷锋团采访的活动，多给协助。道海说一定与团里政委说好。这时陆海宁告诉我，他们后天就到沈阳，从沈阳桃仙国际机场直奔抚顺。

当时雷锋团的政委是王洪刚，他原是集团军组织处处长。他说，今年不知为什么媒体来采访的人特别多，现在报名来的就有50多人了。但他明确表示，非常欢迎我和陆海宁编导来团里采访，他说他将派人接待我们。很快，雷锋团干部股股长孙铁柱就给我打来电话，说政委让他来协助我们解决采访中遇到的问题。

我先住进了抚顺的友谊宾馆，宾馆接待人员以雷锋团的干部战士居多，因为仅中央媒体到雷锋团采访的准确人数就有48人。焦凡洪特意来宾馆看我，他带人派车，毫不含糊。抚顺市委宣传部的黄迎伟帮助我联系安排了陆导他们来之后除雷锋团之外对乔安山、陈雅娟、张平等几位的采访日程。

陆海宁一行到抚顺住下后，周道海亲自给他们讲雷锋和雷锋团的情况，使他们对这里的采访有个大致的基础了解。

晚上，大家一起去看抚顺夜景，特别是美丽的永安桥……

我开始构思这部电视专题片从哪儿导入。

是啊，在这严寒的日子里，我又一次来到抚顺这座城市。

我站在人来车往的永安桥上，思绪的大门骤然打开！

从东向西横贯这座城市的奔流不息的浑河，此刻正值冰封季，竟然变得如此宁静。这条河是这座城市的命脉，她见证了清王朝的发祥，见证了我国煤炭和石油工业的迅猛发展，也见证了一个英雄战士的茁壮成长。

半个世纪之前，这片土地上牺牲了一位年轻的汽车兵，却凝结和升华了朝阳般以他名字命名的伟大精神。这个士兵的名字，就叫雷锋。

《学习雷锋好榜样》的歌碑，让我忍不住讲一个奇妙的经历

雷锋牺牲之时，我正在长白山脚下的一个步兵连当兵。我曾以战士的身份写下许多歌唱雷锋的小诗，表达自己向榜样靠近的意愿。

"学习雷锋好榜样，忠于革命忠于党……"

我和摄制组走进雷锋储蓄所，来到雷锋纪念馆塑像前，特别是在一个角落，我看到了《学习雷锋好榜样》的歌碑，那庄重的大石头上刻写着这首歌的歌词和简谱。

这首歌是我 1963 年在连队当兵时学会唱的，半个世纪的时光就这样匆匆走过了，此刻，这熟悉的旋律又在我耳畔响起来了……

1977 年，我曾在解放军文艺社帮助工作，在《解放军文艺》编辑部协助编辑李瑛编诗，那时《解放军文艺》《解放军歌曲》两本刊物在总政机关大楼的同一层楼里。我曾与《解放军歌曲》编辑、词作家洪源共同生活了半年，他给我讲述过当年《学习雷锋好榜样》诞生的奇妙经历。

那时，洪源和作曲家生茂都在北京军区战友文工团从事创作，在毛主席"向雷锋同志学习"题词发表后的日子里，团里组织文工团员上街宣传，洪源承担的任务是朗诵雷锋的日记。可领导又说，咱们是文工团，要做出自己的贡献哪，创作组赶快写首歌吧！于是，

《学习雷锋好榜样》的词作家洪源

写歌的任务就落到了洪源和生茂的头上。洪源写词是出了名的快手。他对我说,当时满脑子都是雷锋,雷锋事迹那么多,一时不知从哪儿写起。就在他酝酿歌词的时候,有两个字电光石火般闪现出来,这就是"榜样"!榜样的力量是无穷的,雷锋就是个好榜样。毛主席题词就是给我们树立榜样啊!灵感来临,洪源奋笔疾书,仅用两个小时就把歌词写出来了。生茂呢?把洪源的歌词拿到手,连午饭也没顾得上吃就开始谱曲,他也是仅用了两个小时,就为洪源的歌词插上了音乐的翅膀。文工团歌队的同志们立即集中学,边学边唱边走到大街上,他们热心地向群众教唱。这首歌好听,又道出了大家的心声,一下子就传唱开来,一唱就唱了半个世纪!

洪源 1930 年出生，至今（2022 年）92 岁了！他曾在解放军前线剧社和第六十三军文工团当过创作员、编导，在北京军区歌舞团当过创作员。

洪源对我说过："每个人都要像雷锋那样，从身边做起，从小事做起。莫因善小而不为，莫因恶小而为之。"

"特别像"的雷锋塑像，一路带着人们的敬意而来

我们一起走进雷锋生前所在团，我走向这尊被与雷锋相处过的战友们称之为"特别像"的雷锋塑像。只见雷锋面带永恒的微笑，仿佛刚刚给孩子们作完报告归来，心中响起《唱支山歌给党听》的旋律，步履轻盈地向我们走来……

这是我国著名雕塑家、鲁迅美术学院庞乃轩教授的作品，他为雷锋塑像分文不取。这座雕塑是一曲凝固的歌，它凝聚着创作者对雷锋的尊崇和热爱，也凝结了寓意十分深刻和独到的构思：塑像高 6.018 米，意味着雷锋 1960 年 1 月 8 日入伍；底座高 3.5 米，代表着毛泽东在 1963 年 3 月 5 日发出"向雷锋同志学习"的号召；广场环绕雷锋塑像的圆形花坛内径长 2.2 米，象征着雷锋 22 岁那永恒的青春！这座雕像于 1996 年 8 月制成后，从沈阳的鲁迅美术学院运到抚顺营区，需要穿过 9 个交通岗和收费站。那一天，雷锋班的战士们穿上了崭新的军装，早早来到了鲁迅美术学院。由于塑像超高，路上被一名交警拦住。但当他看到车上运的是雷锋雕像时，立即敬了一个举手礼，并向上级报告，让这之后的几十公里路程一路绿灯，所有的交警都在路边岗位上向雷锋塑像敬礼致意。出租车主动让路，行人则以敬仰的目光投向载有雷锋塑像的车子，目送它远去……

走进"雷锋"军营,我感到雷锋从未离去

我怀着敬仰之心走进雷锋连、走进雷锋班。

啊,这间宽敞明亮的宿舍,就是著名的雷锋班。这张床,就是著名的雷锋铺。坐在这儿,我思绪万千,半个世纪的风云匆匆掠过,雷锋那青春而忙碌的身影,仿佛又闪现在我的面前。

我看到柜子里收藏着那么多的信件……

每天,每天,雷锋班都收到很多信件,信从全国各地飞来,从八旬老翁到少先队员。半个世纪以来,雷锋班收到的群众来信约有48万封。

这些信,飞来时像纷飞的雪片,飞来后便堆成了小山。雷锋班的战士起早贪晚,每封来信都认真拆看。这是一颗颗炽热的心,异常珍重,不可轻慢。每一封回信都是官兵们亲笔书写,而不去敲他们早已习惯的打字键盘。一封封回信飞向了海角天涯,感受心灵的默契,回应真诚的呼唤……

一茬茬雷锋班的战士们,自觉地传承着老班长的精神。

我听雷锋班的战友们合唱《学习雷锋好榜样》,听他们唱自己的"班歌"——《雷锋的传人是我们》。这首雷锋班班歌出自曾任雷锋班副班长的李峰威之手。李峰威1988年入伍,1990年创作这首歌,词和曲都是他写的。班里的战士至今仍喜欢唱这首歌,歌声里洋溢着他们的骄傲与自豪之情。

在当代中国,没有哪一个普通人能像雷锋那样具有超时空的广泛影响;没有哪一个普通人能像雷锋那样家喻户晓、深入人心;没有哪一个普通人能像雷锋那样被持续宣传这么久远;也没有哪一个

雷锋手迹

英雄模范能数十年得到从党和国家领导人到平民百姓众口一致的赞誉和热爱。

雷锋，只是一个平凡的战士，他和我们中间的任何一个人一样普普通通。在他短暂的一生中，没有什么惊天动地的业绩，也没有战火硝烟中的壮举。他遇到的事情，我们每个人都会遇到。他所做的，都是常人经过努力可以做到的。我们怀念和崇敬这位年轻的士兵，不是因为他有伟大的发明、不朽的著作或辉煌的功勋，而是在他身上感觉到一种美好的存在，体会到一种可以被普通人汲取的精神力量。

我听到雷锋纪念馆的几位解说员徐璐、张蕊、艾佳昕、乔婷娇高声演唱《学习雷锋好榜样》，乔婷娇是乔安山的孙女呢！4位女兵在唱，在青春最靓丽的时光，选择了终生的榜样，我们唱，我们唱，唱出我们的追求和向往……

我来到这宽大的训练场，新兵们在老兵班长带领下进行着队列训练，在无风的冷天里，竟然尘土飞扬……刚穿上军装还未戴上帽徽和领章，就毅然把心中的偶像高唱，端正身姿，迈开大步，雷锋，就走在我们前方……

又走回到雷锋的雕像。就是这座雕像。还是这座雕像。

在雷锋的光照下，雷锋团的干部战士在健康成长。是啊，是啊，雷锋团的每个成员，都是一颗闪光的星，学习雷锋好榜样。

人们说，50年来，从这个英雄团队走出去两万余名官兵，没有一个违法乱纪的，有90%以上的人被录用为公务员，有50%以上的人被提拔到科级以上领导岗位。他们"散似满天星，聚是一团火"，这是一团越燃越旺的火，一团永不熄灭的火！

行走在抚顺，最冷的季节也是春风扑面

走在宽阔壮美的浑河大桥上，我在思索呀、思索……

雷锋曾成长于这片土地，他在这里度过了最美好的青春年华。

抚顺，这是一片孕育英雄的热土。抚顺，这是一座学习英雄、歌唱英雄、蕴含无比丰厚的城市！抚顺，这是一个很容易触"雷"的城市！

虽然有寒风扑面，可是我有足够的理由感受到强劲的春风，在吹拂着，在鼓荡着……

我驱车巡行在这条冰冻的河流之畔，思绪的大门越敞越开……

这是东北，这是冬季。摄制组在此时此地遇到了问题，天太冷，摄像机电池很快就没电了。

海宁让我进入镜头，我说我不行。海宁说你行！没事儿，有我

们呢！节目需要你入镜。我说我这衣服也不行，海宁立即脱下了她的红色羽绒服给我穿上，她穿上我的老式羽绒服。她说这就行了！摄像师傅试了试，说行！

在拍摄抚顺夜景时，我们到了一个大厦的 20 层的一个小屋，外有拐把子高墙。打开玻璃窗，外面的寒风很硬、很冷，摄像师陈雁斌竟扛着 30 斤重的摄像机拍摄浑河和城景。他站在拐把子高墙的拐点，得有人拉住他的衣服和腿脚，以防发生意外。

我们到抚顺站去拍"雷锋号"，即沈阳—抚顺城际客运队伍，出乎意外的顺利。车队领导出来欢迎，热情招待，一遍遍地组织车辆排队行驶，非常主动地配合。

晚上很晚才吃晚餐。这是焦凡洪用余白肉大酸菜热汤给疲劳辛苦的北京摄制组的客人缓缓严寒的浸透。

我晚上加班加点写出文字稿，马上就传给海宁，她边看边想着还需要拍摄什么、什么时间拍。

我走在雷锋公园里那一页页打开的雷锋日记雕刻的边上，边走边思索着，同时发出内心的感慨。

3 月，3 月，火种传播的季节。亿万颗心一经点燃，即使是严冬也不会将其熄灭！

抚顺，这是雷锋曾生活和战斗过的城市呀！

1962 年 8 月 15 日，雷锋牺牲时仅有 22 岁呀。我看见在我行走的路旁，那 22 颗枫叶色的石刻五星……

很凑巧，我们在雷锋纪念馆前现场录制，与一个社区的艺术团共唱了《学习雷锋好榜样》这支歌曲，并与他们进行了朋友式的对话。有一位比我年纪还大许多的长者说，他年轻时学唱这首歌，一直在唱。他深情地给我们演唱了这首他喜爱了大半辈子的《学习雷锋好榜样》。

《学习雷锋好榜样》传唱了半个多世纪,学雷锋的活动像不灭的火种在中国大地上燃烧了半个多世纪。

我在想,一个国家要坚实地挺立于世界民族之林,不但要有独立的经济力量,还必须要有强大的精神力量,要有鲜明的旗帜、共同的理想和目标,否则,只知做"经济动物",只知消费和享受,这个民族不可能在世界上站稳脚跟。

每个民族都有其视为珍宝的精神财富。我们中华民族更是看重自己的思想遗产和道德精华。20世纪60年代初期出现的平凡而伟大的共产主义战士雷锋,就是最优秀的典型人物的一个代表,在他身上凝结着充满时代特色又充分显示个人风格的雷锋精神,是我们中华民族的瑰宝,也是人类文明的丰碑。在今后的岁月里,雷锋精神仍将是我们时代社会坚实的精神支柱之一。

从历史巨大变革和进步中诞生的雷锋精神,曾经顺利地发展,也曾面临一次次的冲击和挑战,几经沉浮,几经褒贬,但是金子就是金子,即使被土埋、被火烧、被水洗,它仍会闪闪发光。有人打出"观念更新"的旗号公开污蔑雷锋,就像在文学界有人贬损鲁迅一样。他们说"学雷锋是一个痛苦的现实",认为雷锋那一套在新的时代已经无用了,而有一些青年根本就不相信有过一个雷锋在这个世界上真实地存在过。多元的人生目标,使一些人自觉不自觉地信服"享乐至上""金钱万能""今朝有酒今朝醉""人的本性是自私的"等五花八门的所谓理念和哲学。

我们说,雷锋不仅属于昨天,也属于今天和明天;不仅属于中国,也属于世界。

此刻,我正在访问的这座城市,与雷锋有着超乎寻常的亲密关联。这里,每一个雷锋传人都在高唱雷锋之歌,并默默地传承着雷锋精神。

采访雷锋战友乔安山,打了一个漂亮仗

抚顺市委宣传部的黄迎伟帮我们协调了刚从北京坐火车回到抚顺的乔安山,乔安山愉快地接受了我们的采访。

2012年2月19日早晨,我与乔安山联系,他说他在某个小区B座9层的一个房间住。我问军分区陪我们采访的杨万峰干事这个小区在什么地方,那时还没有手机导航。杨万峰说他去过,他可

雷锋和乔安山(右)一起学习毛主席著作

以带我们直接到乔安山家。我听说央视4频道的记者和中央媒体《人民日报》《光明日报》，以及新华社的多名记者也安排在今天采访乔安山，我们这个摄制组还要单独与他对话，如果去晚了，大家扎堆儿在乔安山家，就会有太多的不便。这时快捷就是完成任务的保证。雷锋团的毛连东干事带着中央媒体的大队伍统一时间出发。我们这边在杨万峰干事率领下比大队伍提前半个多小时到了乔安山家，乔安山在院子里迎我们，他夫人张淑琴和孙女乔婷娇都在家候着。

这是一个三室一厅的居室，迎面墙上有雷锋和乔安山及战友们的大照片，雷锋和乔安山在中间，照片是黑白的，其余的照片全是彩色的。我看到墙上还有乔安山和郭明义的合影，同一辆自行车，他们二人把着，挺有意思。客厅里有一尊雷锋塑像，不很大，金色的。我和乔安山就在这塑像前，坐在椅子上交谈。我们刚开始录着，大批媒体人马就到了，这就是抢占先机的重要性。如果我们的人稍微耽搁一会儿，晚了一点儿，就很被动了。

乔安山回答了我提问的真实的雷锋在他心目中是什么样子，何时学会《学习雷锋好榜样》这首歌的，抚顺市群众是怎样学雷锋的。他讲得充分而具体，讲到各级领导出席雷锋小学的活动，讲到一位拾荒者捡到40万元现金如数交出找到失主……他回答得比我们想象的要好很多。我们的摄像师在他家拍摄了一些特写镜头，这个"战役"打得非常漂亮！

乔安山是这座城市的一个文明符号。乔安山是雷锋生前最亲密的战友之一。50年前，雷锋和他一起出车，回来洗车路上发生意外，雷锋倒在他的车轮旁。几十年来，他以老班长为榜样，默默坚持传播着雷锋精神。1997年，一部电影使他重新走入人们的视线，这部电影的名字叫《离开雷锋的日子》，这是由我熟悉的作家王兴东编剧，雷献禾、康宁联合执导，吴军、刘佩琦、方子哥、宋春丽主演的片子。乔安山是这部电影主人公的原型，他为雷锋精神的传承做出了自己独特的贡献。全国有29个省、市、自治区都留下了他应邀作学雷锋报告的足迹，他用自己的方式，为我们诠释雷锋精神存在的意义。

从街路到学校加油站体育馆，青春的雷锋一直都在

紧接着，我们采访到另一位采访对象——陈雅娟。

陈雅娟是雷锋传人的另一种代表。她曾是雷锋辅导过的"红领巾"之一。她像雷锋叔叔辅导她那样关心下一代的健康成长，被全国数十所大中小学校聘请为校外辅导员。

在雷锋纪念馆里，我请陈雅娟讲述她以怎样的人生姿态继承雷锋遗志，把雷锋教给她的好思想、好品质传承给下一代。

我边走边采访雷锋纪念馆讲解员高嘉嫒，问这个馆何时所建，面积多大，每天有多少人来参观。小高一一作答，并说她很小的时候爸妈就教她唱《学习雷锋好榜样》，叮嘱她好好学习雷锋。

在抚顺这座城市，你会时不时地、亲密地、幸运地、惊喜地触"雷"！就是你会遇到太多太多冠以"雷锋"名头的场所和事物：雷锋路、雷锋大街、雷锋储蓄所、雷锋小学、雷锋公园、雷锋纪念馆、雷锋体育馆、雷锋号、雷锋加油站，更有雷锋班、雷锋连、雷锋生前所在团……让人不由得心生感动：抚顺的雷锋真多呀！抚顺从2006年开始在群众中评选"百姓雷锋"，这些"百姓雷锋"都是普普通通的老百姓，是群众把他们推举出来的，他们又成为群众学雷锋的带头人。现在"百姓雷锋"已经评选好多届了，若是他们都

站出来,将是一支多么庞大的英雄阵列呀!

诗人程步涛曾写道:"如今/我们的媒体/每年都要公布入选'感动中国'者的姓名/无疑/他们都更具有今天的特征/只是/不知道评选者可曾想过/还应该增设一个名誉称谓/授给雷锋/——这个感动中国/近半个世纪的普通士兵……"

我和海宁带领摄制组在杨万峰干事的引领下来到这座由彭真题写校名的雷锋小学,这是雷锋担任过少先队大队校外辅导员的学校。我从这充满孩子们爽朗笑声和歌声的长廊缓缓走过,望见了春天里满眼青嫩的绿色!雷锋精神的雨露在这儿倾洒,啊,开放得多么鲜艳哪,这祖国的花朵!

在这座小学,思想品德教育被幻化成五种颜色:红色是奉献,橙色是平凡,黄色是钻研,蓝色是团结,绿色是感恩。

在这座小学,也有一年一度"感动雷小"的人物评选,成为他们学雷锋活动的一个亮点。被评为"感动雷小"的人物,都是优秀少先队员中的佼佼者,都是同学们佩服和学习的榜样。

孩子们是祖国的花朵,是民族的希望,也是人类的未来。在他们心底撒下真善美的种子,把雷锋当作他们仰望和尊崇的偶像,这是祖国繁荣、民族昌盛、人类兴旺的千秋大计呀!

我们听雷锋小学喻晓梅书记谈学校学雷锋活动,她说学雷锋是育人的良策。

抚顺这座城市认同平凡中蕴含的力量,认同渺小中蕴含的伟大,它以美德衡量人的价值,以品质看待人的成功,所以它始终高高举起雷锋的火炬。

在河边,我看到牵狗的人、放风筝的人、冰冻江面上滑冰的人、夕阳中走去走来的年轻伴侣……这让我想到:雷锋的火炬辉映着这方精神的沃土，让这座城市更加充满青春的活力，让社会更和谐，让人心更温暖，让老人更安详，让孩子更快乐……雷锋1962年8月15日因公牺牲，距今已半个多世纪。诚如著名诗人臧克家那不朽的诗句所言：

> 有的人活着
> 他已经死了
> 有的人死了
> 他还活着

青春的微笑的雷锋，依然活跃在我们中间！

啊！随缘漫步抚顺城，心潮澎湃踏歌声。仔细听啊跟着唱，句句都是学雷锋！

春潮来了，是的，春潮不可遏制地来了、来了……

2012年2月21日，这是摄制组将返回北京的前一天。晚餐时，海宁突发奇想，她说这样多的内容，做一集可惜了，一定要剪出两集来！辽宁省军区抚顺军分区这样全力支持摄制，要加上这个单位是协拍单位。送走海宁和她的摄制组后，我用两天时间拿出了两集电视片的解说词。海宁看完后连批了3个"好"字，摄制组陈晨也专门打来电话，表示对我写的稿子的称赞，他要了我的简介和照片，说在做节目时会用到。

我写的这两集电视片的解说词，被《抚顺日报》拿去发表了。

2012年3月6日，我接到海宁的信息，说他们老总表扬了咱们这期节目《抚顺·雷锋之歌》，说做得独特，做得有深度。她为此很高兴。

吴锡有的花样学雷锋：让雷锋无处不在

进入3月，天气又温暖了许多。

在2014年3月最初的日子，我与雷锋班第二十二任班长吴锡有再次相见。上一次相见是两年前在北京人民大会堂一个学雷锋活动启动仪式上，这次是在沈阳市铁西区民政局举办的一个学雷锋报告会上。民政局的领导与我要好，知道我和吴锡有相熟，就请我也到现场。吴锡有是报告会的主讲人。上尉军衔的吴锡有已是雷锋生前所在团某连指导员。他作报告不在讲桌的后面，而是手持话筒台上台下随意地走动着。他现身说法，讲自己怎样在雷锋精神感召下一步步成长，真诚坦白，绝无做作，故事与观点契合，没有一句是教训别人的话。

在报告开始之前，他领着我参观了这个可容纳300人的铁西档案馆报告厅，他把自己12年来收集珍藏的与雷锋相关的"宝物"全搬到了报告会现场，那一座座形态不同、质地各异的雷锋雕像，那大大小小有雷锋印迹的宝瓶，更有从1963年开始载有毛泽东主席"向雷锋同志学习"题词的全国全军及各省份的报纸，那一大排发黄的旧报，穿越了半个世纪的历史烽烟，像一面面不畏风吹雨打的旗帜。

还有穿的和用的鞋子、袜子、手表、钢笔、文具盒、饭碗、瓷碟、筷子、车贴、像章、徽章……林林总总，方方面面，都与雷锋相关。多数是吴锡有买来的，也有的是别人赠送的，这可不是十件八件，也不是百八十件，而是1000多种、5000多件！这不是一个企业或单位的收藏，这完全是个人的收藏啊！其中有一个系着红领巾的雷锋塑像，要价数千元，吴锡有软磨硬泡，硬是以1000多元拿下。在他担任连队指导员的时候，在连队里辟出了一间大房子，专门展出这些珍贵的纪念品，让雷锋精神大放光芒。

大冬天的，各连指战员跑5公里越野，吴锡有所在连的干部战士清一色头戴他设计的黑色中有红块并有雷锋照片的线帽，让人眼前一亮！他们连每人都有一条镶有雷锋标志的腰带，早上出操，有时雾霾严重，他们连的口罩上都有雷锋的图案，手机壳上都有雷锋的笑脸。最有意思的是吴锡有把自己收藏的最漂亮的物件拍成照片，制成了54张扑克牌，每张扑克牌上面都有雷锋日记中那些脍炙人口的名言。四川籍战士戴宏达在家玩魔兽上瘾，看魔幻小说上瘾。入伍后，为了遮人眼目，他把小说撕成一页页的，躲到洗手间里去看。吴锡有用雷锋故事小人书启发他，带他玩印着雷锋日记的扑克牌，渐渐地，戴宏达改变了追求的目标，思想素质和军事素质快速提升，在全团背诵雷锋日记大赛中，获得了并列第一名的好成绩。他被选为"重走雷锋路"的成员，从雷锋家乡到鞍山到辽阳到抚顺，并光荣地加入了中国共产党。

想着吴锡有为营造学雷锋氛围所做的一个个细小、扎实而有效的努力，我内心油然而生一种敬意。今天听报告的条桌上每人一杯水，还有一个纸口袋。待回到家打开这纸口袋，却原来是报告人自费制作相赠的一个鼠标垫，右边是雷锋头像，左边是毛主席题词，下面一行小字是吴锡有手书的"弘扬雷锋精神，传递青春正能量"和他的签名。整个鼠标垫的背景是晴朗的天空，有无数只鸽子正展翅飞翔……

这样的经历，这样的感慨，怎能不写成文章传播出去？我回到家，别的事不做，先打开台灯，坐在电脑前激动地操作着，写出了一篇《让雷锋无处不在》的散文，发表在2014年3月15日《人民日报》"大地"副刊版的头题上。

让雷锋无处不在，让雷锋精神发扬光大！自毛主席题词60年以来，有太多学雷锋的美丽风景呈现。

这面镜子是第二十二任雷锋班班长吴锡有收藏的雷锋文化藏品，他经常对着它激励自己

让众人唱响《雷锋日记》：
翻开你的日记我常常在想，
二十二岁的青春是什么模样

雷锋日记还能作为题材来进行歌曲创作？对！在又一个3月5日到来的时刻，新华社解放军分社和新华网举办的"全国首届雷锋日记歌曲创作大赛"落下了帷幕。举办这样的大赛，是继"雷锋的旋律"之后，这两家单位组织的又一次以音乐传播雷锋精神的大型公益活动，是一件很有意义的事。雷锋歌曲，用雷锋日记这样一个独特的角度，在众多泛泛颂扬雷锋的歌曲中，真是独辟蹊径，颇具创意——这是一个非常好的点子！

这是2014年7月，新华社解放军分社和新华网主办了"全国首届雷锋日记歌曲创作大赛"，具体组织者——新华社解放军分社网络中心主任张宝印，邀请我与傅庚辰、羊鸣、胡宏伟、吴颂今等多位专家做这个大赛的评委。2015年3月5日大赛结束，其间共收到500多部征集作品，产生了3名金奖、6名银奖、12名铜奖，另有80部作品获得优秀奖。这次大赛，对学雷锋活动是一个强有力的推动，对净化社会和学习贯彻社会主义核心价值观产生了积极的影响。

因为担任评委工作，我有幸接触到大量的应征作品，仅歌词作品就过百首。应征作品虽然水平不一，但却各有千秋。

像杜建军的《雷锋日记》，有着非常精辟的概括："翻开你的日记我常常在想，二十二岁的青春是什么模样，身材不高却长成一棵大树，生命短暂却铸就了辉煌。啊，雷锋日记，你的每一个字都闪耀光芒，你的每一句话都火热滚烫，你是一面晶莹剔透的镜子，在我们心灵深处闪闪发光……"写得十分深刻而又流畅。

像凌大鑫的《温暖》："地温暖着天，天温暖着地，天地之间便有了多彩的四季。你温暖着我，我温暖着你，你我之间便有了和谐的旋律……"写得十分新颖。

张业军的《榜样的力量》写得很大气。

我还喜欢石甘《雷锋新唱》里这样的句子："彼此帮帮忙，其实很平常，每天大家挺拼的，需要有肩膀……"平实的话，诚挚的情，道出了人们对雷锋和雷锋精神的呼唤。

秦太安的《甜滋滋的"锋"蜜》，非常形象也非常现代，歌中唱道："小时候读过雷锋日记，帮助别人就像帮助自己。那时候小伙伴做好事，就像喝上蜂蜜满心是欢喜……"写得十分真切。

我喜欢安百花《读你》里的归纳："读你我读了千遍万遍，始终不变是爱的奉献……"一语中的。

殷德平的《一砖一石砌高楼》，讲的是平凡也可以伟大的哲理。

郭万里的《最美的日记最美的你》，颂扬的是最美的雷锋让生活更美丽。

杨显群的《有个名字叫雷锋》，把雷锋与珠穆朗玛峰相提并论，很有新意。他歌唱雷锋就是我们心中最高的山峰，并且是从孩子的视角，写爸爸和我都叫他"雷锋叔叔"，表达时光流逝变幻，而雷锋在人们心中的高度却从未改变。

王慧琴的《你想得总是比别人多》，称雷锋一份真诚给冰冷的冬天送来一炉热火，一个微笑甜蜜了生活，一声问候温暖了心窝。诗意很是浓郁。

以上谈到的这些获奖作品，真的是实至名归。应该说，每一首歌词都主题鲜明，构思完整，词句出新，真情动人。我从这些优秀作品中学到了很多东西。

俗话说，文无第一，武无第二。其实在未获奖的作品中，也有太多的思想和语言的火花闪烁耀眼，令人赞叹。

1963年，我入伍第二年，就赶上学雷锋的热潮。我在连队里以一个战士的角度歌颂雷锋，一首首诗发表在军内外报刊上，可以说，我的军旅生涯和创作之旅，是从歌唱雷锋起步的。

我觉得雷锋对于文艺创作是一个超时空的巨大的富矿，我们每个人去探察它，都会获得无穷的营养，也会激发出喜人的灵感，创作出新的篇章去与人分享。

我曾经应邀为一个有关雷锋的展览写了条幅，我把它作为对这次大赛的寄语。这句话就是："雷锋一团火，温暖全中国！"

我参加大赛做评委，收获了一张证书和一份纪念品——带评委彩色头像的充电宝。更主要的是，在全国学雷锋热潮中，有这样一个赛事，凝聚了那么多参赛者的心，产生的优秀作品又及时地推广到广大人民群众中去了，这是多么好的事情啊！

我的提议是真、实、细、新，把"雷锋频道"办好

2014年年底，身居抚顺的军中好友李松涛与我联系，他邀我参加一个活动。他说，抚顺市委宣传部副部长商泽友到抚顺电视台当台长了，他和手下的两位主任张秀丽、朱义奎要来沈阳，请我和他还有王鸣久等人帮助他们参谋一件事。商泽友和台里同志们决定开设一个"雷锋频道"，尽管他们台一共只有3个频道。他们有一个策划方案，想给我们说一下，征求我们的意见。

这个研讨活动如期举行，商泽友和张秀丽等人阐述了他们的创意和想法。这个品牌是全国第一家以雷锋命名的电视频道，汇聚正能量，期望由抚顺走向全国。设立这个频道的宗旨是：弘扬雷锋精神，培育雷锋文化；宣传社会主义核心价值观；宣传中华民族传统美德；宣传社会主义精神文明的建设成果；倡导受众真、善、美的价值追求；努力营造充满大爱的心灵家园。频道的定位是：道德引领，服务民生；雷锋频道，爱心传天下。频道设置构成主要是自办栏目，也有引进节目，还有影视剧场，更有活动及广告。自办的有新闻类《阳光资讯》（日播，20分钟），专题类《与爱同行》（日播，15分钟），专题类《最美身边人》（日播，10分钟），纪录类

《见·证》（周播，15分钟），文艺类《放歌雷锋城》（周播，50分钟）。他们设想的引进节目有《文化中国》《智慧人生》《国学堂》《奋斗》。

我认真地把我的想法打印成发言提纲。我讲了自己对抚顺电视台建立雷锋频道的思考和建议，主要是四点：

一、打造独具特色的雷锋频道品牌

抚顺是不大不小的城市，在全国并不很知名，但因雷锋在这里生活过，我们虽地处一隅，仍可以产生全国影响。

主要是解决"立足"与"面向"的关系问题。当然是立足抚顺，面向全省、全国。把握好两者的比重。

应该全力以赴，做真，做实，做细，做新。

真，就是让人信服。

实，就是接地气、通人气。

细，就是细处见精神。

新，就是一定要摆脱以往的老面孔。老面孔没错，但不受待见。

唯有真、实、细、新，才可以把我们的雷锋频道打造成为品牌。

二、忠诚于雷锋事迹与雷锋精神的宣传

1. 雷锋事迹：当下青少年并不怎么了解，所以不怕重复说，故事、日记、诗文、书信……采取时尚的解读方式，做最基本的最扎实的普及工作。

2. 介绍雷锋研究单位及团体：雷锋研究单位和团体，抚顺很多，还有河南邓州编外雷锋团、雷锋号、雷锋车队、中国雷锋网、雷锋基金会（冷宽）。

3. 雷锋遗物：可以作为一个专栏。已经有的雷锋遗物，可以逐一一介绍,还可以进行广泛的征集。抚顺有很多熟悉雷锋的人,有雷锋工作过生活过的地方,肯定还可以征集到相关遗物。讲述每件遗物里的故事。还有全国众多的雷锋纪念馆,虽然目标一致,却各有不同,完全可以一个一个访、一个一个做。

4. 雷锋传人:又是个挺大的专栏。雷锋传人很多很多,如雷锋班、雷锋连、雷锋团,郭明义、苏宁、罗阳、龙凡、李素丽、徐洪刚、向南林、一届届抚顺的"百姓雷锋"……

5. 雷锋收藏:有关雷锋的书刊、报纸、宣传画、实寄封、邮票、工艺品、徽章、雕塑、日常用品……这里面有太多的藏品值得向大众推介。可采访制作人和收藏人。

三、与雷锋相关人物采访报道

1. 雷锋战友。雷锋班历任班长,他们各自的人生道路和命运如何?他们是怎样把雷锋精神薪火相传的?他们每个人都是举火把的人,他们中的多数人并未见过雷锋,他们是怎样一届届把雷锋精神传承下来的?这是大家想了解的。

2. 雷锋辅导过的学生。陈雅娟、孙桂琴是雷锋辅导过的学生中著名的人物,是大家熟知的人物,她们也有大家并不知道的一面;还有更多的普通学生,他们见过雷锋,也是雷锋辅导过的学生,他们都有什么故事。

3. 写过、画过、拍过雷锋的人。如贺敬之(《雷锋之歌》)、柯岩(《我对雷锋叔叔说》)、陈广生(《雷锋的故事》)、朱光斗(《说雷锋》)、董哲,张峻和季增(拍照雷锋)、洪源(《学习雷锋好榜样》)、季道逵(国画《列车服务员》)、贾六(话剧《雷锋》)、张玉敏(第一个在话剧里扮演雷锋的人)……有关雷锋的戏剧、电影、歌曲、曲艺、诗歌……许多人年纪都很大了,需要抢救性采访,给后人留下一笔财富,这是必须做的工作。

4. 采访雷锋精神研究专家(略)。

四、雷锋与时代,雷锋与世界

雷锋的声音,是时代的声音,他有跨时代、跨时空的影响,他不仅属于中国,也属于世界。这方面的深入探索和研究,应该建立一个"讲坛"连续做。万众说雷锋,每个人都是一个侧面,都有一定的代表性。可以让人们排着队,一个一个说雷锋。这是说不完的一个话题。

要通过雷锋频道持续的、恒久的宣传,诠释雷锋是一个大写的人,是一个优秀的军人,是一个出色的共产党员,是一个老百姓爱戴的人民子弟兵,是我们国家、我们全民族应该效法和学习的楷模。

我把我手上有的自己写的、与别人合写的雷锋书,还有央视做的雷锋节目光盘,赠给了抚顺电视台。

我谈完之后,松涛和鸣久也都认真地把自己的思考与建议做了阐述,他们都讲了很好、很有创见性、很好操作的意见。比如松涛说到主持人,建议一男一女,男的可偏大些,中年人,沉稳、平易、具有历史感;女的可年轻、漂亮、富有朝气、具有现实感。这样一个组合,可成为这个频道的符号。比如鸣久建议每年搞一两次全国性的、有影响力的大型活动,如寻找最美雷锋少年、雷锋诗词大赛等。鸣久说,频道的宣传语不要生硬,要贴近生活、贴近人心,主打"道德力量,民生服务"这张牌。

商泽友说,为雷锋频道开办,他们举办过多个座谈会了,今天这个会是最有分量、最有价值的。他们会认真汲取,好好研究,回去落实。

我觉得很愉快,力所能及地做了自己该做的事。

出席湖北宜昌"雷锋知情人"的一次盛会

这应该是我在人生和雷锋写作路上非常难忘的一个活动。我真的很有幸,被全国学雷锋"两会"邀请出席了2017年8月上旬在湖北宜昌举行的"雷锋见证者话雷锋"的会议。

事先,冷宽将军就亲自给我打了电话,说这次会议十分重要,能把那么多雷锋知情人聚到一块儿,能舍得用好几天的时间就"关门"干这一件事情,谢绝了各方媒体的介入,省去了好多形式上的繁文缛节。参会者都与雷锋有各自不同的特殊关联,静下心来,没有任何功利色彩,在这儿原生态地回忆雷锋,尽可能地还原当时当地雷锋的面貌。一个接一个地讲述,大家都是知情人,也都是见证者。这个活动具有深远的历史意义,这是具有抢救性质的一次会议。

啊,一下子见到这么多"雷锋见证者"

2017年8月6日正式开会。在全国学雷锋"两会"冷宽、高学敏两位将军和李天文主任等人的带领下,雷锋生前战友、工友、辅导过的学生和其他学雷锋代表等50人,从北京、辽宁、内蒙古、山东、河南、福建、江苏等地，冒着酷暑来到湖北宜昌。他们中年龄最大的洪建国老人，当时已经86岁，行动不便，他儿子洪锋和儿媳樊洁从郑州开了7个多小时的汽车送老人来到会议地点。年龄最小的是雷锋辅导过的学生孙桂琴，可她也已经是64岁的人了。

这次会议由李天文主持。冷宽将军就这次会议的重要性向全体与会人员做了精彩的介绍。冷将军说，这次会议，数十人欢聚一堂，共话雷锋，前所未有，让人激动。这是一次具有历史性、创造性、纪念性的会议，将载入我们学雷锋事业的史册。希望我们的后来人，一定要发扬好雷锋精神，让雷锋这面光辉旗帜世代相传，为强国、强军、利民做出应有的贡献。

冷宽将军还介绍了到会的每一个人，如数家珍，因为他对每一个人都非常熟悉和了解，而且介绍得非常有特点，以年份为界。

1955年入伍的：最后一位龙远才，就是给团首长开小车的，在贵州，长年卧床。

1956年入伍的：夏孝栋，曾任三营书记（那时书记就是文书，不是党的书记），后曾任团副政委，与雷锋有亲密接触，多年领导学雷锋，转业到地方当局长，也坚持领导学雷锋。

1957年入伍的：冷宽、季增，给雷锋拍照的共有8位，其中拍照最多的两位是张峻和季增，功不可没；金聚海，曾任营连文化教员，后任团副政委，转业到承德当副局长；蔡云，雷锋入伍后，他在运输连当过副连长。

1958年入伍的：薛三元，雷锋当新兵时，曾给雷锋当班长（另一个给雷锋当过班长的是张兴吉），后当排长；苏永国，曾是连队的文书，与雷锋生活、工作有接触。

1959年入伍的：张时扬，技术营书记，参与办理雷锋入党等手续。

1960年入伍的：庞春学，和雷锋在一个班里工作过，雷锋给他当过班长。雷锋班命名后，继张兴吉之后担任第二任雷锋班班长。当过营级干部，转业到辽阳。经历了大比武时期，与于泉阳（副班长）同时在雷锋班。

乔安山，雷锋开车的助手，《离开雷锋的日子》的原型。

姚德奇，运输连的，后任团政治处主任，转业到邓州，建立"编外雷锋团"。

赵明才，在1961年工程兵先进表彰会上与雷锋结识，互有鼓励。

洪建国，原工程兵机关秘书处处长，雷锋参加过他的婚礼，在小手绢上签名，与雷锋有合影。

李振魁，原工程兵秘书，参加雷锋日记整理和编辑工作。

欧达龙，保存雷锋图片的人。

孙承彦，大学生入伍，任第十一任雷锋团团长，鞍山军分区司令员。组建了雷锋团官兵2300多人的联谊会。

曲建文，第四任雷锋班班长。杨东顺，第五任雷锋班班长。宋若波，第十一任雷锋班班长。

冷宽将军还讲道，雷锋见证者话雷锋是多么不容易的一件事。当前的使命就是，老一代学雷锋人向新一代学雷锋人传好接力棒。

是啊，在当今中国偌大的版图上，在宜昌这片土地上，能聚集这样一群充满正能量的、身份特殊、有重要的历史记忆和历史担当的人，为了一桩神圣的事业，专心致志地深入座谈同一个命题，实在是太令人起敬了。

高学敏将军在讲话中说，冷将军在介绍中只说别人学雷锋事迹，对自己一生学雷锋事迹只字不提。作为他的战友、部下，他对冷将军五十五年如一日学雷锋有着很深刻的了解，并深为佩服。冷将军为这次会议的召开忙了几个月，亲自无数次给老战友及参会人员一再打电话，还主持"两会"领导开了多次会议，每天忙到深夜，对每一个细节认真落实，辛苦异常，是我们学习的榜样。

宜昌，历史悠久，文化底蕴十分丰厚。人们共同期待这支学雷锋团队，一如这美景与江水滋润的巴楚文化，永远富有独具一格的风采，当好雷锋精神种子，在让雷锋精神世代传承中发挥其独特的不可替代的作用。

冷宽将军：我们要当好雷锋精神的种子

大会发言后，冷宽将军讲话。

冷宽将军说：在庆祝建军90周年的日子里，在纪念战友雷锋因公殉职55周年的日子里，在迎接我们党召开十九大的日子里，雷锋生前战友、雷锋辅导过的学生、雷锋日记整理者、雷锋人生三部曲的作者，回忆了雷锋许多鲜为人知的故事，交流了学习雷锋的经验，共同表示了这些老同志在今后学雷锋的道路上，当好雷锋种子的信心和决心，我听了很受感动和教育。大家对雷锋浓浓的战友情，对学习雷锋的责任感，我很受感动。大家交流的意见很重要，很好。争取要出一本书，把大家的意见传播出去。

我相信这样一个会议，对社会常态学雷锋，对个人更好地传播雷锋精神，有长久的、有力的促进作用，这是一次历史性的会议，把50多年学雷锋的体会感悟共同交流，在历史上浓墨重彩地写下一笔。

作为从雷锋团走出的老战士，我要在这个大会上发言。我要终生学雷锋，永远为人民。

我们学雷锋走过快 55 周年了。从 1960 年学雷锋算起已是 57 个年头，学雷锋永远在路上。要终生学，学一辈子。

冷宽将军主要讲了以下三点。

第一，不断加深对雷锋精神内涵的理解，一辈子宣传雷锋。雷锋的人生成长是有一个过程的。雷锋精神的形成也是有一个过程的。农民、工人、战士，是雷锋成长的三个阶段。

第一阶段，从出生到望城县的第一名拖拉机手，是人生起步阶段，打基础阶段，虽然他这时还不满 18 岁，但是已经打下了坚实的思想基础。

第二阶段，1958 年 10 月 15 日到 1960 年 1 月 8 日，将近 15 个月，这个阶段虽然比较短暂，但经锤炼淬火，雷锋已成长为工人一员。

第三阶段，当兵到牺牲，比较完满的程度。大量的日记体现了他的思想。我觉得他思想最高峰，就是"有限"和"无限"。他把为人民服务这样崇高的目标完全作为自己的人生信念，把朴素的报恩上升到全心全意为人民服务的思想境界。

第二，党组织强有力的思想教育和培养。团党委主要做了几点：

一是让雷锋学习毛主席著作，当时大行学毛著之风。

二是让雷锋技术过硬，参加演出队，参加体育训练，回来吃"小灶"，"两忆三查"，因为作报告，技术有所下降，领导及时提醒，规定不经团领导批准，不准外出作报告。最后雷锋的驾驶技术提高很大，安全行驶 23000 多公里。

三是让雷锋防骄破满。事实上，"两忆三查"运动，作雷锋报告，教育了广大官兵和群众，也教育了他自己，坚定了为人民服务的信念。我入伍多年，没有看到这么多首长对一个战士的精心培养。军

胡世宗与冷宽将军（左）在湖北宜昌

区副政委杜平题词，王季语代表工程兵党委赠他《毛泽东选集》四卷，团政治委员韩万金、连指导员高士祥都给予雷锋具体的帮助和提醒。

第三，榜样的力量，雷锋学英雄见行动。在农村学劳模，当工人学孟泰，到部队学黄继光、董存瑞。学理论，学毛著。

雷锋精神的内涵，这些年大家研究得比较多。学雷锋不是学他做一两件好事，不是学哪一方面的优点，是学他好思想、好作风、好品德，是对雷锋精神的全面认识。一辈子做好事不做坏事，一切从人民利益出发，全心全意为人民服务。

一个理想信念，四种精神。我们要不断加深对这个问题的理解和认知。

改革开放后出现价值多元化。党中央提出社会主义核心价值观。维护雷锋典型的纯洁性，就是进入新时期意识形态面临的严峻形势。学雷锋是一个战略工程。坚持社会主义阵地，坚持共产党的领导，这是极端重要性所在。

我们提出"两个一百年"的奋斗目标。雷锋精神既是精神力量，又可以转化为物质力量。从这个高度认识雷锋精神的时代价值和精神意义，我们不仅自己要学，还要传给广大青少年。

我去过"编外雷锋团"，560名老兵，3个营，现在发展到13000多人，就是薪火相传，连宣传部和电视台都加入这个"编外雷锋团"的连排里去了，形成星火燎原之势。

陈雅娟等当种子，起到很重要的作用。从雷锋团走出的老团长、老政委、老班长，在沈阳和抚顺地区举办的活动非常好。

雷锋精神人人可学，雷锋事迹人人可为，要融入每个人的思想行动中。我们走过了50多年的路程，但学雷锋永远在路上。

我们是社会学雷锋的中坚力量，也是学雷锋"两会"的中坚力量，我们肩负重任。

知情者讲出了雷锋当年许多新鲜事

这是一个特别实在的会议,真的就是一个"捞干的"会议。我用我的笔记本电脑忠实地记录每一位参会者的发言。

头一天下午的会由宋若波主持。宋若波是一个聪明、透明、幽默、机智、多才的人。他严格按照冷宽将军说的,就是按会议文件上的名单顺序一位位排队发言。

洪建国:雷锋参加了我的婚礼

第一个发言的是洪建国,他讲了自己和雷锋相处的往事,特别详细地讲述了雷锋参加他婚礼的事情。消瘦的洪建国,眉毛都是白的,但说起当年的岁月风云,仿佛又回到了青春的时光。1960年年初,他由原来的文化干事转为宣传干事。他是一个28岁的大龄青年,张峻和张峻的夫人马桂云给他介绍了同校的老师杨桂兰,经交往了解,1961年7月28日举办了婚礼。那时连一块红绸都没能买到,用的是杨桂兰的一块红绸头巾,后来又用这块头巾做了窗帘。当时把头巾洗干净、熨平,让大家在这块颜色鲜艳的布上面签名。

雷锋与洪建国（右）合影

雷锋出差归来，赶到婚礼现场——工程兵政治部会议室，气喘吁吁地跑到三楼。他是参加婚礼的唯一的一个战士，他把名字签在了红绸中央。

洪建国和杨桂兰给雷锋敬烟敬喜糖，雷锋致歉意，说是路远、路况不好，来晚了，没能及时赶到……雷锋祝他们互敬互爱、白头到老。

86岁的洪建国边讲往事，边用纸巾擦拭自己的眼睛，泪水直往外流。我听了这个当事人讲述的原始而又完整的故事，也感动得眼睛湿润，不断擦拭泪水。

讲述了婚礼的故事后，洪建国又讲述了一段融在血液中的记忆。这是他参加军区宣传报道工作会议，军区宣传部刘部长在会后留下3个专门兵种的到会人员，又强调了一下要宣传的典型，即炮兵的郅顺义、装甲兵的廖初江、工程兵的雷锋，几个大典型都有防骄破满的问题,要特别强调、特别重视。洪建国回来后,向领导做了汇报,也向报道人员做了传达,还专门与雷锋说到这个主题。雷锋非常自觉地在 1962 年 3 月 2 日、3 月 27 日、8 月 4 日的日记中给自己提出了明确的警示目标,达到了自省的目的。

冷宽将军在洪建国讲了一个多小时后,强调了洪建国与雷锋的独特接触和联系。那时部队各级都有专人陪同雷锋出去作报告,团里也有,军区工程兵方面就是洪建国陪同。

蔡云是当年运输连的司务长,他帮我弄清了一个事实

蔡云作为当年运输连的司务长,也讲了与雷锋的交往故事。

蔡云 1957 年入伍到雷锋生前所在团。1960 年和 1961 年与雷锋有近距离的接触。他受高士祥指导员的指派,陪雷锋到地方和兄弟部队作报告。有时坐矿车,有时徒步去。报告的内容,一是苦难家史,二是苦尽甜来的新社会,三是学毛著的体会。

雷锋曾与蔡云到照相馆合影,那个照相馆,季增的夫人曾工作过。雷锋说:"司务长,咱们俩进去照个相好不?"蔡云:"好哇。"雷锋坐在前面,蔡云在后面,准尉军衔。体现了战友兄弟情义。

1961 年 4 月 30 日,当时一米五四个头儿的雷锋排队领军装,他是 4 号的,全团特殊,只他一个人是穿 4 号军装的。一个兵两套。

雷锋说:"司务长,我只要一套就够了。"

蔡云:"这可不行,军装是保证部队训练、施工、生产任务完成的,你得领。"

雷锋:"司务长,咱们国家处于困难时期,我少领一套,上交国家一套。"

雷锋还说到县委张书记对他说过的话，咱们国家穷，一颗螺丝钉也不能随便丢。张书记送他的袜子，他穿了5年，补丁有18块，被战友给扔了，他自己又捡回来穿。

20世纪50年代末，抚顺钢厂要建特钢车间，要求1961年建成，这个任务落给了工程兵团。

5月的一天，蔡云陪雷锋去作报告，见干水沟里躺着一位老大爷。蔡云扶着大爷的头，雷锋找了一个手推车，将老大爷紧急送到医院，一查是脑出血。大爷是西露天矿的工人，没想到，他的儿子带着全家6口人，敲锣打鼓来到连队致谢，还写了"李承元携全家拜谢"的感谢信。

蔡云讲到了我一直没弄清的雷锋把午餐的盒饭让给战友的真实情景。他说当时为连队菜窖搭棚缺草，组织大家到望花区山上割草。路远，中午回不来，每人带盒饭。到中午休息开饭时分，王延堂在小树林里转悠。别人问他："你怎么不吃饭？"他才说早饭和午饭在早上一块儿都吃光了。午饭的饭盒是让自己本人带着，不是集体送来。王延堂吃早上那盒饭时没吃饱，正好发了中午的盒饭，干脆造饱得了，就这样到中午他就没吃的了。雷锋听了，谎称自己喝凉水肚子疼，请王延堂帮他一个忙。王延堂信以为真，就把这盒饭吃了。蔡云说，那个饥荒的年月，只有母亲能把吃的让给自己孩子，很少见有其他人让给别人的。

蔡云证实，那个年月战士伙食标准一天0.39元，一顿饭是0.13元，营以上干部一个月补助2斤黄豆。雷锋找到蔡云，说自己到兄弟部队作报告，发现他们都搞增量法，建议汽车连也可以学着搞，用饭盒蒸饭。为此团里还在他们连举办了现场会。这是雷锋提议向兄弟部队学习的结果。

雷锋与连队司务长蔡云（右）合影

蔡云讲，雷锋还建议买理发工具。买来了没人会理，雷锋利用中午休息的两个小时时间到街上理发店去学。蔡云曾对他说，"你给我推推"，让他大胆试。开始夹头发，过一段时间就没事了。后来发展到一个排一套理发工具。周日雷锋和战友们还到小学去给孩子们理发。

连队施工忙，司务长蔡云更是忙得离不开，正常休假休不了。指导员说："你把家属接来吧，你一时半会儿回不去。"这样，蔡云的妻子抱着半岁的女儿就来到连队了。战友们特别热情，全连官兵都欢迎蔡云家属来队。雷锋出车回来，听到孩子的哭声，是蔡云的女儿吃不饱，哭叫。雷锋拿自己的二两粮票，花了两角八分钱，到军人服务社买了几块饼干。他进屋说了两句话，把饼干放床上就走了。雷锋走后，蔡云想，不能收战士的任何东西。他向连队首长报告了，首长同意他把钱和粮票如数还给雷锋。雷锋哪里肯收哇，可是蔡云说，你不收我得在支部大会上作检查。一听这个，雷锋觉得事情大了，就收下了粮票和钱，说："这点小事，给你带来了麻烦，实在过意不去。"

推荐雷锋做抚顺市人民代表，是蔡云把相关表格送到抚顺军分区的，军人代表统一由军分区报送。接到表格的军分区首长看了表格，对蔡云说："这个战士入伍时间这样短，就成长得这样好，真不简单！你们培养得好哇！"

10月，霜降前，连队储存萝卜白菜，保证入冬后几个月有菜吃。晚饭前要关窖门，早上要打开，每周还要倒垛。雷锋出车回来都主动去看菜窖盖上没有、门关没关。蔡云看在眼里、记在心里，报告给连首长，连首长在大会上表扬了雷锋。

薛三元：雷锋是我要来的兵，我们相处两年多

薛三元是与雷锋关系密切的一个人。他1958年入伍。雷锋当新兵时，他给雷锋当过班长。他们俩都是孤儿，雷锋到四班，是薛三元要来的。班里没有副班长，薛三元让雷锋当学习组长，代理副班长工作。薛三元说："我就是喜欢他，他在地方就表现出色！"1960年7月前，雷锋没接触过汽车驾驶理论。7月，到锦州参加首届比赛，竟然取得了好成绩。

雷锋的社会活动比较多，落下了学习进度，给他一台车让他练，吃小灶。经20多天补练，他的驾驶成绩赶上来了。

投弹30米是及格、35米是良好、40米优秀，雷锋投弹不及格；射击一打就偏，改为以正确姿势扣扳机；驾驶嘎斯车，身高不够，

胡世宗与雷锋的班长、排长薛三元（左）合影

屁股底下垫块方木。

薛三元讲道：雷锋晚上打手电筒学毛著，到车上驾驶室看书。有些事，我"脸黑"，我就唱黑脸，不唱红脸，批评他多些，有时就把他批哭了。

把他批哭的第二天早上，他找我，说："班长，我昨晚没睡好，我不对。"我说："我的方式方法也不好，也有毛病。"

雷锋与我相处两年多，他对我后半生影响很大。我没给雷锋抹黑，我为人做事问心无愧。要维护雷锋形象，我们沈阳、辽阳、营口的战友们联合起来，与给雷锋抹黑的人和事作斗争。

张时扬当年是团里技术营的书记，营书记就如同连队里的文书。他讲雷锋入伍就做好事，打扫团俱乐部前后的卫生，营长给予表扬。到营口火车站给群众扛行李、拎大包、扶老携幼。群众来访表扬雷锋，是张时扬接待的。那时营里都知道运输连有一个爱做好事的小同志。

雷锋推车在小学建筑工地帮忙,被群众发现,是因为他把上衣放在一边,穿背心干活。人家从他的领章看出是汽车兵,就这样找到了汽车连。连里有五六个文盲,雷锋给他们当义务文化教员。雷锋给人的印象是不笑不说话。

苏立国是当年的文化教员,1958年入伍,1959年入党。他讲了当年他写表扬雷锋的稿子送到广播电台播出,给转来3角钱稿费的故事。

乔安山:雷锋是我的贵人、恩人

那天最后一位发言的是乔安山。乔安山讲雷锋我听过多次,但这次是最诚恳、最精彩、最动人的一次,战友们也都这样说。

乔安山讲当年从辽阳到营口部队,从营口部队到抚顺,雷锋去得晚,他到文艺演出队一段时间。在抚顺参加支援社会主义建设,原有个钢厂,要建一个特钢车间,任务重,时间紧。那时候十几分钟就卸一车砖。学开车要学汽车理论。乔安山说:"我没文化,很吃力,干着急。连长和指导员就让雷锋帮助我。为了让我学习好,雷锋给我买了笔记本,买了钢笔。"

乔安山说:"当兵后,我抽烟重。1960年国家经济困难,发烟票,几盒烟不够抽的,就自己卷烟抽。没有卷烟纸,我把笔记本扯下来,一篇儿,两篇儿……这个本越扯越薄。雷锋就问:'你这个本子是怎么回事?怎么少这样多呀!'我说,让我卷烟抽了。雷锋说,你看你,怎么这样不重视学文化呢,一个战士没文化怎么成呢!后来我念书还行,写就写不了,不会写。雷锋教我写我名字,'乔'

怎么写,'安'怎么写,'山'怎么写……手把手教我。"

乔安山说:"对我最大的打击,是理论考试不及格。我与王教员吵起来了,我性格暴躁。我说,我说那么多,你怎么没给我写?王教员说,你也没说那么多呀!说着说着就把教材给扯了!连长、指导员批评了王教员,指出是他教的问题,不耐心,慢慢教嘛。雷锋则对我说,教员是恨铁不成钢,你本人若学习好,能出这样的问题吗?"

接下来,乔安山回忆了雷锋帮他的具体情形。汽车调白金的问题,间隙非大即小,雷锋出招帮他调。

乔安山说:一次和雷锋出车,老熄火儿。那时靠手摇发动,汽车发动机反转,雷锋帮我弄明白是怎么回事,是电路问题还是油路问题。

雷锋帮我学文化、学驾驶,共同学毛主席著作。与我一帮一,一对一,一对红。

一次给九连拉煤,经过抚顺。雷锋驾驶,突然停车,对我说,乔安山,你开吧。车过一个大岭,车在最陡的地方拐弯,我从四挡减到三挡。雷锋摆手告诉我停车!停车!我靠右边紧急刹车。雷锋在车还没停稳的情况下跳下车,原来他看到几个老乡推着菜车上坡。我也赶快跳下车,我们就帮老乡推车。

往回走时,我说,学了"毛选",你能看到老乡遇到的困难。雷锋说,学,就得做,像毛主席教导的,全心全意为人民服务。

这件事让我心服口服。

一次家里来信,我不识字,让雷锋给我看看。他给我念信。母亲病了,雷锋背着我,悄悄给我母亲寄了 20 元钱。20 元钱哪!那个时候 20 元不是一个小数目。我们的津贴一个月才 6 元钱。雷锋一

胡世宗与乔安山（左）、庞春学（右）在湖北宜昌

个月只花几角钱。我抽烟，基本津贴不够花，哪有钱寄给我母亲哪？后来母亲来队里看我，说给她寄的钱，收到后买药治好了病。我听了一头雾水，再一想，一定是雷锋给寄的，就把雷锋找来，告诉母亲，这就是我的班长，他叫雷锋。母亲对雷锋说："你真好。"雷锋拉着我母亲的手说："我是个孤儿，没有亲人，你就是我的母亲。"我母亲在连队的时候，悄悄量了雷锋的脚，知道了尺寸，回去给雷锋纳了双鞋。那是1962年年初的事。

我没文化，遇到了贵人，雷锋就是我的贵人、我的恩人！

我对雷锋有愧疚。对我这么好的一位战友，大哥哥一样的人，我开车造成了他的牺牲！当时我死的心都有。总之是在我工作当中造成班长的牺牲，心里老有一种愧疚感，极大的愧疚感！

1965年我要求复员，刘政委让我到工程总队，后来转业到地方。本来转业应该回鞍钢、辽阳，但我没有回去，怕见到战友。我选择去了铁岭，我不愿让人家知道我是谁。回到家，我父母也谴责我，说班长是多么好的一个人哪……我曾救了一个老人，还救了一个小孩，记者来采访，他前门进来，我后门就溜出去了。我无法回答、无法面对……

庞春学：一当兵我就和雷锋在一起，学雷锋永远在路上

我同屋住着的雷锋班第二任班长庞春学，在第二天的发言中打了头炮。

春学说：1960年1月8日，358名辽阳兵到部队。雷锋名字有个"锋"字，我名字有个"学"字，我与雷锋结下了不解之缘。雷锋在部队努力学习，走在最前面，当了先锋。我要终生向他学习，处处当先锋。我们3个新兵连，驻扎在营口车站后面，住在技术营俱乐部里。我们分到运输连的辽阳兵是45名。

我们一起学开车，我和雷锋还同在一个班，班长张兴吉。5月雷锋当副班长，后来当了班长。直到他牺牲，我与他共处两年零8个月，见证了他从普通一兵到伟大的共产主义战士的历程。

我学雷锋有个好条件：一当兵我就和他在一起。我学雷锋57年了。

庞春学说，讲我与雷锋的两个小故事吧。

我与雷锋，虽没单独在一起照过相，但集体照了3张，今天我带来了两张。

1961年冬训高潮，我患重感冒，高烧超过了40摄氏度。雷锋班长时刻牵挂在心，他请了假，给我买了两瓶水果罐头。三年困难时期，买水果罐头很不容易，是挺大的事。他再三嘱咐我一定好好

配合治疗，一片深情厚谊。部队是大学校、大熔炉。我经受考验，战胜疾病，高烧退了，没办出院手续，便跑回连队。医生追到连队，连长批评我，我没觉得委屈。我把耽误的科目补上来，各项都出好成绩，我被评为"五好战士"，我们班被评为"四好班"。

还有一张是1960年3月18日在营口照的，演出队全体成员。部队文化生活单调，一周看一场电影，所以，团首长组织了战士业余演出队。我们连是后勤处的一个分队，组建了一个演出队，参加会演。15个人，有雷锋，在营口留守处参加演出，排练在抚顺市望花区。有一个节目，群口快板，他担任一个角色，满口湖南味。"海水汹涌浪花翻"，他湖南话就说得不准确。我们演完，雷锋参加团演出队，背台词。"六月施工是雨季，三天两头下大雨"，他把"下大雨"说成"下大米"。让他练，要他说普通话。他普通话水平不断提高。后来节目获奖，照个相，李超群连长在连队，应戴冬帽，战士戴单帽，底下拿奖状的是雷锋，帽檐上扬。照完了合影余兴未尽，雷锋又照了一个拉手风琴的照片，让照相馆师傅写"青春之歌"4个字。我也照了一个2寸立姿的，一直保留至今。雷锋这张照片在《雷锋照片大全》书里有，纪念馆里也有。这照片就是这样来的。

我的感悟，学雷锋要学根本，首先要弄明白雷锋是如何成长起来的。一个普通战士成长为伟大的共产主义战士，主客观原因主要有以下几点：

党的慈母般的关怀，是雷锋成长的阳光雨露。家乡县委书记张兴玉给他讲螺丝钉的作用，对他极为有用。

刻苦学习革命理论，是他成长的重要因素，他把革命理论当作粮食、武器、方向盘。关于木板和钉子，他与我谈过这种善于"挤"

和"钻"的精神。雷锋把书装在挎包里,两年时间学了《毛泽东选集》四卷。我们班开班会,雷锋说,我学完了毛选四卷,懂得了怎么做人、为谁活着。

英模人物的事迹是激励雷锋前进的标杆。雷锋把黄继光画像贴在他的本子的扉页上。

严于律己是雷锋前进的原动力。雷锋顺手在炊事班拿块锅巴吃,炊事员刘太顺说,自觉点!雷锋受不了。看了毛主席语录,赶紧找刘太顺道歉。我问过刘太顺,你是怎么批评雷锋的?刘太顺说,我和雷锋是半开玩笑说的呀,雷锋非常认真地听取别人对自己的批评。

谦虚谨慎是雷锋前进的原因。成绩要记在党的账上,不要记错账。雷锋既是我的好战友,也是我的好兄长,是我前进的榜样,是

喜爱文艺活动的雷锋拉着手风琴,脸上洋溢着青春的笑容

我的好老师。在雷锋的影响激励下,我在部队入了团、入了党、提了干,成了国家机关的干部。雷锋精神改变了我的命运。

退休 20 来年了,我是雷锋精神的受益人,要向社会传扬雷锋精神,让更多的青年人知道雷锋。我退休后到市关工委报到,50 多年来我讲雷锋,足迹踏遍祖国大地。我是雷锋的战友,我学雷锋没有终点,永远在路上。

易秀珍:雷锋当兵时的这朵大红花,还是我给他戴上的。雷锋曾给我写过 4 封信,第四封我没收到

令我最为感动的是易秀珍大姐。参加这个活动,每天每顿吃饭,我们都是同桌。她对我说,雷锋去世 55 周年了,在这漫长的时间里,她经常回忆起往事。

秀珍大姐讲道:我 1958 年 12 月 12 日到东北来,在长沙火车站认识了雷锋。在火车站,妈妈送我,因为是一个南方的小姑娘远赴东北,妈妈和我都哭了。雷锋走过来,对我妈妈叫一声大娘。对我妈妈说,你女儿劝你回去你就回去吧,我们都是去东北的,我们会互相照顾的。我们带着远大的理想和志向,来到了钢都鞍山。

在离开长沙几个小时的时间里,我认识了雷锋,我们分到了一个单位。倒几次火车,第一站到了武汉。我才 17 岁,人小,怕丢了,跟在雷锋他们后面跑。

一开始,我们到了长江大桥。鞍山小组告诉我们,要跟组长一起走,怕我们丢了。第一次坐火车,第一次到长江。看见这样大的大桥,心里有一种说不出的兴奋。雷锋说,啊,看这大桥,全是钢,公路也是钢,这需要多少钢啊!杨必华说,是不是鞍钢生产的?我

洪流放歌 / 我写雷锋60年

1960年1月,雷锋光荣入伍,胸前的大红花是易秀珍亲自为他戴上的

说肯定是。雷锋说，我们即将赴东北参加祖国的工业建设，肩上的责任重大。我们不谋而合地在长江大桥照相，留下美好的记忆。

下午5点，我们开始登上去北京的火车，一路上很高兴，我把想家的事儿也忘了。火车开到北京站了。雷锋问我们："到北京最想去哪儿？"我们说不出来，也不懂，也不知道北京哪儿好看。我反问雷锋："你去哪儿？"雷锋说天安门。我说好吧，大家都说好吧。我们就去了天安门，雷锋仰望天安门，久久不愿离开。警卫战士不让久留。雷锋傻傻地问天安门那儿的警卫战士："毛主席是不是住在天安门城楼上？"警卫战士说主席住在中南海，国庆节才登天安门。雷锋说："怎么能见到毛主席？"警卫战士说："当英雄模范哪！"我们恋恋不舍地离开了天安门。雷锋看天安门前旗杆上的五星红旗，说："是毛主席领导我们建立了新中国呀！"雷锋在这儿照了相，摄影师那儿有摩托车道具，雷锋又骑摩托车照了一张。

我也照了相。农村的孩子很困难，没吃午餐，不舍得花钱，到了火车上才吃旅客餐。雷锋惦记着天安门，他记着警卫战士说的当英雄模范才可以见毛主席。他立志要好好干。

易秀珍继续着她的讲述——

火车又开走了，开向鞍山。一路上，雷锋不但是乘客，还是服务员，他屁股不沾座位地忙着。从那时起，我知道雷锋比我们强得多，我从心眼儿里佩服他，把他当成自己的榜样。

雷锋说："1949年，我们有了国，我才有了家，如果不是解放，我能不能活都不知道哇。毛主席让我念了书，走上了工作岗位。"雷锋有感恩的心，永远感谢党、感谢毛主席、感谢解放军。就这样，我们来到了鞍钢。

1958年10月15日到了鞍钢，车来接我们，我们上了小组的车，

胡世宗与易秀珍在湖北宜昌

被拉到了总厂。我们与雷锋住在同一个楼,雷锋住二楼205房间,我们住三楼,我和杨必华住在一起。雷锋开推土机,杨必华在化验室。雷锋不满意自己的工作,他说:"我到鞍钢是炼钢来了,不是开推土机来了!"主任说,炼钢要焦子,没焦子不能炼钢啊。推土机又大又笨,雷锋猫着腰开,不能直腰,好费劲。推土机一年四季在外面工作,刮风下雨,煤灰都弄到他的脸上,只有牙是白的。雷锋告诉我们,不要怕苦,我们是来建设我们国家的,要吃得苦,这样我们才安下了心。在我们印象里,雷锋就是国家的人,他说话、想事,都站在国家的角度。

雷锋要当劳动模范。他说,我要干出个样子给你们看。一年出徒的合同,他4个月就出徒了,就独立工作了。每天早去晚走,把那么大的一盘机器擦得亮又亮,师傅也不嫌他小了。师傅说:"我带这么多年的徒弟,小雷的干劲儿比谁都大。"雷锋得到师傅们的好评。他在鞍钢多次被评为红旗手、标兵、模范。

当时国家提出要炼出1070万吨钢的目标,大家为此努力着。下班回到宿舍,雷锋不闲着,看书学习,把推土机的书带回宿舍,要学会修理推土机。师傅开玩笑地说:"雷锋一来,我们都要失业了!"这像是开玩笑的话,却是对他的最高评价。

我们也有休息的时候。我们对雷锋说,不要老学习,不要成了书呆子,我们年轻人也要去玩。我们学会了跳舞。我们动员他学跳舞。雷锋有点舍不得时间,不想浪费时间学跳舞。他说要多学点科学文化,掌握更多的知识。

一天下班,看雷锋穿着旧衣服,我说,雷锋啊,你又没有什么经济负担!他三班倒,夜班费、保健费比我们高。我动员他买好点的衣服,一年四季能穿三个季度的。在我们极力鼓动下,雷锋真的到了青年商店,买了棕色的衣服40元,裤子29元,皮鞋19元。他穿上后,我们都说:"你好帅,你好精神哪!"过了不久,他接到老家首长的信,是一位县委副书记给他写的信,让他继续保持艰苦朴素的作风。他就把新买的衣服脱下来了。我们说,我们自己买一套像样的衣服穿是应该的,有什么不对吗?他说,不能丢掉艰苦朴素的好作风。这新买的衣服,他只在开会、照相时穿,平时就不穿了。他这一举动,受到许多人的评论。他的手表是旧的。当时三班倒,24小时都不离人,白天班,下班的时间要掌握,下班如果不掌握时间,工人就回不了家了。赶时间,坐通勤车一定要看手表。当时新的"大罗马"手表170元一块,他买不起,就到修表的地方,花了20来块钱,买了块二手的手表。他花钱都是要掂量的。我们在外乡,自力更生。我是给弟弟妹妹邮学费,过年节要给家邮钱,让爸爸妈妈的日子过得好一点。

几个月后，在弓长岭山沟里盖一个焦化厂，白手起家，很苦。雷锋说："能比旧社会还苦吗？"他说他个子矮是饿的呀。现在再苦也不怕。在动员会上，有人不愿到山沟里去。雷锋说："我是共青团员，我要到最苦的地方去，吃苦是年轻人的必经之路。是党给我生命，供我念书。"他把这些心里的话总是挂在嘴上，他主动报名。领导一想，焦化工地需要骨干分子，让雷锋到那里起带头作用。

易秀珍说，当时我没有去。他给我送了一个笔记本，还写了赠言：船乘风破浪才能前进，人克服困难才能前进。我也要求去。他希望我能到艰苦的地方，就是到弓长岭。我向雷锋学，跟着他干，不久也去了。我们住的是农民搬走后的旧房子，没有食堂，吃饭是在露天环境里，也没有休息时间，下雨天就是休息日。雷锋当了突击队长，当力工去了。修房子盖简易宿舍。用板子、草垫子搭成床铺，二十来人，住一个农民的旧房子，房子中间生壁炉子。板儿炕短，睡觉伸不开脚。毛巾冻得生硬。在这样的情况下，雷锋不叫一声苦，他总是想自己要起带头作用。早上还去帮食堂挑水，一根扁担两只桶，到挺远的一口井去挑水，不好走，一跐一滑的，一担水回来洒得剩了半担，也都是休息时间去挑。雷锋说，在食堂附近打一口井吧，就不用到远远的地方挑水了。在他的倡议和带领下，井打成了。为了节省水，男的到附近水泡子里擦身，女的走得就更远了。雷锋说："我们是国家主人，要处处为国家利益着想。"他得到了"劳动能手""红旗手"的荣誉。他说，谁打退堂鼓都不行。雷锋作忆苦思甜报告，讲7岁失去最后一位亲人，他说，我抱着母亲的双腿失声痛哭。大家也都跟着雷锋哭了，喊着激动的口号。雷锋一家的遭遇是中国千千万万穷苦人民的缩影。

1959年年末，部队上来征兵。雷锋听到这个消息，高兴得不得了。征兵动员报告刚作完，他就找书记，担心自己不行。书记说行。写申请，打报告。有青年人不愿当兵。在这儿当工人，一个月挣40多块钱，到部队一个月6块津贴。雷锋不计个人得失，坚决要参军，他把自己的申请公布到板报上，说要保卫人民的胜利果实。

新兵体检，雷锋身体有点不合格。焦化厂领导也不舍得让他走。雷锋铁了心要当兵，他软磨硬泡，最后当兵走了。雷锋把他不用的东西如棉被等，放在我床上。他说："小易，你替我保管吧。"背后讲，"你别盖那硬邦邦的棉絮了"。那时焦化厂进了720袋水泥。晚上雷锋到调度室看书，调度室有大灯。天要下雨了，工地还有水泥没盖好。那时没有塑料布，有草袋子，稻草编的，盖水泥。不够，把水泥垛起来，雷锋回宿舍把自己盖的被子取来盖到水泥上。雷锋想到国家的财产，从不考虑自己。最后水泥没受到多大的损失。当时我用我棉被里的棉絮换下了他的那个被雨浇了后烤干也硬邦邦的棉絮。我以为他男儿粗心不知道呢，谁料想，他当兵走，把这床被还给我了，说明他知道我把棉絮给他换上了。

雷锋这件事许多人都说过，都知道的，但经过易秀珍这一讲，令人感到是那么生动真切。

易秀珍说了说雷锋捡粪的事。有人说，工人捡什么粪哪，这也不是工人该干的事呀。1959年年末雷锋当兵前，他捡了700多斤粪，送到姑嫂城生产大队。几天后，生产大队知道是工人送的，敲锣打鼓把感谢信送到我们单位。领导一调查，是雷锋捡的。干这事，在有些人眼里，是又脏又失身份。其实是既打扫了环境卫生，又支援了农业生产。

易秀珍接着说，雷锋要当兵了，我送雷锋去当兵。我们俩在外地都没有亲人，只有老乡。我们团支书安排我给入伍的雷锋戴花。我很高兴很情愿地给雷锋戴了花。雷锋送我一个笔记本，上面写："小易同志，生活在毛泽东时代，是何等的幸福啊。"他既鼓励我，也鼓励他自己。

雷锋当兵时那朵大红花是我给他戴上的，我经常为此感到荣幸和自豪。我们一年多的工作生活，建立了兄妹一般的感情。我感到很惭愧。想到雷锋对我的帮助，我没有及时宣传雷锋，心里想着雷锋，却不敢讲自己和雷锋的故事。雷锋那么高大，我这样渺小，我怎么有资格去讲雷锋？以前我做得很不够、很不好！

我打电脑记录易大姐的讲话，她讲得情真意切，让我泪流满面。

在一起坐中巴去宜昌东火车站的一个多小时时间里，我与邻座的易秀珍聊了很多。易秀珍主动跟我聊到雷锋给她写的4封信的情况。第一封信是过春节，雷锋惦记她第一次远离家人家乡在异地过年，怕她感到孤单和难过，便写了这封信。第二封信是雷锋跟她说自己在部队里的情况，也是问候她。第三封信是向她报告自己入党的消息。第四封信易秀珍没有收到。因为当时国家经济困难，"调整，巩固，充实，提高"，许多工厂"下马"了，弓长岭焦化厂也下马了。易秀珍不想回农村，好不容易出来了，也熟悉东北生活了，熟悉工业战线上的工作了，就服从分配到别的小企业了，并且嫁了人。雷锋这第四封信，寄到易秀珍原来的单位了，被易秀珍的工友看到了。这位工友知道雷锋与易秀珍是要好的同乡，便给雷锋写了信，告诉雷锋，易秀珍到别的地方别的单位工作了，易秀珍嫁人了。易秀珍始终没看到这第四封信。后来雷锋告诉她，给她写了信，是别人给雷锋回了信。

雷锋在部队时曾两次到弓长岭看易秀珍。第二次是接到易秀珍工友的信之后，他不相信易秀珍会嫁人，匆匆从部队赶过来看易秀珍。

易秀珍初中毕业，在那时算是有文化的人。她说，雷锋和她一起在长沙车站准备到东北来，她是等上火车时在站台上与雷锋认识的。从上车开始，雷锋就对小易有所关照，包括到武汉，到北京。在北京，雷锋在天安门前拍照，有人也想照，但照一张相是4角钱，拿不出这个钱，或不舍得拿这个钱照相。但易秀珍也和雷锋同样照了一张，不是雷锋照相的那个背景。

雷锋开推土机很辛苦，冬天挨冻，夏天热得要命。易秀珍要看他开推土机，可是雷锋说工作时间以外不准到机器上去，就得工作时间内。易秀珍约两个女友一块儿去看雷锋开推土机，那么大的家伙，雷锋开得很灵活。

我向易秀珍问到雷锋帮助的那个孤寡老人五保户吕大爷。易秀珍说，吕大爷不是孤寡老人，也不是五保户，他是生产队放羊老汉。雷锋入伍时把自己不能带到部队的物品，都放到吕大爷手里了。后来也去看过他，给他带小礼物，就是吃的用的。现在吕大爷的儿子还活着，70多岁了。通过易秀珍的讲述，我更进一步了解了雷锋特别关心的吕大爷个人和家庭的情况。

此次湖北宜昌之行，是我参加全国学雷锋"两会"多次活动中时间最长的一次，眼界大开的一次，见人最多的一次，收获最大的一次，对我学雷锋和写雷锋有着不可估量的重要意义。

陈雅娟：我是雷锋的学生，多荣幸能和他合影

接着陈雅娟发言，她的讲述也引起了人们感情的强烈波动。

陈雅娟说：我听前辈们讲雷锋，我非常受教育。

我是雷锋的学生。我与雷锋叔叔之间有难以忘怀的往事，雷锋对我的一生产生了重大影响。

陈雅娟说，雷锋叔叔离开我们55年了，在我心中他一刻也没有离开。1961年8月，我读小学五年级，雷锋担任我们学校少先队大队辅导员和我们五年四班中队的辅导员。我随老师到部队聘请雷锋和雷锋的几个战友一起做我们的校外辅导员。

我们聘请雷锋做大队辅导员的那一天，是最高兴的。在望花俱乐部，全校同学都在现场坐好了，一宣布解放军叔叔入场，同学们立刻全体起立。有5位解放军走进会场。哪位是雷锋叔叔呢？我猜想是大个子。宣布时，啊，最小个子的这个叔叔才是雷锋叔叔哇。我给他戴上红领巾。我兴奋又紧张，手抖。雷锋和蔼地问我："小朋友，几岁了，上几年级了？"我紧张的心情很快就平静下来了。雷锋叔叔深深留在我的记忆里。

与雷锋叔叔在一起一年的时间，他说一口湖南话，我听不太懂。他不笑不说话，一笑两只眼睛眯成一条缝，内心和外表都是那么阳光。

雷锋说话快，走路快，办事麻利痛快。

他多才多艺，唱歌、打篮球样样都会。

雷锋在做我们校外辅导员期间，留下了这张照片。（陈雅娟深情而骄傲地拿出一张彩色照片，说这是1962年4月中下旬照的，5月30日在《解放军报》头版上刊登了。）多少年来，这张照片一直伴随我。那天，张峻叔叔到我们班采访，他说："同学们，明天给你们和雷锋叔叔照相好不好？"大家异口同声回答："好！"张峻叔叔说："明天要穿最漂亮的衣服哇！"回到家，我翻箱倒柜找衣服，那年代哪有什么好衣服哇。绿毛衣，圆领，连衣裙，粉绫子，扎上了，照镜子，挺好。一夜没睡好，早早起来。妈妈看了说，你穿得鼓鼓囊囊的。我说能和雷锋叔叔照相，就最好了。张峻叔叔拍完照片后，悄悄对我说，再拍张彩色的。一边拍着，我们一边聊天。雷锋叔叔对我说，你以后想当兵就找张叔叔。我高兴极了。这是因为以前有一天我到连队找雷锋叔叔，看到醒目的连环画上，画的是我的辅导员，是毛主席的好战士。我说我一定要当兵，要做雷锋叔叔那样的人。我就问雷锋叔叔，部队要不要女兵？雷锋叔叔记住了我的愿望，帮助我、指引我走上革命道路，实现了多年的愿望。

陈雅娟陷入了对美好少年时代的回忆。她说，我是大队干部，与雷锋叔叔接触比一般同学要多，他曾经送给我两样东西。1962年开联欢晚会，雷锋叔叔说，雅娟，给你个贺年卡。我一看，是新的，上面写着：雅娟小朋友，新年快乐！雷锋还把一张他自己的照片送给了我，我没有展示过。那张珍贵的贺年卡被军事博物馆收藏了。

1962年8月15日，是我一生中最痛苦的一天。为了我们学校开学典礼，8月13日，我作为学生代表，到部队找雷锋叔叔，请他参加我们的开学典礼。一走进雷锋营房，雷锋从车底下钻出来，摘了手套。我告诉他15日是开学典礼，请他参加。他说他一定要赶回来。15日那天，我焦急等待的时候，一个女同学告诉我，陈雅娟，我们的辅导员受重伤了！这个同学的亲人在二院工作，她说雷锋叔叔在医院。我听不进去任何话，我和几个同学立刻跑到营房，见没雷锋叔叔，又到医院，推开门，运输连的高士祥指导员在。高指导员指着我们对在场的首长说，这些孩子都是雷锋生前辅导过的学生。"生前"？什么"生前"？说雷锋怎么能说"生前"二字？这让我们感到极为意外，这时我们才知道雷锋叔叔已经因公牺牲了！我们盼来盼去，盼来了8月15日这一天。早知道这样，我们就在13日那天不离开他了。我们同学都想念雷锋叔叔哇！

8月17日，在抚顺望花区礼堂，我作为学生代表出席雷锋叔叔的追悼和缅怀大会。我们班级表达了对雷锋叔叔的缅怀，扎了一个花圈，每人扎上一朵白花……

1968年6月17日，接到望花区人武部的通知，我当兵的愿望实现了。我当兵是继承雷锋的遗志，一当20年。当兵时，曾到北部边疆执行通信任务，去了3个月。在和平年代，参加了几场战役，受到了锻炼，一生都受益。

1987年，我转业到烟草专卖局工作，从一个科员干起。1989年任专卖办主任兼烟草市场治安派出所所长，1992年担任副局长。这些年，我处理大小案子7000多起，没接受过一次宴请，没有收一分钱的礼，经受住了考验。人常说，常在河边走，哪有不湿鞋？我做到了不湿鞋，因为我心中有一个榜样——雷锋！

陈雅娟说，我坚持20多年帮助一个失足青年，让他接受改造，使他提前两年被释放。

我资助一个穷苦学生，帮助他坚持上学，后来成为大学教师。

我没有忘记老辅导员雷锋对我的教育，把老辅导员雷锋作为自己永恒的榜样。

孙桂琴：为了我照相，雷锋找了两块砖头，垫在我脚下

雷锋辅导过的另一个学生孙桂琴，她的发言如泣如诉，让我禁不住热泪横流！

她说：听了以上的发言，又把我带回了童年。一幕幕往事是那么难以忘怀。

1960年，像过节一样。我们站在校门两旁，迎来十几位解放军辅导员。我听佟俊科校长对我们说，走在前面的就是雷锋。雷锋个子不高，脸色红红的，走起路来格外有精神。红领巾系在他脖子上，他激动得哭了，他说他刚摘了红领巾，又戴上了红领巾！

　　雷锋见到我的一刻，是课间，我在踢毽子，他拉我的手，低头问我叫什么名字。我说了。雷锋知道后又问我吃的饭，穿的衣服，红领巾……哪儿来的？我说是爸买的，妈做的，红领巾是老师戴的。雷锋听后哭了。他低下头，又继续问：幸福生活是哪儿来的？我说是毛主席带来的。雷锋听了很高兴，一下子把我抱了起来。雷锋伸出左手，露出刀疤，讲苦难的童年。我哭了。我上学前，妈妈用花布缝书包，爸爸用木板做了文具盒。可我到学校后，左右一看，同学都是新书包、新文具盒。我就哀求爸妈给我买了个好书包。对比雷锋叔叔的童年，我感到羞惭了，我的生活幸福多了。

　　一次上学差点迟到，我紧赶慢赶，把红领巾拿在手里甩着。这一次，雷锋亲自给我戴上红领巾，郑重地告诉我红领巾是红旗一角，是少先队员的标志呀。从此我一直把雷锋叔叔给我戴过的红领巾珍藏在身边。我小时候长得又小又弱，体育课跟不上，习惯性掉队。雷锋拉我小跑，告诉我，不要怕，坚持下来就好。我坚持着绕操场跑一圈。学校开运动会，短跑我获得第三名的好成绩。这是雷锋叔叔辅导我的结果。

　　到郊区助民劳动，我们不知道草和苗如何区分，我们小孩子不懂事，在田间拔草不注意拔了苗，还一顿打闹。雷锋领我们向农民道歉。我们小孩子不理解，想我们帮他们种地，为什么还要向他们道歉？雷锋耐心地讲，人民的利益高于一切，做了错事要勇于承认错误。让我懂得了如何做人，做一个什么样的人。雷锋说，敬队礼，就代表着人民的利益高于一切。

一次上大字课我忘了带本,想回家取本。雷锋领我到少先队大队部,找了笔和一张用过的纸,在反面用红蓝铅笔打上方格,让我写字用,教育我学会节省,用这样的纸一样可以写出好的字来。交作业时,老师知道了这一切,把我的作业放在前面让大家看。雷锋给我们做了针线包、节约箱。从此我学会了补袜子。节约不仅是为一家一户,这是我们应该养成的好传统、好习惯。

1962年夏天,我到少年之家,那是雷锋叔叔等人捐款成立的一间阅览室。一会儿雷锋叔叔也来了,给我们讲故事。记者来了,雷锋发现我,帮我把书包放到一边,亲切地把我拉到他身边。张峻说,这个孩子太矮了,照不全脑袋,雷锋立即去找了两块砖头,垫在我的脚下。这两块砖,是雷锋的爱心,也成为我成长的基石。

1962年8月15日,恰好是我们学校开学的日子。这一天,同学们听说连队出事了,说雷锋被送到西部医院去了,说再也见不到我们的雷锋叔叔了。全校1000多名师生没有心思上课,我们的班主任老师张桂荣(后更名张赤)还没走上讲台,眼泪就下来了。全班同学哭成一片。

17日这天,抚顺的街道挤满了人,都来给雷锋送别。我作为雷锋辅导过的学生代表,参加了追悼会。雷锋去过我的家,是我们班的两个同学把雷锋领到我们家的。雷锋来我家的时候,我爸爸在劈柴,妈妈喊:"小琴琴,你的雷锋叔叔来了。"可此刻,雷锋牺牲了!我们挤破头到那个院里,我们家5口人扎了5个花圈,送到那个灵堂里。我们跑了20里路,跑到雷锋墓地,控制不住自己,还有另外一些同学。我留下什么纪念呢?我是个孩子,什么都没有。我看到胸前的红领巾,我就摘了下来,其他同学也都摘下来了,12条红领巾连成一个特别的花环,围在雷锋的坟墓上。

这是多么重要的难得的细节呀!听孙桂琴讲到这个细节时,我的眼泪不由自主地流出来了!我是一名军人,是一个作家,这12条红领巾扎成花环的情景,浮现在我的眼前!

孙桂琴说,我后来知道,这个时代和人民都需要雷锋精神。1969年我16岁时,出席学雷锋大会,正开会,一个大人找到我,他说,

穿上军装的孙桂琴

你辨认一下这个小照片,这个孩子是不是你?那是雷锋做我们辅导员时,我怕雷锋想我们,在和平照相馆照了一张1寸的小照片,送给雷锋了。连队在整理雷锋的遗物时发现了这张小照片。我说,这张照片上的人是我。1969年,雷锋班战友让我报名参军。我在洪建国叔叔的努力下,在黑山县参军。雷锋班全班邀请我去。冷宽将军让我铭记雷锋,我度过了几十年军旅生涯……

中午下起了大雨,像孙桂琴的发言引发了人们止不住的泪水……

胡世宗与雷锋辅导过的学生孙桂琴(左)合影

李振魁：雷锋是一个学习型新青年

李振魁曾参与整理雷锋日记。振魁是我在军区政治部同一个机关的同事，他的哥哥李振国是我在一四〇团五连的战友。但我不知道振魁曾为雷锋日记的整理和编辑出版做了那么多的工作。

振魁说：我参加了1972年整理雷锋日记的工作，我在舟桥八十二团，洪建国把我调到工程兵秘书处。我到秘书处跟着洪处长学雷锋，他一直分管学雷锋工作。

雷锋到底写了多少日记？他一共有9个笔记本，其中6册写日记、2册写学习体会，还有一册是入伍之前写的，即在鞍山、辽阳时候写的。他在鞍钢期间也有日记，因多次搬家，很遗憾没有找到。这些日记保留在军事博物馆。欧达龙都逐页拍照。经反复核对，雷锋写了日记161篇、诗文65篇（首）、讲话19篇、书信13篇、眉批78处，总字数13.5万字。

雷锋从什么时候开始写日记？机关有一个干部写日记，雷锋向他学，还向人请教过怎么写日记。他的日记从1957年年初一直写到1962年8月10日，他牺牲前5天，时间跨度5年半。第一个看到雷锋日记的人是办公室方向林，他无意间发现了雷锋日记，包括开展评比大会的讲话提纲。雷锋长期坚持写日记，锲而不舍，给我们留下了宝贵财富。

有人怀疑，说雷锋日记是自己写的吗？是政治需要，搞个写作班子给他写的吧？我作为几次参加雷锋日记整理和选编的人，完全可以证明日记的真实性。雷锋虽然只有小学文化，但他是一个学习型新青年，一切奇迹都可以创造。他带着对旧社会的仇恨，深深感到学习的重要，如饥似渴地学着。他阅读大量诗和小说，自费订阅《人民文学》《中国青年》，看了《鲁迅小说选》《可爱的中国》，看了大量小说和人物传记，走到哪儿都带着书。有时还打手电读书，在湖南就这样，把枕头都烤煳了。

他很早就有当作家的梦想。1958年在《望城报》发表小说《茵茵》，他掌握了写小说的手法；还写有长诗《南来的燕子啊》，曾想写《高玉宝》那样的自传10万字，已写了2万字。还写了一些诗、散文、小说。

他阅读了《怎么做一个共产党员》，自觉树立革命的人生观和世界观。

雷锋牺牲后，两级工作组5次去湖南对雷锋的身世等进行深入的调查。铁一般的事实证明，雷锋日记是他本人写的。

雷锋日记被发现是非常偶然的。当初十团发现了雷锋这个苗子，安排刘家乐重点培养，刘家乐到连蹲点，偶然发现雷锋有写日记的习惯，汇报给韩政委。经雷锋同意把他的日记借到团里看。赵琪处长到工程兵机关汇报，上级了解后非常重视。

沈阳军区前进报社董祖修等人经工程兵王良太主任同意，把雷锋的日记本借到了军区机关。1961年10月21日在《前进报》整版发表出来。

《前进报》发表后，《解放军报》《辽宁日报》和新华社也都发了通稿。

1962年8月15日，军内外各报纸相继发表了雷锋事迹和雷锋日记摘抄。

解放军文艺出版社印行162万册《雷锋日记》。

雷锋日记是否进行了修改？肯定有修改，不是修改一处。改什么了？怎么改的？

一、技术性修改。为了保密的需要，坦克几师，改成"×××部队"；具体人名，不便提到的，一律用"×××"代替，王延堂、乔安山，也改成"×××"；对语意重复的地方适当修改，还有用得不当的标点符号也作了修改。

二、查出处。寓意深刻的名言警句，不注明的，就容易看成雷锋的话，其实有的是雷锋摘录别人的话，比如《唱支山歌给党听》。周恩来曾让邓颖超打电话给《人民日报》总编辑吴冷西，希望报社认真查实，要搞清楚日记中哪些是雷锋的话，哪些是他摘录别人的话，别人的话应注明出处。

三、修正某些误差，记的人物、姓名、职务、时间、地点。大军区机关，有时职务搞得并不是很清楚，有误差的改过来。

四、不合时宜的，如学刘少奇的《论共产党员的修养》，当时正在错误地批判它；如当时受到批判的杨献珍的文章，都因形势需要，暂不采录。

五、表述欠妥的没选入。

六、修改的底线。没写的事，没说的话，不得擅自加入。雷锋日记不得擅自修改。

整理雷锋日记是极其严肃认真的，多处修改，一一记录在案，军区备案。

李振魁说，雷锋日记是雷锋精神的真实写照，要学雷锋必须读他的日记，熟读雷锋日记是必修课。雷锋日记是探求雷锋精神实质的宝典，是记录雷锋成长轨迹的史实。雷锋日记是探寻雷锋心灵世界的窗子，是孕育雷锋文化的源泉。

读雷锋日记要读魂：这个魂就是无我和利他。

读雷锋日记要读情：感恩是基石。

读雷锋日记要读德：为人民服务。

读雷锋日记要读心：赤诚，真情。

李振魁写了一首词：一言以蔽之，诗无我。平凡，非平凡，伟大，真伟大！学雷锋，官也廉，民也富，国也强。

李天文：用雷锋精神做好雷锋事业

李天文作为全国学雷锋"两会"的会长，为此次湖北宜昌会议作了总结。

他首先对这次会议给予了高度的认可，认为这是一次历史性的会议，是一次盛况空前的会议，是具有里程碑意义的会议。与会同志不仅觉悟高、站位高，而且发言质量高。会议充满了雷锋元素，一群因雷锋结缘的雷锋知情者，共同回忆，深情满满地讲述了一个个生动感人的真实故事，即便是茶余饭后，也都在交流着学雷锋的经验，对雷锋精神的理解，以及如何将雷锋精神一代代传下去，等等。会议具有很高的价值，可谓交流广泛、硕果累累。

接下来李天文会长讲了四点收获：

收获一，与会同志真切、生动、深刻的讲述，进一步加深了对雷锋和雷锋精神的认识和理解。

收获二，进一步总结交流了学雷锋的经验和做法。

1. 要有战略定位，坚持不懈，坚定不移。

2. 要着力解决人生观、价值观问题，抓根本。

3. 要坚持以青少年为主体，领导的表率作用很重要。

4. 要适应新形势，与时俱进，在解决问题上下功夫。

5. 要抓典型，促进雷锋精神的推广普及。

6. 要重在岗位上建功立业，在社会上作贡献。

7. 要有可靠的制度保障和有效的运行机制。

8. 要让必要的文化设施长期发挥作用。

9. 要纳入学生教材，发挥作用。

10. 要讲好雷锋的故事，读好雷锋的日记。

11. 要努力实现从精神到物质的转化。

12. 要坚持从实际出发，坚持实事求是的原则。

收获三，学习雷锋，也要学习雷锋见证者。

雷锋的见证者是见过雷锋、与雷锋有过交往、与雷锋有深厚感情的人，也是最早一批学雷锋至今仍在学雷锋的人，是对学雷锋做出贡献的人，是始终不渝宣传雷锋精神的人，是我们身边学雷锋行列中的典型。

收获四，雷锋见证者话雷锋，经过 3 个整天的座谈交流，收获很大，成果丰富，取得了有关雷锋精神的宝贵资料。

李天文会长在总结时还讲到了我发言所说的雷锋精神"四个永"——永不冷漠、永不狂妄、永不放弃、永在成长。雷锋之所以成为雷锋，正是心中有着为人民的事业无私奉献、全心全意为人民服务的坚定信念。我们要以雷锋精神做好学雷锋事业，乘势而上，促进学雷锋常态化。

湖北会议让我知道了一个特别的故事

如果不是参加全国学雷锋"两会"在湖北宜昌举办的"雷锋知情者话雷锋"活动，如果不是与王文阁进行深入的交谈，也许我会漏掉这个重要的不应缺失的人物。

王文阁是从山东省陵县（今德州市陵城区）农村来的一个贫困家庭的孩子。他的家乡是一片碱沙地，天旱一片白。在生活难以维持的情况下，他们全家老小一齐来到了东北抚顺。王文阁是在望花区建设街小学入学的。他们家刚到东北来，人生地不熟的，家里的日子过得依然是紧紧巴巴的。正在念书的王文阁，穿的是山东农村那种陈旧的老式衣服，而且是长辈们穿剩下的。当时又没有好的卫生习惯，全身脏兮兮的，再加上交不起学费，只能依靠街道委员会开具的介绍信减免费用。和王文阁同一学校的孙桂琴的母亲贾佳贤是建设街道一个委的主任，是她给王文阁办了"特困户证明"。因为王文阁是外省转来的，穿戴极为寒酸，有的同学看不起王文阁，甚至还有的同学对他进行讥笑。王文阁自己也觉得没有资格和其他同学一起享受童年的快乐，他幼小的心灵产生了很强的自卑感。

雷锋来学校给同学们作忆苦思甜报告那天，王文阁原本是坐在靠边的一排座位的，吴凤玉老师特意将他调到中间位置，是想让他听得更清楚些。

报告会开始了，王文阁清楚地看到雷锋叔叔就在自己正对面，雷锋讲了好多道理，说明今天的穷和旧社会的苦是没有办法比的，是有本质不同的。今天的困难是暂时的，在毛主席和党中央的领导下，我们能战胜这个困难，社会主义事业肯定会好起来，只要发展生产，我们就不会愁吃愁穿了。雷锋叔叔的报告让王文阁茅塞顿开，一下子明白了很多道理。

王文阁十分感激雷锋叔叔，他多么想单独与雷锋说说自己家里的境况，特别渴望能与雷锋叔叔单独待上一会儿，单独交流一下……

王文阁在寻找机会。这个单独与雷锋叔叔接触的愿望一天比一天强烈，他一定要实现心中的企盼。有一次，他看见雷锋叔叔来学校，去了党支部书记刘桂菊的办公室。他在等待，心里有些忐忑不安。他见雷锋叔叔从刘书记的办公室里走出来，正好身边没有别人，他心中窃喜。他知道自己穿戴破旧，若是让老师和同学们看到自己这个样子就来找雷锋叔叔，他们肯定要批评他。现在没有别人在场，面前只有雷锋叔叔一个人。王文阁大步迎上去，给雷锋叔叔行了一个九十度的鞠躬大礼。王文阁知道自己现在还不是少先队员，他脖子上没有大多数同学都有的红领巾，只能行这样的礼。雷锋开始只顾得往前走，没太注意到这个突然给他行大礼的同学。

当雷锋看到王文阁时，一下子愣住了。没等王文阁开口，雷锋先说话了，他说："小同学，你好！"并主动走过来要拉起王文阁的手，王文阁往后躲闪，想藏起自己的手，这是一双又黑又脏的小手，他担心会吓着雷锋叔叔。他后悔这么唐突地来找雷锋叔叔，自己现在这个样子，这不是给雷锋叔叔添麻烦吗？他正准备跑开，雷锋叔叔看出了他的窘迫，马上抚住了他的左肩，亲切地说："别怕，没关系。"听到这句暖心的话，王文阁才有勇气说出了自己的心里话。雷锋叔叔也丝毫没有嫌弃他的意思，主动握住了王文阁的小黑手，特别亲热地问他是哪个班的。王文阁说自己是一年级一班的，在一楼东头那个教室。

王文阁想继续诉说自己在肚子里憋了很久的话，可是这时竟然全忘了，一句也想不起来，不知说什么好。又是雷锋先开口，他问："你有什么困难吗？"王文阁赶紧说："没有，没有。我只是想问您，像我这样的穷孩子，是不是和您小时候一样？"雷锋特别想给这个小学一年级的小同学的问题一个答案，他耐心地解释说："不，不，绝对不一样。你的家庭现在有困难，是因为目前国家正遭受自然灾害的影响，一时政府照顾不过来；再说，你现在的条件和旧社会的受苦受难是完全不同的。在旧社会，劳动人民过的是牛马不如的生活。今天，你生活在新中国，贫穷只是暂时的，咱们这个社会主义大家庭，只要有党和毛主席的正确领导，生活总会一天比一天好的。要想过好日子，吃好穿好，就得全国人民共同努力，大家一齐动手从事建设，很快就会富裕起来的。"

王文阁听了雷锋叔叔的解释后，虽然不太明白，但直点头。雷锋右手很亲切地搭在王文阁的肩膀上，对他说："你要好好学习，长大了才能掌握科学知识成为对社会有用的人，才能对社会主义建设做出有益的贡献。好了，以后你要好好听老师讲课，好好学习，天天向上，做毛主席的好孩子。还要注意讲究卫生。"说完这些话，雷锋又笑着问道："能做到吗？"王文阁点了点头，非常诚恳地说："能，能，我一定能做到。"

临分手时，雷锋说了一句："我过几天再来看你。"

王文阁想到雷锋叔叔一天那么忙，有多少人需要他的帮助，他都惦记着，今天自己多么幸运哪，能和雷锋单独说这么多的话。雷锋叔叔答应再来看他，这也许只是一句礼貌的话吧。

没想到在一个周六的下午，王文阁刚上完最后一节课，同学们都背着书包放学了，王文阁家里穷，没有书包，用的是妈妈手工做的一个手提布包，他不好意思提着，只好抱在怀里。他刚一走出教室就碰上了雷锋叔叔。

雷锋叔叔一定等他很久了，看见他走出教室，立即迎上来，笑着问他："放学了？"接着说："我看你来了，学习有进步吗？"王文阁内心无比温暖，他回答："比以前有点进步。"雷锋说："这就好嘛！"

他们一边说着，一边往门卫那里走。当走出了校门，雷锋叔叔从他的挎包里掏出4个学生用本——两个算术本和两个方格本，还有一打铅笔，是整整一打——12支呀！雷锋顺手拿过王文阁的手提书包给他装在里面，很郑重地对他说："一定要学好语文和数学。语文学不好，理解能力就跟不上；若是不用功学好数学，科学知识就无法掌握。还有，要在德智体几个方面都能跟上，才能成为好学生，才能成为对社会主义有用的人才。尤其对于科学知识，一定要深钻细研。我给你这些学习用品先用着，以后有机会我再来看你。"

由于雷锋的关怀和辅导，王文阁的学习成绩有了明显的进步，各方面表现都很出色，还当上了班级的劳动委员。劳动委员在劳动方面肯定要带头。有一天学校烧锅炉用煤，雷锋叔叔开车来到学校，下车后，就见王文阁脸上手上都是煤灰，就用手套给他擦。雷锋叔叔告诉王文阁，这次是外出执行任务，顺便来看他。看见他左臂上有少先队中队干部才有的"两道杠"，高兴地说："这次你不用说，我一看就知道你有进步了。以后还要刻苦学习，争取有更大的进步！"这一次，令王文阁更为惊喜的是，雷锋叔叔回到汽车驾驶室里，拿出一套《十万个为什么》递给他，对他说："这套科学丛书是我特意为你买的，拿回去后一定要结合课堂上学的知识用心看，这套书中讲的都是科学知识，对你一定会有很大的帮助，我知道你喜欢看科学方面的书。"王文阁接过这套沉甸甸的书，眼里的泪水止不住地流了下来。他情不自禁地说："雷锋叔叔，谢谢您！"雷锋说："这次你已经用行动谢过我了！"边说边指着他臂上的"两道杠"，脸上洋溢着笑容。

雷锋转身上了车，手握方向盘，从车窗探出半个身子对王文阁说："我祝你能成为对国家有贡献的人。"这次王文阁仍然对雷锋叔叔行了一个九十度的鞠躬礼，因为他刚加入少先队不久，还未习惯行少先队员的队礼。当王文阁再抬起身子时，眼睛里满是感激的泪水。

雷锋在赠给王文阁的书上写道："愿你插上幻想的翅膀，去探索大自然的奥秘，长大成为一名科学家。"

王文阁铭记着雷锋对他特殊的关怀和期望，一直努力，一直努力，很用心地学习科学文化知识，用"钉子"精神在科技领域刻苦钻研，后来取得了丰硕的成果。他的发明已有两项获得国家专利，我曾看到那两个带标号的"实用新型专利证书"都是中华人民共和国专利局颁发的。我觉得王文阁真了不起！

此外，王文阁还因科学发明多次获奖。那些奖项名称也是很专业的，我就不一一罗列了。这都是在雷锋关心培养和期望之下，王文阁个人成长的成果，这些成果不是专业人员是弄不清楚到底有多么重要的。这是雷锋辅导众多学生中一个较为特殊的例子。

雷锋担任校外辅导员时，曾带领孩子们到田间锄草，带领孩子们在公园里做军事游戏，带领孩子们参观连队的内务，带领孩子们做"节约箱"，教孩子们补袜子，告诉孩子们遵守课堂纪律，尊重老师，团结同学，同学之间有了小矛盾要及时解决，不要影响了同学的友谊……

雷锋对王文阁这个家境贫困、有自卑感的孩子，给予了特殊的关心和帮助。这

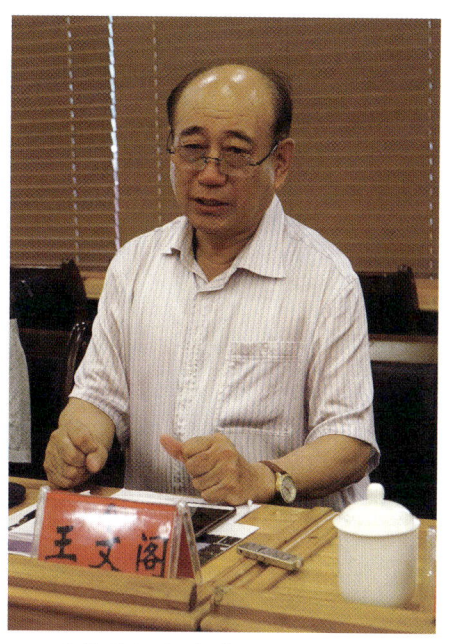

雷锋曾经帮助过的学生王文阁

个小学生喜欢新奇的东西，喜爱钻研科学，雷锋便给他买了《十万个为什么》这套书。这套书在那个年代，是挺贵重的非常大的一份礼物呢！这让我们感受到了雷锋教育孩子是很有针对性的，他的爱心温暖了孩子，展现在孩子面前的是一片光明的前途。

雷锋不管做什么都十分认真而投入。作为一名校外辅导员，雷锋像辛勤的园丁培育幼苗一样，细心引领新一代接班人树立正确的人生观，鼓励孩子们从小事做起，健康、茁壮成长。

我为孩子们讲雷锋

我担任着一些大学、中学、小学的校外辅导工作,也曾是沈阳市关心下一代工作委员会"五老"报告团的副团长,所以我也经常被邀请到一些学校、机关、企业、街道、社区、部队作学雷锋讲座。

我曾应邀到辽宁大学、沈阳大学、辽宁中医药大学、沈阳工业大学、沈阳化工大学、沈阳航空航天大学、沈阳市第四中学、沈阳市第二十二中学、沈阳市第十五中学、沈阳市杏坛中学、工人村小学、兴工街四校、岐山一校、嘉华学校,还有沈阳市档案馆、沈阳市图书馆、兴齐药业、农业银行、光大银行、三隆社区、神瑞社区等作学雷锋讲座。我曾一天里赶场似的到三个单位作报告。我乐于把我了解的雷锋、我理解的雷锋精神讲述给别人,特别是青少年朋友。

我说要把"3·5"变成"365"

一次,我为沈阳市铁西区勋望小学的雷锋中队讲雷锋,我知道勋望小学一直都是区市的重点学校。我入伍前所在的沈阳第二师范学校的毕业生还有在勋望小学任职的呢。那天我到了这所小学，到了讲座现场一看，市、区关工委有关领导来了，铁西区关工委"五老"报告团的全体成员和全区50多所小学的大队辅导员都来了，他们要听我的学雷锋讲座。

在这个讲座上，我没有具体讲述雷锋的事迹，因为大家通过看书、看电视，对雷锋的事迹都会有所了解。我主要讲三个问题：一、雷锋是一个什么样的人？二、我们学雷锋学什么？三、我们怎样学雷锋？

我首先问雷锋出生和牺牲年月日及地点，有十来个同学举手，十分踊跃。一个戴眼镜的小同学回答得非常准确，我送给他一本我写的《赵一曼传奇》，还当场为他签名。我讲到雷锋的国际影响和国内长久的广泛的影响，讲到雷锋精神的几个方面。而雷锋精神的实质是什么呢？就是为人民服务呀！在这个环节，有几个同学抢着回答我提出的问题，我请同学们说出雷锋关于青春的名言，关于"有限"和"无限"的名言，还有"四个对待"即"对待同志要像春天般的温暖……"的名言，还有我没提到的其他名言，他们都回答得很好，都得到了我的奖励。我把带去的我和陈广生2011年12月在春风文艺出版社出版的《雷锋传》都赠送给踊跃回答问题的同学了！

在孩子们怎样学雷锋的问题上，我主要讲了我自己的看法，在现场与同学们进行面对面的探讨，这也是我自己思考的结果。不能机械地照搬照抄学雷锋，不要求简单地复制雷锋做过的好事，如理发、修鞋、搀扶大娘回家……

我给大家讲了一个社会上流传得很夸张的搞笑段子：

"妈，你老人家去买瓶酱油，怎么才回来？"

"没办法,街上学雷锋的人太多!就门前那个红绿灯路口,我被扶过了18个来回,刚过来,又被送回对面!"

"那您是怎么回来的?"

"我实在走不动了,不小心摔倒在地。结果排队等扶我的人一下子全散了,我这才一路狂奔回来。"

前些年,曾有的部队节假日专门派人到车站去做好事,我不主张这样专门去找好事做。我认为,只要心里有雷锋,遇到需要帮助的人和事能像雷锋那样去做就可以了。

我说,不能不看自己的能力去学雷锋。学雷锋要力所能及。孩子与大人学雷锋不能一样,你学雷锋与别人学雷锋也不能一样。比如看到有人落水了,你年纪小,没有能力救人,却跳到水里,这就不妥。比如有老人在路上让车撞倒了,你自己还小,你不知道怎么救助,不会包扎,不会做人工呼吸。你能做的就是马上喊人,可以用手机打"120"喊人急救。再比如遇到歹徒抢银行,或有人骑摩托车抢劫女士的手包,你不可以去追赶,你不具备阻挡邪恶和制止犯罪的能力,但你可以报警,可以叫叔叔阿姨们来制止他们。自己是小孩,不可以冒险做自己做不成的事,帮助别人时也要注意保护自己。不顾这些,弄不好就是帮倒忙!你是小孩子,在帮助别人的时候,要保证自己的安全,这不是胆小鬼,而是因为莽撞冒险将会造成无法挽回的危害和损失!

我说,不能弄虚作假地学雷锋。学雷锋不是摆摆样子的事。网上说一个学校老师让学生回家后都到大街上扫马路,让家长拍照后把照片传给老师,学校要搞学雷锋活动展览,这样做很不对!某电视台找到学校要拍孩子们扫大街学雷锋的镜头,有的同学提出了反对,当时就表示了异议:清洁工已经把地面清扫干净了。上课时间把孩子弄到学校外面摆拍,这不叫什么学雷锋,这是弄虚作假。这样的事情在孩子们的心灵里会留下很恶劣的印象。

我说,不能表里不一地学雷锋。在外面搀扶、照顾老奶奶,和颜悦色,回到家和自己的妈妈、姥姥、奶奶耍小性子、闹小脾气,那怎么行?在学校表现很好,把教学楼的楼道扫得干干净净的,到敬老院给老人洗袜子,回到家自己的小屋到处乱乱的,也不收拾,袜子也让妈妈洗,这就不好。学习雷锋不是让世人都打扮成雷锋那样,做雷锋做过的那些事。学雷锋不一定要学得多么轰轰烈烈,雷锋精神就在生活的点点滴滴之中,做好事不是演节目,不需要有人看见,只要我们有爱心、有责任心,我们真心去做了就可以。

我说,不能形式主义地学雷锋。规定每天做一件好事,一周做五件好事,周六周日可以不做。学雷锋不能这样量化。不能提出数量要求。学雷锋不是任务,不能规定做好事的指标,学雷锋讲道德见行动,最后要落实到行动上。学生以学为主,功课要完成得好。要给需要帮助的人多献爱心。

我说,不能忽冷忽热地学雷锋。学雷锋要坚持不懈。不能"雷锋雷锋没户口,三月来了四月走",也不能"雷锋雷锋我爱你,3月5号想起你,过了这天不理你"。当然,每年的3月5日是学雷锋纪念日,在这一天,在这一天的前后,会更倡导和宣传学雷锋,这也属正常。我主张:

每年都有一个"3·5",

这一天人们心里特热乎,

要把"3·5"变成"365",

让春夏秋冬恒定在一个温度!

鼓励这群特殊的孩子学雷锋"向上"

在众多的学雷锋讲座中,有一次是令我记忆特别深刻的,那便是到辽宁省未成年犯管教所去讲雷锋。

我与沈阳市少年儿童图书馆联系密切,我常去那里参加孩子们的读书活动,也曾在那里给孩子们讲雷锋,也曾由他们推介到一些学校去讲课,讲雷锋、讲长征、讲写日记等。

2016年3月的一天,少年儿童图书馆的鲁利民跟我说,想请我参加一个特殊群体的学雷锋活动,并请我给作一场雷锋报告。鲁利民说的是辽宁省未成年犯管教所将在学雷锋纪念日之前的3月4日举办"雷锋伴我行,走好人生路"活动的启动仪式。我毫不犹豫地答应了。

这个管教所为了深入挖掘雷锋精神的时代内涵,教育引导未成年服刑人员学习雷锋助人为乐的奉献精神和积极向上的高尚品质,倡导勤俭节约、互帮互助、遵纪守法、明荣知耻的良好风尚,举办了这个活动。我和鲁利民在3月4日上午准时来到管教所的礼堂。管教所政委于怡等领导热情地接待了我们,并一起出席了仪式。专门到家里接我和鲁利民的教育科科长陆浩主持了这个仪式。

我看到穿着统一服装的未成年服刑人员步伐整齐地进入礼堂,他们先观看了雷锋图片展,从雷锋的照片中寻找雷锋事迹的闪光点;接着观看了由我撰稿、央视制作播出的《雷锋之歌》上、下两集专题片,片子详细介绍了雷锋生前事迹和雷锋精神的传承,让服刑人员进一步了解了雷锋精神的内涵。随后吴启林副所长为活动致辞,他回忆了从军时对雷锋的敬仰,讲述了学习雷锋精神的意义所在,

胡世宗为辽宁省未成年犯管教所题词,鼓励孩子们学雷锋"向上"

并表达了对未成年服刑人员的殷切希望。

接着由我向未成年犯管教所赠送了《雷锋传》等几十本书籍以及我为管教所题写的一幅字:"向上"。我希望雷锋精神能帮助服刑人员净化心灵、升华品格。为了让雷锋精神更好地传播,于怡政委和我签订了帮教协议,聘请我为特约校外辅导员,并在现场给我颁发了聘书。接下来由我为大家作题目为《雷锋精神》的专题讲座。

我力求用浅显易懂的方式和未成年服刑人员亲切交流。我把他们看成自己的偶然失足的孩子,精心准备了一些书籍,还有我作诗、著名画家聂义斌作画的贺卡等小礼物，赠给积极与我交流的少年朋友。我先提问什么是英雄，谁是英雄，雷锋是不是英雄，他是怎样的一个英雄。用这样容易理解的问题，深入浅出地讲解雷锋精神和雷锋精神的现实意义，让这些失足少年真正明白，如何形成美好品格，只有美好品格才能彰显人格魅力，有了优秀的品质才能体现人生的价值。

在讲座的最后，我事先准备了一首送给服刑的少年朋友的诗，我想告诫孩子们，走过一段错路、弯路并不可怕，只要心中希望之火不灭，真善美之心长存，就一定会走上一条光明的大路。我充满激情地给孩子们朗诵了我这首题为《我们的路》的诗，我真心希望那些不小心走错了路、走了弯路的少年朋友能听到心里去：

我们曾走错了一步
走错了那一步
也许因为太小的岁数
也许因为生活经验不足
也许因为一时的冲动
也许因为一时的疏忽

总之是曾走错了一步
为此，我们内心无比痛苦
可我们还是小苗哇
刚刚出土，刚刚出土
就让霜给打了
没有好好享受阳光和雨露

我们输了一步
并不代表我们全输
是人谁能没过错？
尤其是初生的牛犊
我们改正就是了
下功夫读好社会这本大书

我们走错了一步
我们决不会走错第二步
我们要把错的这步画一个句号
不让错误形成反复
改错需要坚强的毅力
人生还有漫长的路

走好我们的第二步
是很多很多人的嘱咐
有管教诚恳的训诫
有好心人耐心的帮助
有老师、同学和亲人的期待
更有为我们操碎了心的父母

走好第二步
也需要我们彼此的搀扶
大家都向上而不是向下

向上是我们唯一的出路
向下滑何等容易呀
向下滑的势头必须止住

春天的风刮过了窗户
雷锋这榜样既帅又酷
"对同志要像春天般的温暖"
这话说得明确而且质朴
让我们以最大的勇气向上、向上
整个天空的彩霞都在为我们欢呼

我知道，辽宁省未成年犯管教所担负着教育改造未成年服刑人员的重任，在维护监管改造秩序稳定的同时，长期坚持用雷锋精神教育、感化失足少年，激扬未成年服刑人员心中蕴藏的上进心，匡正品行失范，矫正道德缺失，引导他们树立正确的人生观、价值观。我觉得，我能被邀请来这里与服刑的孩子们见面，并与他们面对面交流，真的是令我特别荣幸和特别感动的事情。这样的活动，将使雷锋精神进一步植根于未成年服刑人员的内心，潜移默化地改造他们的品行，使之真正被感化、被教育，明德笃行，用更美好的心灵面向未来、拥抱新生。能为我们社会的精神文明建设和道德风气净化做出自己的微薄贡献，让我有一种欣慰之感。

我把雷锋精神理解为"四个永"

人们都在探讨：雷锋精神为什么是永恒的？雷锋这个时代楷模为什么具备跨时空的意义？雷锋精神归属于人类的向真、向善、向美的总追求，它来源于中华民族的传统美德，同时又是中国共产党先进性的一种体现。

无论是到学校给孩子们讲雷锋，还是给机关、企业、部队、街道、社区的同志们讲雷锋，我都要把我理解、消化、提炼出的雷锋精神"四个永"作为宣讲的重要内容。这是我的一家之言。

我是在习近平总书记讲的"雷锋精神是永恒的"的"永"字上，展开论述的。

永不冷漠

雷锋是一个热心的人，他的脸上总是浮现出发自内心的动人的微笑。永不冷漠，这是他待人处事的总格调。最原始的依据是雷锋日记。

1962年5月2日，雷锋在日记中写道："今天下午我在保养汽

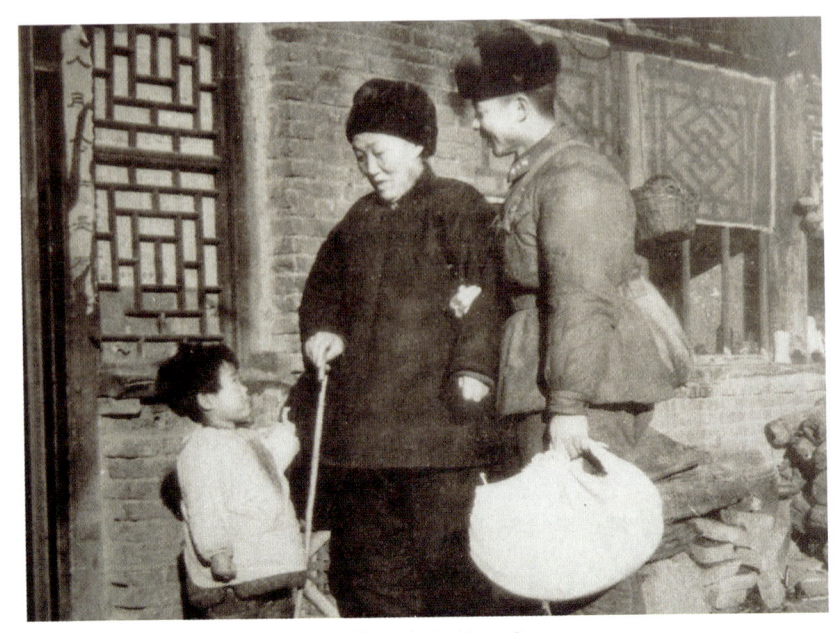

雷锋送老大娘回家

车,突然天下大雨。我正在盖车的时候,见到路上有一位妇女,左手抱着一个小孩,右手拉着一个五六岁的孩子,左肩上还背着两个行李包,走起路来真是很吃力。我急忙跑上前,问她从哪来?到哪去?她说:'从哈尔滨来,到樟子沟去。'她还告诉我说:'兄弟呀!我今天遭老罪了,带两个孩子,还背一些东西,天又下雨,现在天快黑了,还要走十多里路才能到家。现在我都累迷糊了,我哭也哭不到家呀……'我听她这么说,心里很过不去。我想,毛主席说过:'我们的同志不论到什么地方,都要和群众的关系搞好,要关心群众,帮助他们解决困难。'想起毛主席的教导,浑身有了力量,我跑回部队驻地,拿着自己的雨衣给那位妇女,我又抱着她的孩子,冒着风雨送他们回家。在路上,我看那小孩冷得发抖,我立即脱下自己的衣裳给他穿上。走了一小时四十分钟,终于把他们送到了家,那妇女激动地对我说：'兄弟呀，你帮了我，我一辈子也忘不了啊……'我对她说：'军民一家嘛，何必说这个哪……'我离她家的时候，风雨仍然没停，他们都留我住下，我想，刮风、下雨、天黑，算得了什么？一定要赶回部队，明天照常出车。我一边走一边想着：我是人民的勤务员，自己辛苦点，多帮人民做点好事，这就是我最大的快乐和幸福……"

1961年9月11日，雷锋在日记中写道："我接到河南省巩县（今巩义市）驻驾庄公社干沟民办小学一位老师的来信，因河南省近两年遭到了自然灾害，给民办学校造成了一些暂时的困难，要求我给予他们经济援助。对这个问题我的态度是：人民的困难，就是我的困难，帮助人民克服困难，贡献自己的一点力量，是我应尽的责任。我是主人，是广大劳苦大众当中的一员，我能帮助人民克服一点困难，是最幸福的。"雷锋接着写道："我向首长请示，准备卖掉自己的衣服和皮鞋，凑点钱以支援他们办学。可是指导员没有同意我这种做法，原因是衣服皮鞋拿到自由市场去卖，就会违反部队的纪律。因此我没有这样做。左思右想，还是把自己在部队一年零9个月所积存的全部津贴费（壹佰元）寄给了干沟民办小学校，我为人民尽力了，心里也快活了。"

1962年2月5日，雷锋在日记中写道："今天是大年初一，大家都愉快地欢度新春佳节，有的打球，有的下棋，有的同志上街看电影，玩得够痛快……我和同志们打了两盘乒乓球，心里觉得有件什么事没做似的。我想了想，每逢过年过节是人们探家和走亲戚的好日子，这个时候也正是各种服务部门和运输部门最忙的时期，这些地方是多么需要人帮忙啊。"雷锋写道："我向副连长请了假，直奔抚顺车站。我刚到，正好一列火车进站。我看到一位老太太很吃力地背着一个大包袱上火车，我急忙跑上前，接过那位老太太的包袱，扶着那位老太太安全地上了车，给她老人家找了个座位，我才放了心。我要下车的时候，那位老太太紧紧地握着我的手说：'你真是毛主席和共产党教育出的好兵……'我拿着扫帚扫候车室的时候，车站的主任对我说：'你辛苦啦，休息休息吧。'我没有休息。我觉得这是自己应尽的义务。我给旅客们倒开水的时候，他们说：'解放军真好，处处关心人。'我这样做，能使人民群众更加热爱党，热爱毛主席，热爱解放军，这就是我感到最幸福的。"

1961年5月3日，雷锋在日记中写道："今天早上，下着大雨，我因公从抚顺到沈阳。早五点钟从家出发，在到车站的路上，看到一位妇女背着小孩，手里还拉着一个六七岁的女孩去赶车。她们母子三人都没有穿雨衣，那个小女孩因掉进泥坑里，弄了一身泥，一边走还一边哭。看到这种情况，我立刻想起了毛主席教导我们无论到什么地方都要关心群众，帮助他们解决困难。……我急忙跑上前去，脱下自己的雨衣披在那位背小孩的妇女身上，马上又背起那小女孩一同到了车站。上车后，我见那小女孩冻得直打战，全身没有一点干处，头发还在滴水。咋办呢？我摸着自己一身衣服也湿了，急忙解开外衣，发现贴身的那件绒衣是干的，立即脱下来穿在了那小女孩的身上。听她们说没吃早饭就来赶车了，我把早上没吃的三个馒头送给了她们。上午九点钟，列车到了沈阳站。我没顾得肚子饿，又背着那小女孩跟随她母亲，把她们送到家里。我要离开她家的时候，那位妇女紧紧地握着我的手不放，激动地说：'同志！我怎么感谢你呢？'说着热泪滚滚直掉，把我也感动得不知说啥好。'你不要感谢我，应该感谢党和毛主席！'这是我从内心深处说出来的一句话。"

雷锋向灾区捐款

1961年2月16日,雷锋在日记中写道:"今天我没去看剧,在家学习毛主席著作。毛主席教导我们说:'关心党和群众比关心个人为重,关心他人比关心自己为重。'毛主席的这些话,深深地教育了我,使我的心豁然的明亮了。我领到连部发给我的一斤苹果,怎么也舍不得吃,用自己心爱的手绢包了起来,放进了挎包里,心想来了客人给他们吃。今天,学习毛主席著作后,思想变得开朗了,想起了在病院里的伤病员同志,他们在新春佳节的时候,是多么需要人去安慰啊!我是人民的子弟兵,应该去好好慰问那些伤病员同志。把自己领到的一点点吃的东西送给伤病员吃,不是更有意义吗?下午三点钟,我拿着一斤苹果,连同自己写好的一封慰问信送给了抚顺市望花区职工西部医院。"

1961年4月23日,雷锋在日记中写道:"今天早上接到上级首长的指示,要我到旅顺海军部队汇报。上午十点十五分,我乘火车离沈(阳)去旅(顺)。列车上的旅客很多,我看服务员忙不过来,心想,自己是一个共产党员,共产党员的全部任务就是全心全意为人民服务。在这种情况下,我应当做一名义务服务员,为旅客们服务。我把自己的座位让给了一个老大娘,自己在车上找到了一把扫帚,挨个扫完了整个车厢,接着又擦玻璃和车厢,而后给旅客们倒开水。有个老大娘很亲切地对我说:'孩子,看你累得满头大汗,该休息啦。'我回答说:'没什么!'……一个大尉首长站起来握着我的手说:'大家应该向你学习。'我对首长说:'为人民服务这是我应尽的义务。'"雷锋接着写道:"列车在飞奔,旅客们个个心情舒畅,有的打扑克,有的唱歌,有的唠家常,还有的妇女逗小孩,广播员播送各种新闻和好听的歌曲,整个车厢充满了愉快和欢乐。""'旅客们注意啦!现在我们车厢要选一位旅客安全代表。'乘务员说。一位旅客站起来说:'选这位解放军同志,大家同意不同意啊?'旅客们异口同声地说:'好!'我真感到这是同志们对我高度的信任,那么,应该更好地关心大家。和旅客打交道,真是好极了,原先不认识的,也认识了,亲热得像一家人一样,真是有啥说啥。旅客们有事都找我,但我并不感到麻烦,反而觉得荣幸。……"

1961年10月12日,雷锋在日记中写道:"我要牢记这样的话:永远愉快地多给别人,少从别人那里拿取。""今天,我听战友佟占佩说:没有日记本了,手中无钱买,我立即把自己一本最新的日记本送给了他。这仅仅是一点小意思。我愿意把自己所有的东西,包括生命都献给党和人民……"

1961年10月14日,雷锋在日记里写道:"高奎云同志是新调来我班的一个好同志。他出身好,贫农家庭,过去受过苦,现在革命热情高,工作能吃苦。他来自农村,学习少,政治觉悟比较低,对各种问题的看法有时片面……和同志们比较起来是落后了。我觉得这个同志有一个最大的特点,就是敢于改正缺点和错误。从这点来看,还是有办法的。我们班有的同志对他的看法不好,说他是个落后分子,就因他调到我们班,有的同志不大满意……针对这个矛盾,我组织大家学习了毛主席的有关著作。毛主席说:'共产党员对于落后的人们的态度,不是轻视他们,看不起他们,而是亲近他们,团结他们,说服他们,鼓励他们前进。'通过学习和讨论,大家统一了认识,改变了态度。"雷锋还写道:"高奎云同志调到我班第三天就病了。我想起了毛主席的教导:'我们都是来自五湖四海,为了一个共同的革命目标,走到一起来了。''我们的干部要关心每一个战士,一切革命队伍的人都要互相关心,互相爱护,互相帮助。'我觉得自己有重大责任去关心他,体贴他,给予他温暖。一清早,我请卫生员给他看了病,并给他打开水吃药,打洗脸水,给他洗脸,做病号饭送给他吃,把自己的棉大衣给他盖在身上,安慰他好好休息。到澡堂洗澡的时候,我给他擦澡……在生活方面我给予他适当的照顾。他激动地对我说:'班长,你对我太关心了,人心都是肉长的,我再不好好干,也说不过去了。'第四天一早,他就主动地打豆子去了。我们吃早饭的时候,他打了一麻袋豆子背了回来。"

接着第二天的日记中,雷锋这样写道:"今天是星期日,我没有外出,给班里的同志洗了五床褥单,帮高奎云战友补了一床被子,协助炊事班洗了六百多斤白菜，打扫了室内外卫生，还做了一些零碎事……总的来说，今天我尽到了一个勤务员应尽的义务，虽然累了一点，也感到很快活。班里的同志感到很奇怪，不知道谁把褥单都洗得干干净净的。高奎云同志惊奇地说：'谁把我的破被子换走了？'其实他不知道是我给他补好的呢！我觉得当一名无名英雄是最光荣的。今后还应该多做一些日常的、细小的、平凡的工作，少说漂亮话。"

"对待同志要像春天般的温暖"，这就是雷锋人生的第一宣言。他说："我觉得要使自己活着，就是为了别人活得更美好。"他说："人的生命是有限的，可是，为人民服务是无限的，我要把有限的生命，投入到无限的为人民服务之中去……"

雷锋说："凡是脑子里只有人民、没有自己的人，就一定能得到崇高的荣誉和威信。反之，如果脑子里只有个人、没有人民的人，他们迟早会被人民唾弃。"雷锋还说："热情，像熊熊的火焰，是一切的原动力！""有了伟大的热情，才有伟大的行动！"

我们学习雷锋，就要对人充满热诚，永远不要冷漠。

永不放弃

雷锋曾阐述他的"木板"和"钉子"理论。他在日记中写下了这样一段话："要学习的时间是有的，问题是我们善不善于挤，愿不愿意钻。一块好好的木板，上面一个眼儿也没有，但钉子为什么能钉进去呢？这就是靠压力硬挤进去的，硬钻进去的。由此看来，钉子有两个长处：一个是挤劲，一个是钻劲，我们在学习上，也要提倡这种'钉子'精神，善于挤和善于钻。"这就是人们广为称道的雷锋刻苦学习的"钉子"精神。我们可以把这个"钉子"精神放大开来,放大到我们的生活、学习和工作诸方面来。我们在事业上追求一种完美的境界,向往一种理想的目标,倡导一种坚持的精神,保持一种韧性的态度,追寻一种锲而不舍的品格。

1961年1月18日,雷锋在日记中写道:"在我们前进的道路上,不可能不遇到一些暂时的困难,这些困难的实质,'纸老虎'而已。问题是我们见虎而逃呢,还是'遇虎而打'?'哪儿有困难就到哪儿去'——不但'遇虎而打',而且进一步'找虎而打',这是崇高的共产主义风格。"

雷锋对待困难的态度,也具备永不放弃的精神。

1962年5月29日,雷锋在日记中写道:"我接到共青团抚顺市委的通知,叫我参加本市召开的表扬奖励少先队辅导员大会。通知上说,把我也评上了抚顺市的优秀大队辅导员。看完通知,我的

雷锋向孩子们讲述"节约箱"的故事

心好久没有平静。"雷锋说："回想近两年以来，我被聘请为本市建设街小学和本溪路小学的校外大队辅导员后，在党的培养教育和支持下，尽自己的力量，利用业余时间和节假日的休息时间，帮助少先队开展了一些有益的活动，给少年朋友们讲毛主席小时候的故事、战斗英雄的故事，讲新旧社会的对比等，启发他们的上进心和阶级觉悟。"雷锋说："建设街小学有些小朋友爱花零钱，我给他们讲了解放军艰苦朴素、勤俭节约的故事后，对他们有很大启发。为了进一步使他们了解点滴节约、积少成多的意义，我把他们带到部队，搬出自己的节约箱给他们看。有个同学看到我捡的大半箱牙膏皮，便惊奇地说：'哎呀！怎么捡这么多？'我对他们说，这是我平时在水沟里、垃圾堆里一个个捡起来的。站在旁边的一个同学说：'真是滴水成河，积少成多呀。'当场有很多同学向我表示决心，一定做到勤俭节约，不乱花一分钱。过后，他们真的也做了节约箱，捡了不少碎铜烂铁、牙膏皮、螺丝钉等。他们的实际行动，真使我感到十分高兴，同时也使我受到很大启发。我想：孩子们处处向我们学习，那我们更应该好好地听党的话，积极工作，努力学习，提高自己，处处以身作则，以我们的模范行为去影响和教育他们。从此，我便时刻严格要求自己，老老实实地工作，更刻苦地学习，丰富自己的知识。"

把一件事做好、做透、做到底，坚持不懈，平凡的事就做成了不平凡。这就是雷锋人生哲学的辩证法。

闪闪发光的"钉子"精神，曾解读为在生活和工作繁忙中寻找时间读书，体现"挤"劲和"钻"劲。我十分赞同这一解读，同时我把它的内涵和外延都深入扩展了。我认为雷锋无论生活、学习还是工作，都有一种不停顿、不懈怠、不放弃的精神。这种永不放弃的精神，适用于我们各个年龄段、各个职业的人。永不放弃的精神，应当发扬光大！

永不狂妄

我总觉得应该把雷锋的"螺丝钉精神"理解深透并放大和延展开来才对。

每个人都应该摆正自己在集体中的位置，在人群中的位置，在社会上的位置，甚至是在历史中的位置。"螺丝钉"这个诗意的物件，就是对雷锋短暂人生中为人处世方式最好的诠释。

我们每个人是什么？是一个独立的个体，同时也是集体的、人群中的、社会上的这架大机器上的一颗小小的"螺丝钉"。

1962年4月17日，雷锋在日记中写道："一个人的作用，对于革命事业来说，就如一架机器上的一颗螺丝钉。机器由于有许许多多的螺丝钉的连接和固定，才成了一个坚实的整体，才能够运转自如，发挥它巨大的工作能力。螺丝钉虽小，其作用是不可估量的。我愿永远做一颗螺丝钉。螺丝钉要经常保养和清洗，才不会生锈。人的思想也是这样，要经常检查，才不会出毛病。"雷锋说："我要不断地加强学习，提高自己的思想觉悟，坚决听党和毛主席的话，经常开展批评与自我批评，随时清理思想上的毛病，在伟大的革命事业中做一颗永不生锈的螺丝钉。"

1962年6月28日，雷锋在日记中写道："有些人对个人和集体的关系认识不清，因此做工作、办事情、处理问题等，只顾个人，不顾整体。这样，就会给革命造成损失，给集体造成不利。我觉得正确认识个人和集体的关系是很重要的。"雷锋说："我认为个人

1961年2月21日晚上,雷锋在油灯下写学习毛主席著作的心得体会

和集体的关系,正像细胞和人的整个身体的关系一样。当人的身体受到损害的时候,身上的细胞就不可避免也要受到损害。同样的,我们每个人的幸福也依赖于祖国的繁荣。如果损害了祖国的利益,我们每个人就得不到幸福!"

雷锋把个人和集体、和社会、和国家的关系看得多么明白,讲得多么透彻!

雷锋有他明确的高规格的"看齐观"。他在1960年6月5日的日记中写道："要记住：'在工作上，要向积极性最高的同志看齐；在生活上，要向水平最低的同志看齐。'"他还写道："要善于看到别人的长处，并要学习这些长处，对在许多方面都不如自己的人，也要向他学习。因为寸有所长，尺有所短，多向别人的长处看齐，对自己、对工作都会有帮助。"

雷锋有着正确的不与人比的"升迁观"。他在1961年4月24日的日记中，生动有趣地记述了别人的议论和他的真实想法："我到了××部队，好几个战友的眼睛出神地看着我。其中一个同志说：'是雷锋！'另一个上士同志说：'不是，雷锋一定是下士了，哪能还是一个上等兵呢？他可能是雷锋班里的战士吧。'他们都不敢肯定我是不是。和我一同去的同志对他们说：'你们不认识他吗？他就是雷锋。'我笑着和他们握了手，并问好。其中有个战友可有意思，他伸出大拇指对我说：'你是这个，呱呱叫的，起先我们都不敢认你，想必你一定是个下士了。'我笑着回答说：'当兵很好嘛，都是为着一个目标——实现共产主义。'我仔细分析了一下，他们想我一定是下士了，也许我有点'根据'。因报纸上都宣扬过，同时党和首长都很信任，一定要提升得快一些。可是，他们没考虑到工作需不需要的问题，为了党和人民的事业，我总想多贡献一点力量，那些个人的军衔级别，我真没时间考虑。"哈，"没时间考虑"！雷锋的时间和精力花费在全心全意为人民服务上，至于个人的级别待遇这类问题，他是"没时间考虑"的呀！

1961年6月29日，雷锋在日记中写道："'你们有许多的长处，有很大的功劳，但是你们切记不可以骄傲。你们被大家尊敬，是应当的，但是也容易因此引起骄傲。如果你们骄傲起来，不虚心，不再努力,不尊重人家,不尊重干部,不尊重群众,你们就会当不成英雄和模范了。过去已有一些这样的人,希望你们不要学他们。'毛主席的这一段话,对我有很大的启发和教育。十多年来,我在党的不断培养和教育下,提高了政治思想觉悟、树立了为共产主义事业奋斗到底的雄心大志,因此在各项工作和学习中取得了一点点成绩,党和人民给予了我很大的荣誉。自从去年各报刊和广播电台介绍了我的情况以后,收到了全国各地许多青年的来信。今天党对我这样信任,同志们对我这样尊重,我一定要更加虚心,尊重大家,努力学习,忘我工作,时刻牢记毛主席的教导,永远做一个人民的小学生。"

"永远做一个人民的小学生",这就是雷锋发自内心的向往和追求。

下面是在一个月内雷锋的排长和连长与雷锋谈话的内容,这是在雷锋日记里发现的。

1961年9月10日的雷锋日记:"今天陈排长找我谈了一番话,对我的启发和教育很大。从多次的谈话中,使我深知,陈排长是一个直爽、诚实、对同志关心、对革命负责的好干部,这种精神和优良作风,我要永远学习。""排长谈到,据同志们反映说,我工作主观,其事实是:到浑河农场拉菜,我看农场里的同志都已吃晚饭了,心想战友艾起福、何国良出了一天车,比较累,再说午饭吃的早,也可能饿了。我和农场的管理员联系了一下,准备好了饭,叫他们两位司机吃。可是他们硬不吃;说天快黑了,车没有灯,要赶紧回队。我想回去也要吃饭,现在这里饭已准备好了,吃还不一样吗?再三劝他俩吃,最后他俩还是没有吃,我也就和他俩一块儿拉菜归队了。事后他俩说我办事主观。""今天排长给我指出,要我今后办事多和群众商量，注意工作方法。我觉得很好，一定改进。至于其他方面的小缺点，我也要特别注意，加以纠正。有些反映虽然有出入，但我也很欢迎，今后提高警惕，随时注意。""今天我是一个班长，对于战士的反映和意见，丝毫不能轻视，一定要坚决克服缺点，做好工作。"

1961年10月2日雷锋日记："今天连长找我谈话，句句打动了我的心。他说：'火车头的力量很大，如果脱离了车厢，就起不到什么作用。一个人做工作，如果脱离了群众，就会一事无成……'连长的话给了我很大的教育和启发，使我懂得了一个人只有和集体结合在一起才能最有力量。今天我发动了全班同志打扫卫生，由于大家一齐动手，很快就把室内外打扫得干干净净，事实证明连长的话是正确的。今后我无论做什么，一定要走群众路线，依靠群众，发动群众，团结群众，一道为社会主义建设和实现共产主义而贡献力量。"

1962年7月29日，雷锋在日记中还记述了指导员与他的一次谈话。指导员听到别人反映说雷锋在驻地与一名女青年谈恋爱，这本是无中生有的事，雷锋完全可以当面锣、对面鼓地与别人当面对证，辨明真相，澄清误解。可雷锋毕竟是雷锋，他采取的是"有则改之，无则加勉"的正确态度。他这样记述这件事："今天，指导员找我谈话。他说：'雷锋同志，你从三月份离开连队到下石碑山单独执行运输任务，工作很积极，政治责任心强，任务完成的很出色，安全行车四千多公里没发生事故，同时还给人民群众做了很多好事。这很好，要继续发扬……不过，现在有人反映，说你和一位女同志谈情说爱，是否有这么回事呢？你好好谈谈。'从内心往外说，我没有和哪个女同志谈情说爱。指导员提出这个问题，我感到莫名其妙，不知风从何起。首长经常教育我们，无论到什么地方，都要严格要求自己，不要违法乱纪。这些话，我永远也不能忘记，坚决不会明知故犯。""我想：自己年轻，正是增长知识的好时候，应该好好学习，好好工作，更好地为人民服务。我还这样想过：我是在党哺育下长大成人的，我的婚姻问题用不着自己着忙……""现在，有同志说我谈情说爱，没有任何根据，完全是误解。我是个共产党员，对别人的反映和意见不能拒绝，哪怕只有百分之零点五的正确，也要虚心接受。现在有的同志还不了解我，冤枉了我，使我受点委屈。这也没什么，干革命就不怕受委屈。'没做亏心事，不怕鬼敲门'，我没有这回事，就不怕人家说。"雷锋说："事情总会清楚的，让组织考验我吧。"

后来弄清楚是部队驻地有名负责团委工作的女教师，听说雷锋是模范，就想向雷锋学习经验。在马路上遇到雷锋后，两个人就交谈起来，被驻地群众看见，消息就这么四散开来。

雷锋采取的态度是积极的、正当的。这也是不狂妄的表现。

1962 年 3 月 2 日，雷锋在日记中写道："骄傲的人，其实是无知的人。他不知道自己能吃几碗干饭，他不懂得自己只是沧海一粟……""这些人好比是一个瓶子里装的水，一瓶子不满，半瓶子晃荡，可是还晃荡不出来。这有什么值得骄傲的呢？"

1962 年 3 月 9 日，雷锋在日记中写道："我懂得，一个人只要听党和毛主席的话，积极工作，就能为党做很多好事情。但，一个人的力量毕竟是有限的，走不远，飞不高，好比一条条小渠，如果不汇入江河，永远也不能汹涌澎湃，一泻千里。"

雷锋又用小渠与江河的比喻，重申他的小小螺丝钉与一架大机器的关系，警惕自己也劝告别人不可狂妄。

1960年11月27日，雷锋在日记中写道："在今天的授奖大会上，工程兵党委授予我模范共青团员的光荣称号……我真感到十分惭愧。我为党做的工作太少了，仅仅尽了一点点本身应尽的义务，党和人民却给了我这么大的荣誉。我的慈祥的母亲——中国共产党把我哺育大的，要是没有党和毛主席，就没有我的一切。今天我所取得的这一点点成绩，应归于不断培养教育我成长的党和毛主席，应归于热情帮助我进步的同志们。我决心继续努力，保持荣誉，发扬光大……"

1962年2月27日，雷锋在日记中写道："雷锋呀，雷锋！我警告你牢记：千万不可以骄傲。你永远不能忘记，是党把你从虎口中拯救出来，是党给了你一切……至于你能做一点事情了，那是自己应尽的义务。你每一点微小的成绩和进步都应该归于党，要记在党的账上。我一定听党和毛主席的话，把我的青春献给世界上最壮丽的事业——为人类解放而斗争。"

雷锋时刻在提醒自己，取得了成绩和进步，不要记错了账，要记在党的账上，仍然是警惕自己不可骄傲，不可狂妄。

1962年3月24日，雷锋在日记中写道："今天吃早饭，我看到炊事班的饭盆里有很多锅巴，便随手拿了一块吃。炊事员刘太顺同志说：'自觉点啊！'我听了这句话，心里很难受，觉得吃一块锅巴有什么？赌气把那块锅巴放到饭盆里，走了出来。这时，通信员送来了一张报纸。我接过来就看，首先看了报纸上毛主席的语录。毛主席说：'因为我们是为人民服务的，所以，我们如果有缺点，就不怕别人批评指出。不管是什么人，谁向我们指出都行。只要你说得对，我们就改正。'我一口气把这段话念了十多遍，越念越感到自己不对，越念越感到毛主席的这些话好像是专门对我说的，越念越后悔不该和炊事员赌气。我自己问自己：'你多不虚心呀！人家批评重一点，你就受不了啦！'想来想去，我还是硬着头皮跑到炊事班，承认了自己拿锅巴吃不对，并检查了自己的缺点。炊事员感动地说：'你对自己要求这么严，真是好同志……'"

其实这时候的雷锋已经是很有名的先进人物了，也许会有人觉得连里炊事班的同志这样对待他有点过分，有点苛求，有点挑剔。但雷锋自己虽然已经成为一个很知名的典型了，却仍严格要求自己，不让自己因当了典型而特殊化，不因当了典型而放纵自己，一点点也不放纵。这也是雷锋不狂妄的一个证据。

永在成长

我讲雷锋，必讲雷锋精神；讲雷锋精神，必讲"四个永"。在讲第四个"永"的时候，我先按住不说，而是让在座的同学们用"成"字组成一定的名词，并让大家在这些词中挑选自己喜爱的名词。

比如"成绩"，成绩是在工作或学习上取得的一定收获；

比如"成就"，成就是指在事业上获得了比较大的成果；

比如"成器"，成器是指成为有用的人；

比如"成熟"，成熟是指发展到完善的程度；

比如"成功"，成功是达到了预期的结果；

比如"成才"，成才是指成为一个方面或多个方面的人才……

我从这几个"成"引到雷锋境界的一个"成"，即"成长"。我们应该向往和追求"成长"。

鲁迅说过："不满是向上的车轮。"雷锋精神中就有这样的不满足现状的精神。所以"成绩""成就""成器""成熟""成功""成才"……都很重要，但更重要的是"成长"。

1962年3月28日，雷锋在日记中写道："我们要真正学到一点东西，就要虚心。譬如一个碗，如果已经装得满满的，哪怕再有好吃的东西，像海参、鱼翅之类，也装不进去；如果碗是空的，就能装很多东西。装知识的碗，就要像神话中的'宝碗'一样，永远也装不满。"

年纪轻轻的雷锋就懂得"碗不要装满"的道理。一个人一定要预留、要看到、要向往成长的空间。

雷锋在他短暂的生命里，始终重视"成长"二字，他一直在成长着。

我们每个人学习雷锋，无论多大年龄，无论取得了怎样的成绩甚至成就，都应该看到自己仍有成长的空间，不停顿地、努力地、健康地去成长……

永远的雷锋

第四章

雷锋精神是永恒的。
雷锋，我们需要你

★

  雷锋是一位把自己短暂的一生全部献给了党,献给了人民的好战士,他以22个春秋的生命谱写了壮丽的人生诗篇,竖起了一座令人景仰的道德丰碑,成为全国人民学习的光辉榜样。今天,我们伟大、光荣、正确的党召开了第二十次全国代表大会,团结带领全国各族人民迈上全面建设社会主义现代化国家新征程,向第二个百年奋斗目标进军,全面推进中华民族伟大复兴。进军的号角已经吹响,我们的面前既是难得的机遇,也有严峻的挑战。奋斗新时代,奋进新征程,成为这个时代最昂扬的主旋律。我们要大力弘扬雷锋精神,为实现中华民族伟大复兴提供强大的精神动力和丰厚的道德滋养,深刻把握坚守崇高理想,秉持人民情怀,践行奉献精神,投身民族复兴,并体现在日常的生活和工作之中,在本职岗位上做一颗永不生锈的螺丝钉,建功新时代的新伟业。

  我应和着这个时代的进军步伐,创作出版了诗与报告文学的合集《雷锋,我们需要你》。"雷锋,我们需要你",我响亮而鲜明地喊出了这个时代的呼唤,这也是广大人民群众心中的呐喊。雷锋,不仅是一个道德模范,还是一个具有坚定的共产主义信念的战士;他不仅属于中国,更属于世界。我们党走过了百年的光辉历程,雷锋是在党的百年奋斗历程中涌现出的年轻一代的典型代表,他可以成为向国际社会荐介中国共产党人的使命担当和奉献精神的一面旗帜，我应外文出版社之约，撰写了《信念之子：雷锋》这本书，并以中文版和英文版在中国共产党百年华诞的日子里出版发行。这个时期我对雷锋题材的创作力图具有独特的内质，力争产生更广泛的影响。

2008年5月12日，四川汶川发生了大地震。抗震救援彰显了全国军民"一方有难，八方支援""抢险救灾，助人为乐"的共同意志。据共青团四川省委不完全统计，汶川抗震救灾期间，团省委接受志愿者报名达118万人，有组织派遣达18万余人，开展志愿者服务达178万人次，这个数字还不包括民间自发组织的志愿者，不包括无偿献血的志愿者。这些志愿者行动的背后，都有一个响亮的名字在支撑，这个名字就是"雷锋"。自毛泽东等老一辈革命家为雷锋同志题词60年来，雷锋精神在实现中华民族伟大复兴的历史进程中不断拓展内涵，它跨越时空、历久弥新，凝神聚力、激浊扬清，是一面永恒的精神旗帜，是一座永远耸立的精神丰碑。这一时期，中国雷锋网、中华雷锋网应运诞生，《雷锋精神研究》和《雷锋》杂志相继问世，一批书写雷锋事迹和阐释雷锋精神的图书受到广大群众特别是青少年的喜爱。

学雷锋的时代浪潮中，我写下《洪流万里》

《中国报告文学》杂志主编李炳银知道我曾深入了解我国学雷锋活动的来龙去脉和发展趋势，邀约我为其刊物撰写了一篇报告文学《洪流万里》，发表在该杂志头题。我记述了我国学雷锋活动风起云涌的壮观景象。

在雷锋精神的鼓舞下，60年来，我国这片古老而新生的土地上，涌现了数不清的"雷锋传人"，他们是雷锋式的先进人物，他们忠实地实践雷锋精神，又创新发展了新的内容，从而丰富了雷锋精神，成为全国军民在中华民族伟大复兴的事业征途上，一个又一个里程碑式的旗杆，成为中国人民在党的领导下实现中华民族伟大复兴中国梦的一个又一个航标。这些学雷锋的先进典型以不同性别、不同职业、不同年龄、不同作为，诠释了雷锋精神在当代并在以后的岁月里长久存在的价值和意义，展示了一道亮丽无比的风景线。

雷锋说，一花独放不是春，百花齐放春满园。学雷锋先进典型，以各自鲜艳的色彩，让中华民族的精神家园花团锦簇。

这些标杆式人物，如雨后春笋般出现在雷锋的身后。

1963年11月18日清晨，某部队野营训练沿铁路线行军，行至湖南省衡山车站南峡谷时，满载旅客北上的288次列车迎面急驶而来，驮着炮架的一匹军马猛然受惊，窜上铁道，横立于双轨之间。就在火车与惊马将要相撞的危急时刻，有一个战士奋不顾身，跃上铁路，拼尽全力将军马推出轨道，避免了一场列车脱轨的严重事故，保住了旅客的生命和人民群众财产的安全，自己却被卷入列车下。他在雷锋牺牲一年多之后为人民而壮烈牺牲，年仅23岁。他的名字叫欧阳海。

1965年7月14日，在民兵军训时忽然发生意外，一个炸药包被拉着了导火索。危急时刻，有一个战士喝令周围的人"快闪开"，他自己却猛扑上去，用身体紧紧地压住了就要爆响的炸药包，他以自己的牺牲保护了在场的12名民兵和干部，他以自己的死换得了那12个人的生。他的名字叫王杰。

1966年3月15日早晨，一个战士和战友们驾着3辆马拉炮车外出训练。在佳木斯公共汽车站附近，他驾的炮车辕马被汽车喇叭声所惊，突然向人群冲去，这时有6名儿童吓呆了，孩子们的生命受到严重威胁。在这千钧一发的时刻，他把缰绳在胳膊上缠了几道，猛力一拉，使惊马前蹄腾空而起。紧接着他不顾自己的生命危险，手撑辕杆，从辕杆下面用双脚猛踹马的后腿，马突然倒下，车翻了，6名儿童安然脱险，可他，却被压在翻倒的车马底下。许多候车的乘客、上班的工人、上学的学生，都被他的英雄行为所感动，几百名群众和战士，纷纷要求为他献血，抢救他的生命。可是，由于伤势过重，抢救无效，他光荣地牺牲了。他的名字叫刘英俊。

有一个女工，1958年参加工作，曾在洛阳造纸厂当锅炉工，1966年到老集煤场做临时工，1971年转为正式工人。进煤场后，她以高度的责任感做好商业服务工作，热心为用户服务，处处为国家精打细算,被誉为"闲不住的实干家"。她热心照顾孤寡老人和军烈属,影响、帮助青年一代健康成长。她的名字叫赵春娥。

1982年7月11日,西安市灞桥区新筑乡一位69岁的老人在公共厕所疏通粪便时,被沼气熏倒,落入粪池。正在街上办事的一个大学生听到呼救声,扔下携带的物品,立刻跑到出事地点,拦住正准备施救的其他群众,毫不犹豫地率先下到3米深的粪池内,奋力抢救这位老人。由于粪池中充满浓烈的沼气,这个大学生不幸被沼气熏倒在粪池中,因严重中毒窒息,抢救无效,光荣牺牲。牺牲时年仅24岁。他的名字叫张华。

有两位科学工作者,为我国的科技事业奋不顾身,由于过度劳累,病情恶化,不幸英年早逝。一位逝世时仅44岁,他的名字叫蒋筑英;另一位逝世时仅47岁,他的名字叫罗健夫。

有一个普通干部,薪金并不多。但他们全家克勤克俭,艰苦朴素,把省下来的钱,几十元,几百元,送给那些急需用钱的人。这个干部不但在工作上踏踏实实地干,而且在生活中始终以雷锋为榜样,发扬党的优良传统,保持同人民群众的密切联系,竭尽所能地为群众做了大量排忧解难的好事。他义务赡养过10人,把7人从死亡线上抢救过来,被人们誉为20世纪"80年代新雷锋"。他的名字叫朱伯儒。

有一位年轻的团参谋长,爱岗敬业,爱军习武,是一名具有现代军事素养的指挥员。他在业余时间里潜心研究军事理论,曾写出70篇军事学术论文。1991年4月21日上午,他现场指挥手榴弹实弹投掷训练,一名战士由于挥臂过猛,弹体碰撞到堑壕的后沿,手榴弹落在不到一米外的监护员脚下。这位指挥员看到已经拉开拉火环的手榴弹"哧哧"冒着白烟,在手榴弹瞬间就要爆炸、万分紧急的刹那间,他不顾个人安危,大喊一声:"快卧倒!"只见他一个箭步冲过去,推开了监护员,俯身抓起手榴弹,想把手榴弹扔出堑壕,但手榴弹还没出手就爆炸了。两名战友得救了,他却英勇地牺牲了。他的名字叫苏宁。

有一个5岁时因患脊髓血管瘤导致高位截瘫的女孩,自学完成了小学、中学和大学的知识,并学习针灸,在当地为老百姓行医,治病排忧,在社会上引起巨大的反响。她身残志不残,还把自己的人生经历写成书,让无数青少年感动并立志成才。她被称为"80年代新雷锋"和"当代保尔"。她的名字叫张海迪。

有一个战士1972年光荣入伍,成为兰州军分区某部机械修理所的一名战士。他把本职岗位作为学习和发扬雷锋精神的最佳场所,在平凡的岗位上创造出了不平凡的业绩。他和其他同志合作研制成功5项革新成果,其中3项获得科研奖。他矢志不渝地学习雷锋精神,助人为乐、无私奉献,曾3次将战功让给了战友,3次放弃转业机会,无数次为素不相识的人排忧解难,在军内外被广泛誉为"当代新雷锋""秦川牛"。他的名字叫李润虎。

有一个给水团团长,因患腰椎管肿瘤,下腰部3块椎骨各被切除了1/3,留下了一条无法愈合的骨槽,长年围着一条15厘米宽的钢转腰。在这种情况下,他坚持拖着病体上路勘察。在4个多月里,他的总行程长达24800千米,完成普查面积8.4万平方千米。获取大量第一手资料,与工程技术人员一起写出22万字的专题报告,还勘察了109眼井位。他实践着自己"上不愧党,下不愧民"的诺言,忠实地履行了我党我军全心全意为人民服务的宗旨,为边疆军民打井500多眼,收集了2万多个水文数据。他被中央军委评为"模范团长"。他的名字叫李国安。

在上海，有一位出生于20世纪50年代的水电维修工，担负起管区内6000多户居民的水电维修、房屋养护工作。他不怕脏，不怕累，苦学技术，碰到居民报修，他一喊就到，并手到"病"除，千方百计做到居民满意。每次修理完毕，他都主动做好清洁工作。对居民的酬谢，他笑着谢绝；碰上挑剔的居民，还要耐心说服。他从居民的欢笑声、赞扬声中，体验到了人生的欢乐和工作的价值。他的名字叫徐虎。

在北京，有一位公交车女售票员，自1981年参加工作后，在平凡的岗位上，把"全心全意为人民服务"作为自己的座右铭，真诚、热情地为乘客服务，被誉为"老人的拐杖，盲人的眼睛，外地人的向导，病人的护士，群众的贴心人"。她认真学习英语、哑语，并努力钻研心理学、语言学，利用业余时间走访、熟悉不同地理环境，潜心研究各种乘客心理和要求，有针对性地为不同乘客提供满意周到的服务，把平凡的工作做得风生水起、声名远播，荣获"全国三八红旗手"等荣誉称号。她的名字叫李素丽。

在北京，有一位军医，1942年10月出生，曾任北京军区总医院副政委。他四十年如一日学雷锋做好事，像儿子对母亲一样无微不至地照顾5位孤寡老人和8位生活困难的老人，向他们倾注了浓浓的亲情与孝心。他用自己的行动印证了一位老军人的情怀与操守，他用大爱谱写出华美的人生乐章，用心灵演绎着人生至情，诠释了一个军人、一位医生、一名共产党员的精神世界。他不论是当战士、当干部、当领导，还是退休之后，都始终以雷锋为榜样，关心公益，奉献社会，始终不渝坚持为社区老人做好事，被老人们亲切地称作"儿子、好人、恩人"。他的名字是孙茂芳。

1993年8月17日，济南军区某红军团一位中士班长从家乡返回部队。当他乘坐的大客车行至四川省筠连县巡司镇铁索桥附近时，车内的4个歹徒突然向一名青年妇女强行勒索钱物。这个战士冲上前，大吼一声："住手，不许这样耍横！"歹徒立即向他围攻。这个战士被打得嘴角渗出了鲜血。军人的天职使这个战士徒手与4个歹徒搏斗，胸口、背部和腹部被刺14刀，肠子流出体外达50厘米，这个战士奇迹般用背心兜住往外流的肠子，紧跟歹徒跳下车来，用全部的力气往前追出了50多米，然后一头栽倒在路旁……英雄救人民，人民爱英雄。当地医院全力抢救，把他从死神手里夺了回来。县公安局出动精悍队伍，连续奋战了七天六夜后将4名歹徒全部抓获归案。每天前往医院探视英雄的人们成百上千，有老人、中年人、小孩、乞丐，甚至连聋哑人也要鞠个躬再走……他的名字叫徐洪刚。

有一位医生几十年如一日，在平凡的医疗岗位上勤勤恳恳地工作，默默无闻地奉献。在她30多年的医疗实践中，从未发生过差错事故。她坚决抵制拜金主义、利己主义歪风的侵蚀，从未收过患者一分钱、一份礼，以实际行动维护了人民医生光荣、圣洁的形象。几十年来，她没有节假日，没有休息日。只要有患者，她就有工作。然而，当她把生的希望和人间的温暖送给别人时，病魔正无情地向她逼近。她先后患了膀胱癌和直肠癌，在做了两次大手术后，她仍然拖着虚弱的身体奔忙于病房与病人手术室之间，直到生命的最后一刻。她的名字叫赵雪芳。

有一位妇女，只有初中文化程度，为支持在广西南宁军分区服役的丈夫献身国防事业，结婚后，多年一人挑起九口之家的生产、生活重担，既要照料多病的祖母、公婆，又要照顾双目几乎失明的小叔和上学的双胞胎小姑，还耕种着12亩责任田。由于长期过度劳累，她患了股骨头缺血性坏死症，却屡次向丈夫报一家老小平安。

重病缠身的她每次给丈夫去信，从不透露难处，反倒宽慰丈夫要在部队安心工作……这个"好军嫂"的故事感动了全中国。她的名字叫韩素云。

在辽宁大连，有一位年轻的法官，因工作过度劳累而身患重病，面对医生"必须长期全休治疗，否则最多能活5年"的忠告，他义无反顾，以惊人的毅力与生命争夺时间，用更加忘我的工作来实践自己"活着就要工作，死也要死在工作岗位上"的誓言。1993年和1994年，他的病情再度加重，但是在这两年间他克服常人难以忍受的疾病折磨，审结案件105件，高出全院法官平均结案数的49%，而且无一发回改判。2004年11月，在与病魔顽强抗争了十几年后，这位年仅44岁的人民法官永远离开了人世。他的名字叫谭彦。

在公安战线，有一位一级英模，多年来，辖区老老少少有事找到他，他都当作大事来办。他以一脉真情暖一方人心，一腔忠诚保一方平安，一身正气创一方文明，把爱心奉献给了社会，奉献给了那些残疾人、孤寡老人、迷路儿童、失足青少年等需要救助的普通百姓，被誉为"群众的贴心人"。他的名字叫邱娥国。

另有一位女公安局长，她多次深入虎穴，化装侦查，亲自抓获中原第一盗窃高档轿车主犯，先后打掉了7个涉黑团伙，抓获犯罪嫌疑人370多名，被誉为"女神警"。她协助破获大案要案1072起，追捕犯罪嫌疑人950人。在一次侦破案件中发生车祸，因伤势过重，经抢救无效，不幸因公殉职，年仅40岁。她的名字叫任长霞。

在我国空军，有一位试飞英雄，他刻苦钻研国防高新科技，献身国防现代化，先后7次正确处理空中重大险情，创造了国产运-8飞机试飞史上的16个"第一"，为国产运-8飞机飞出国门、飞向世界做出了贡献。对于试飞员来说，今天你飞的时候，把遗嘱交给我收存，明天我飞的时候，把遗嘱托付给你保管，这是大家习以为常的事情。但他从未动摇过做好本职工作的信念。他的名字叫邹延龄。

有一位转业军人，在部队时就是师里学习雷锋标兵，退伍后，时时处处发挥先锋模范作用，在每个工作岗位上都取得了突出的业绩。从1996年开始担任采矿场公路管理员，他每天都提前两个小时上班，15年里累计献工15000多小时，相当于多干了5年的工作量。他助人为乐，做好事无数。他19年里献血6万毫升，比他身体血液的10倍还多；他收入微薄，却先后资助了100多个孩子；以他的名字命名的"爱心团队"成立了一个又一个。他被称为"当代雷锋"。他的名字叫郭明义。

有一位从科研岗位上成长为总工程师、总经理的干部，带病进行舰载机在我国第一艘航母辽宁舰上做起降试验训练。在海试过程中，他曾感到过不适，但他并没有中途下舰。在航母上的日子，他的作息时间都是按照军队的规定安排。除了一些正常的工作之外，他用全部精力细心解决舰载机和航母的协调问题，一直在辽宁舰上与科研人员和官兵搜集整理起降试验的相关数据，一直坚持到起降试验成功。他欣慰含笑倒在了试验训练成功庆祝的时刻。他的名字叫罗阳。

还有面对众人冷漠，毅然救助被碾压女童的"拾荒老人"陈贤妹；伸出双臂接住坠楼女孩的"最美妈妈"吴菊萍……

在河南邓州，有一个"编外雷锋团"，他们的基本力量是1960年从这里应征入伍到沈阳军区工程兵第十团的560名战士。他们曾与雷锋在一个团工作、学习和生活，有的还同在一个连。他们深知雷锋的先进事迹，以与雷锋同团战友为荣。他们中的10人先后成长为雷锋团的团长、政治处主任及营长、营教导员,有 27 人成长为连排干部。他们在退伍返乡的几十年里,把传承雷锋精神作为自己的崇高追求,身体力行,努力在自己的岗位上学习雷锋,传播雷锋的火种,被当地干部群众亲切地称为"编外雷锋团"。在他们的带动和影响下,社会各界积极要求参加到他们中间来,陆续成立了少年营、交警营、大学生营、电力营等多个学雷锋组织。每年的雷锋诞生日、雷锋牺牲日、老一辈革命家题词纪念日,"编外雷锋团"都要采取各种形式开展学习雷锋活动。1997 年 4 月,中共邓州市委、市人民政府、市人民武装部决定,按民兵形式正式成立"编外雷锋团",原雷锋生前所在团第九任团长宋清梅任团长,原雷锋生前所在团政治处主任姚德奇任政委。这个团成立以来,先后外出作报告 800 余场,足迹遍及 8 个省 45 个城市,听众达 100 万人次。这个团由最初的 3 个营发展到 20 多个营,成员由 560 人发展到 13000 多人,涵盖了邓州这座城市的多个系统、多个部门,特别是 21 个窗口服务行业,使邓州成为传播雷锋精神的一片沃土。

2015 年 3 月,中共中央宣传部向全社会公布了第一批 50 个全国学雷锋活动示范点和 50 名全国岗位学雷锋标兵。这些示范点和标兵,涵盖了社区、农村、企业、学校、机关、窗口单位等基层单位,覆盖了各行各业、各个领域、各条战线,在全社会发挥了模范传承雷锋精神、带头践行社会主义核心价值观的示范引领作用。命名公布这批示范点和标兵,是为了组织推动各地各部门学习借鉴学雷锋活动示范点的先进经验,学习宣传岗位学雷锋标兵的先进事迹,运用榜样的力量不断深化拓展岗位学雷锋活动,推进学雷锋活动常态化,使这项工作更加多样化、具体化,让雷锋精神渗入人们工作和生活的各个方面。

此后，中共中央宣传部又于2016—2019年、2021年先后命名了第二批至第六批全国学雷锋活动示范点和全国岗位学雷锋标兵。

2022年3月，中共中央宣传部命名了第七批全国学雷锋活动示范点和岗位学雷锋标兵，其中全国岗位学雷锋标兵有：北京市第六医院骨科主任孙祯杰、天津市河北区环境卫生管理一所工人徐文华、河北省廊坊市环境卫生事务中心清运管理站副站长马希军、河北省邢台市第三医院神经内科二病区主任魏玉清、山西省大同市灵丘县红十字会副会长葛才贵、中国铁路呼和浩特局集团有限公司呼和浩特客运段南宁车队Z338/5次四组列车长张敬钰、辽宁省大连市沙河口区老战士报告团团长李光祥、国家电网抚顺市供电公司党委党建部主任郑献春、吉林大学第二医院急诊与重症医学科主任尹永杰、黑龙江省佳木斯市消防救援支队前进区大队二级消防战士王彪……

这些获得全国学雷锋活动示范点命名的单位和岗位学雷锋标兵，每一个都有十分感人的故事，这让我们感受到，学雷锋的队伍在逐渐扩大，学雷锋的道路在不断延伸。

岁月在流逝，时间在绵延。我肯定记不全中国大地学雷锋涌现出的典型，而且春夏秋冬，日月更迭，我追赶着并记录着这时代的潮流，挂一漏万是避免不了的。今后，必将会涌现出更多的学雷锋先进集体和个人，这是大势所趋。

雷锋的生命定格在22岁永恒的青春，但他依然活在我们中间，他依然走在我们的前方。一个雷锋在前面走，千万个雷锋紧跟上。这是我们的社会充满生机的标志，这是不可阻挡的蓬勃向前的时代洪流！

《伟大战士》，为穿军装的雷锋作全面准确的传记

2017年，或更早一些时间，全国学雷锋"两会"就开始策划一套有关雷锋的比较权威的书。

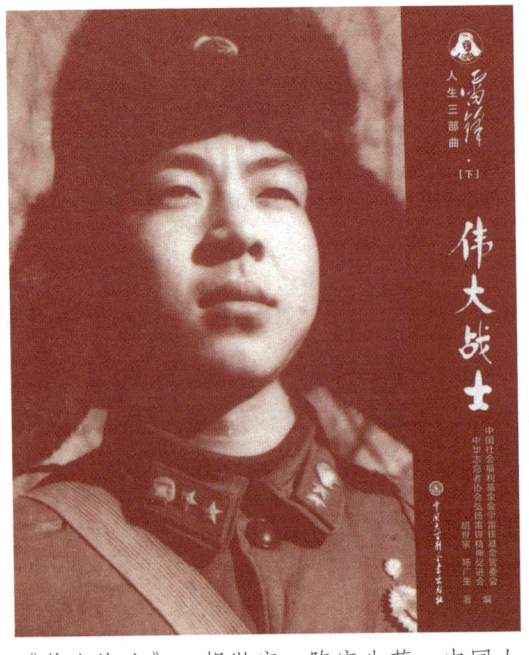

《伟大战士》，胡世宗、陈广生著，中国大百科全书出版社2018年3月出版

党的十八大以来，习近平总书记多次强调向雷锋同志学习，并从战略的高度回答了新时代为什么学雷锋，以及学什么、怎么学等重大问题，指明了学雷锋的正确方向。全国学雷锋"两会"，以贯彻落实习近平总书记关于学习和弘扬雷锋精神的系列重要讲话精神，宣传、传承雷锋精神为自己的责任和使命，在积极组织开展形式多样的学雷锋活动中，在深入研究学雷锋存在的社会问题中，在探索学雷锋活动规律中，明显感到知雷锋、爱雷锋是学雷锋、做雷锋的一个重要前提。恰恰在这个重要的前提下，存在着不容忽视的问题。许多年轻人对雷锋知之甚少，有的只知雷锋当过兵，活了22岁；有的只知雷锋是好人，但讲不出雷锋有什么事迹；有的对雷锋的成长经历和雷锋精神的内涵很不了解。

特别是"两会"认真调查了图书市场，发现在近年出版的几百种有关雷锋的书籍中，没有介绍雷锋人生的系列丛书，且不同版本的书，介绍雷锋的事迹时也说法不一，有的还相互矛盾，甚至存在着误导读者的倾向，使不明真相的读者阅读之后产生怀疑。

面对这样的状况，全国学雷锋"两会"决定出版一套完整反映雷锋人生经历的图书，让广大读者特别是青少年清晰地、全面地了解、认知雷锋，从而自觉地爱雷锋、学雷锋、做雷锋。

就这样，全国学雷锋"两会"策划了"雷锋人生三部曲"丛书。这套书以雷锋成长足迹为脉络，由熟悉雷锋的身边人撰稿，尊重历史，真实全面，丰富厚重，既独立成书又相互衔接。"三部曲"中，上部《望城起步》，描写雷锋在家乡18岁前的人生经历；中部《工人岁月》，记述雷锋在鞍钢当工人的磨炼锻造；下部《伟大战士》，则叙述雷锋在部队的成长经历，从当兵第一天到因公牺牲的全程。

我执笔撰写了这个丛书的下部《伟大战士》。雷锋在中国人民解放军的两年零 8 个月时间里完成了他作为一个优秀士兵的成长，完成了充实完美的雷锋精神的设计与建塑。部队是他锻炼成熟的熔炉，是他学习长大的学校。

这部书是为穿军装的雷锋作的比较全面、准确的传记。

令我特别感动的是，身为全国学雷锋"两会"负责人的冷宽中将为邀约和指导我写好这部书，曾 3 次从北京来到沈阳，他提供了很多有关雷锋的宝贵资料，及时地给我以亲切的教诲与有力的指导。

在撰写这部书稿的时候，我的老科长陈广生已经病重，我没有打扰他在医院的安宁休养和治疗，没有与他商量写作提纲和请他审阅书稿。但是，我在写作中得到的依据和大量素材，都是我们二人在以前合作写《雷锋》《雷锋传》时用过的。陈广生曾是雷锋生前所在团的俱乐部主任，他曾多次接触和采访过雷锋。雷锋牺牲后，他参与了雷锋追悼活动的筹备，较早地写出了关于雷锋的故事；他曾到雷锋家乡参访数月，接触和采访过与雷锋相关的众多人物；他还曾到鞍山、辽阳采访过雷锋当工人时熟悉情况的一些人物。他是最了解雷锋的人之一。他与我关于雷锋的交谈，我都有记录。

另外，接雷锋入伍的戴明章主编、出版了一部《回忆雷锋》，这部书里有更多的熟悉雷锋的领导、战友对雷锋全面、细致的回忆。这些当事人真实、准确的回忆，为这本书的最后完成起到了关键的作用。特别是同在沈阳的战友欧达龙拍摄、收集和整理的大量与雷锋相关的图片，是这部书图文并茂的根本保证。

《伟大战士》的书名是这么来的

最开始时，这本书的书名不是《伟大战士》，而是叫《中国好兵》

或《好兵雷锋》，这是因为我小时候——十二三岁上小学时看过捷克的一部电影叫《好兵帅克》，让我记忆深刻。那是1957年卡莱尔·斯泰克利执导的一部战争片，影片通过帅克的经历揭露了奥匈帝国哈布斯堡王朝统治时代对捷克等国的黑暗统治，揭露了战争给士兵带来的痛苦，歌颂了被压迫民族起身反抗异族的殖民统治，为争取民族解放而做出的不懈努力，并通过帅克这一个带有喜感的形象，表达了对民族和祖国的热爱。

实际上，帅克和雷锋根本上没有共通之处，我只想在雷锋身上用上"好兵帅克"里的"好兵"这两个字，我认为他是中国的好兵，好兵雷锋，简洁而明确。因为写的是雷锋人生的第三阶段——参军之后的表现，那么叫《中国好兵》或《好兵雷锋》都是很合适的，雷锋就是中国的好兵嘛！最开始"三部曲"书名分别为《雷锋在湖南》《好工人雷锋》《好兵雷锋》，后来，冷宽在率领团队进一步策划和研讨时，感觉总题为"雷锋人生三部曲"，总书名中有"雷锋"二字了，就规定3本书的书名中都不再出现"雷锋"二字了。这时书名叫《中国好兵》似乎还说得过去，因为写雷锋在部队的生活。后来由冷宽等人纵观全局，把"雷锋人生三部曲"中的第三部即下卷书名定为《伟大战士》，这也是很恰如其分的。早在1963年1月21日"雷锋班"命名大会上，就曾展示了总参谋长罗瑞卿的题词："伟大的战士——雷锋同志永垂不朽"。"伟大战士"就是这么来的。

传播雷锋精神是我们大家的责任

"雷锋人生三部曲"丛书2018年3月由中国大百科全书出版社出版发行。编委会由如下人员组成：主任冷宽，副主任高学敏、田永清、李天文、董兴喜，编委有冯健、张惠双、胡世宗、陈广生、李素丽、宋若波、马郡阳、时斌林、郑新德、孙培基、殷昭俐、陈晓光、陈汉斌、胡玥。每本书的书名都由中央军委原副主席迟浩田题写。记得编委会还让我为迟浩田首长题签，说首长要我们签名的书留作纪念。

2018年3月23日，雷锋网发布了"雷锋人生三部曲"出版的消息，出版社程广媛和"两会"的董兴喜邀我到北京出席新书发布会。

2018年3月29日，我赶到北京报到，"两会"的战友李振魁与我同是从海南出发却不是同一个航班到达北京。我见到了冷宽、陈晓冬、孙桂琴、欧达龙、李振魁、易秀珍、张惠双、陈雅娟、田

胡世宗与冯健（右）合影

永清、高学敏、杨丰普及其夫人、季增及其夫人、薛三元……最让我意外和高兴的是陈广生夫人张赤校长来了，和儿子尔新一起来的。她见到我眼圈就红了。我们都为陈广生科长的逝世而感到悲伤。

吃晚饭的时候，田永清将军过来和我握手，对我表示感激和称赞。他说他有1973年解放军文艺出版社出版的陈广生的《雷锋的故事》，是郭沫若题写的书名，说影响了他的一生。我说，这本书影响了整整一代人。

田将军因为不能参加发布会，没能迎大家，也不能送大家，表示歉意。他讲了自己学雷锋的经历，说目前国内有400多种有关雷锋的书，这次的出版是正本清源，打造出最权威和最可信赖的一套雷锋书。他讲完之后，张赤要求讲话，她流着眼泪感谢大家，她说更感谢胡世宗，她说这本书其实是胡世宗一个人写的，老陈因病没有参加……她拉着我的手向我表达感激之情。我立即站起来说，不要这样讲，不要这样讲，没有陈广生，就没有我写雷锋的事。老科长带着我学雷锋、写雷锋。

2018年3月31日是个周六，到中国大百科全书出版社会议厅出席"雷锋人生三部曲"暨《雷锋照片的故事》座谈会。3月是春天，3月是雷锋月，终于没出3月开成了这套雷锋新书的发布会。

会场上摆满了"雷锋人生三部曲"3本书和季增的《雷锋照片的故事》。每本书塑封上都贴着一个小纸块，上面的大字主要写："全国学雷锋'两会'唯一授权作品"。中间的小字是："一部贴近历史真相的雷锋全传，完整再现雷锋成长的全过程"，"中央军委原副主席迟浩田题写书名"，"雷锋的亲密战友、工友、同学、同事、领导真情回忆"，"澄清50多个错误或传闻"。最下面的更小字是："您每购买一套'雷锋人生三部曲'，将有1元钱用于

胡世宗与李素丽（右）合影

支援贫困地区小学建设雷锋书屋"。

　　国防大学原政委赵可铭上将，原总后勤部政委周坤仁上将，原济南军区副司令员兼济南军区空军司令员郭玉祥中将，中国出版集团公司党组成员、副总经理李岩，毛泽东主席的孙子、军事科学院战争理论和战略研究部副部长毛新宇少将等多位领导到会。李天文会长主持会议并致辞。中国大百科全书出版社社长刘国辉到会并讲话，出版社党委书记刘晓东出席。雷锋生前战友乔安山、全国学雷锋模范李素丽等多人出席。4本书的作者发言。我在冯健大姐和张惠双大哥之后发言，我先讲了很惊喜见到赵可铭老领导。30年前，他在总政治部宣传部当副部长、部长，当年是全军思想文化战线的领军人物，经常领着我们开会、作指示。我发言前，讲了这一段与老领导的渊源。

我发言的题目是《努力做雷锋精神的种子》，我讲道：

大约5年前，冷宽中将亲自到沈阳向我和陈广生约写这部书稿。陈广生是我在沈阳军区政治部文艺科工作时的科长，他是当之无愧的雷锋专家，他写出了近20本有关雷锋的书，他是最了解雷锋的人之一，与他合作这本书我心里有底。非常不幸的是，在本书即将开印之时，陈广生同志因病永远离开了我们，这是雷锋事业的一大损失！

冷宽将军先后3次到沈阳和我协商写这本书的事。他从未催促过我，但他的真诚和热忱胜过了任何催促。他给我提供了很多有关雷锋的宝贵资料，并给予我亲切的教诲与有力的指导。李天文会长对这本书的写作给予了极大的关注。还有很多人积极热情地提供了宝贵的第一手资料。高秀敏将军和董兴喜主任精心推动这套书的写作和出版，中国大百科全书出版社社科分社的程广媛副社长和常川责编认真审稿，给我提出了精准的、宝贵的修改意见。在此，我谨向冷宽将军、高学敏将军、李天文会长及所有帮助本书写作、编辑和出版的人，表示最衷心的感谢！

我还讲道：

《伟大战士》这本书，描述了雷锋从入伍到牺牲的全程经历，也书写了我国学雷锋运动半个世纪的来龙去脉，比如：全国学雷锋是怎么开展起来的？数十来年有哪些波折起伏？它为什么会长盛不衰？现实情状如何？我为能参加"雷锋人生三部曲"的写作而深感荣幸，至今我已创作出版了65部专著，主笔或参与撰写雷锋的书，算上这本是5部，我愿继续为歌唱雷锋、呼唤雷锋精神贡献自己的绵薄之力。

雷锋，是我们大家的朋友，更是大家的榜样。在中国特色社会主义新时代高歌猛进的队伍中，雷锋必定是飘扬在前面的一面鲜艳的大旗！

摄影家季增大哥在我后面发言。之后，中国出版集团公司副总经理李岩讲话，他肯定了这套书出版的意义，表达了出版界领导的首肯和赞扬，并愿意继续为满足人民精神需求，出版更多这样的好书。毛主席的孙子、少将毛新宇在会上的讲话鼓舞人心。他思想新鲜深刻，言谈流畅，深入浅出，说到毛主席为多位先烈题词、演说、表彰，说到张思德、刘胡兰，说到雷锋。他深情并朴实地在现场演唱了《党的光辉照我心》和《毛主席的书我最爱读》，都是讲到雷锋的深刻爱党情怀和雷锋刻苦学习时即兴演唱的，大家蜂拥前去拍照，并一边拍手，一边跟着他齐声唱这大家都熟悉的老歌，场面异常活跃和生动。他和夫人刘滨邀我在《伟大战士》一书上签名，并和我合影。

最后是高学敏将军作大会总结讲话，他的讲话高屋建瓴，引人共鸣。

晚饭后，冷宽将军召集"雷锋人生三部曲"的几位作者在餐厅一个包房开会。他与董兴喜说到稿费的问题，按出版社的规定给大家。张赤大姐悄悄对我说，稿费她一分也不能要，因为这本书老陈没有出力，没写一个字。我说，没有陈科长就没有这本书，我是在他的引领下开始学雷锋、写雷锋的。这本书虽然他没写一个字，但这是以往他率领我写雷锋的一个延续呀。

我发微博写"雷锋人生三部曲"出版,写到这本《伟大战士》是怎么写出来的。海泉在他的微博转发了,在一天的时间里阅读量达到 21.6 万。

把《伟大战士》签赠给留守儿童

《沈阳日报》书斋版编辑盖云飞及时约我写了篇《伟大战士》主笔赘述的文章《军营给了雷锋成长的空间》,我向读者介绍了这本书的主要内容。雷锋从入伍到牺牲共两年零 8 个月,他在这段人生黄金时段里,完成了一个优秀士兵的成长,也完成了平凡而深邃的雷锋精神的建造,有太多值得人们重温的故事,有太多值得当今时代的人们记取的有关人生的宝贵提示。

《伟大战士》从雷锋特殊入伍写起,他最应该当兵却很不容易当上这个兵。他初到军营就成为先进人物、成为节约标兵。有人问:"为什么不是全面的标兵而只是个节约标兵呢?"因为雷锋当兵的年代,我国处于三年困难时期,物质极为缺乏,勤俭节约是天大的事。雷锋出身贫苦,早年丧父丧母,他珍惜一小撮水泥和一颗小小螺丝钉。他帮助战友,出手相助陌生的大娘、大嫂,助人为乐。他担任校外辅导员,为成长中的孩子提供最好的精神食粮,这些孩子后来都成为国家有用之才……

雷锋是怎样入党的?当年讨论他入党时曾遇到过什么问题?他是怎样成为抚顺市人大代表的?他都是一名共产党员了,怎么还去参加沈阳军区的团代会?……

这本书还原了当年雷锋牺牲的现场,回答了人们普遍关心的几个问题：雷锋的牺牲给军队各级领导带来多大的压力？当年雷锋的副驾驶乔安山怎么被关了禁闭？又为什么迅速地解除了禁闭？全中国学雷锋运动是怎样兴起的？雷锋因公牺牲最初的报道是谁写的？怎样一点点扩展开来，从辽宁传播到全国？毛主席等老一辈革命家是怎样为雷锋题词的？这里面有怎样的来龙去脉？最开始都有哪些重要人物写了歌颂雷锋的诗？影响最大的诗是哪一首？怎样一点点发展到全国文艺界各领域都投入其中的？几十年来，学雷锋活动中涌现出哪些杰出的人物？他们的简要事迹是怎样的？半个世纪以来，学雷锋活动遇到了怎样的波折起伏？为什么它是长盛不衰的？

我要让孩子们知道这些事。我用稿费买书送给新民市金五台镇三台子村的留守儿童。这里有90多个留守儿童，他们学习很刻苦、很用功。这是与我有微信联系的驻村干部张立国告诉我的。我与中国大百科全书出版社社科分社程广媛副社长沟通后，就想把书快点拿到手，不要耽误了到金五台镇这个学校探望留守儿童，给他们赠书。我被任命为"闪亮大使"，就应该为留守儿童做些实事，在精神层面上给他们抚慰，帮助他们在思想上成长。读书是重要的活动，而我区别于别人的专长就是写书。这本《伟大战士》完全可以帮助认字的孩子知道雷锋是怎样一个人，可以学雷锋、做好人。

2018年10月9日早晨6点，我们一行六人出发前往沈阳市新民市金五台子学校。"闪亮书包"行动，是为留守儿童送温暖做贡献，我担任着这个公益活动的"闪亮大使"，一直参加这个"闪亮"活动。这次是由我提出，用《伟大战士》的稿费购买图书，签赠给这里的留守儿童。我想在给他们购买书包、文具盒之类的学习用品之外，给他们捐赠《伟大战士》这样的精神食粮。

我曾给辽宁大学、勋望小学、兴工四校等多所学校讲述雷锋精神，这次给学年不同的留守儿童讲雷锋和雷锋精神，确实感觉不同。我深入浅出地讲了雷锋精神是什么，讲了我们如何学雷锋。孩子们听得很认真。我也与他们互动，给他们提出问题，他们答对了，我就奖励他们由我编选、由辽宁少年儿童出版社出版的精装小书《青春美赠言》。

我在讲座之后，在给孩子们赠书的扉页上签名。学校的老师对我说："您就在书的扉页上写上您的名字就行了，这样可以节省您的时间。"我说："不！我一定要写上每一个孩子的名字，表达我对他们的尊重。"我细问他们每个人的名字，让他们把自己的名字写在白纸上，以防写错。前面的一些同学，我都是用毛笔蘸着墨汁写的，写完了盖章。后来因为时间紧张，孩子们要到另一个虽不远却要走一会儿的校区吃饭，我担心耽误了他们午餐，就改用签名用的中性笔签了，但我始终坚持在书的扉页上写上每一个同学的名字。

有的孩子活泼好动，但也都很细心地听我讲课。

金五台子学校领导和金五台子镇人民政府相关领导也听了我的课。

在我讲课之前，辽宁省老年集邮协会的赵志春和沈阳网的记者布置了我的个性化集邮展的主要部分。这里主要是有关雷锋的部分，有雷锋班班长们签名的明信片，有冷宽、陈广生、乔安山、陈雅娟、孙桂琴等人签名的明信片。

作为雷锋精神的践行者和传播者,胡世宗经常去学校、机关、街道、企业等宣讲雷锋事迹和雷锋精神

《雷锋，我们需要你》应时而生

在这几十年中，我不断写出推动学雷锋活动的一些诗文，军内外报刊编辑部的朋友们都知道的。在 2019 年中华人民共和国成立 70 周年这个重要的时间节点，在全国学雷锋第五十六个纪念日到来的前夕，《中国国防报》编辑李媛媛向我约稿，请我写一首关于雷锋的诗。我问写多少行，她说您放开写，您写多少行我就给您发多少行。

有了李媛媛编辑的充分信任与许诺，我也就思路大开了。我写过有关雷锋的书，写过有关雷锋的电视片，写过多篇有关雷锋的文章和多首有关雷锋的诗，我胸有成竹，在不到两天的时间里，激情撞怀，一气呵成，写出了《雷锋，我们需要你》的初稿。李媛媛编辑和报社领导认真审阅，提出了十分宝贵的意见。我在短时间里按照编辑的意见进行了修改润色，这首诗就发在 2019 年 3 月 4 日《中国国防报》上了。

我只觉得我写得很激情、写得很顺，诗句像喷泉一样喷涌出来：

在每一个春季，
花儿初开，
大地染绿，
你带着你特有的微笑，
出现在人们的视野里……
还是那个二十二岁的士兵，
虽已过去，
已过去了半个多世纪，
和你同年的老兵，
一个个都已年过古稀，
白发苍苍，
蹒跚着步履，
只有你，
封存和定格了自己的青春，
封存和定格的还有
领章上汽车兵的符号，
和那褪色的土黄色军衣！

这是并不遥远的记忆，
在二十世纪六十年代初期，
人民领袖毛泽东主席，
在中南海他的桌案前，
俯下伟岸的身躯，
凝神挥笔，
写下七个苍劲的大字：

"向雷锋同志学习"！
雷锋啊，这等于
在你因公殉职半年之际，
我们的党，
把一块功勋的牌匾送给你，
这块牌匾，
在祖国的山河间，
在亿万人的心里，
是那样光彩夺目，
恒久地悬挂，
高高地耸立！
……

雷锋，我们需要你！
人民群众需要你！
你看你做的
这些不起眼儿的小事儿，
一桩桩，一件件，
看上去，
并没有多么了不起！
但只要把它们往一块汇集，
特别是你做得始终如一，
就会让人掂量出——
平凡中
那蕴含着的伟大的意义。

你的存在，

让这个世界

增添了春天的气息！

……

  《沈阳日报》总编辑兰宝刚与文艺部主任于勤、编辑田睿全力支持。这首《雷锋，我们需要你》在《中国国防报》发表的第二天，即毛主席为雷锋同志题词发表纪念日的 3 月 5 日，《沈阳日报》全文转载了这首诗。《抚顺晚报》《中国日记报》和《河北国学》等报纸和杂志也都全文转载了这首诗。

  我的《雷锋，我们需要你》这首较长的诗在报刊上发表之后，时任北方图书城总经理柳青松看到了，他非常喜爱，也想让这首诗传播得更远、更广泛一些。于是，他与辽宁美术出版社社长兼总编辑郎玉成、总编辑助理孙郡阳联系、推荐，并得到抚顺市委宣传部的热心支持，很快就把这首诗做成了单行本出版，他们都希望让更多的读者读到这首诗。

  曾经写出脍炙人口的长诗《雷锋之歌》、我崇敬的诗人贺敬之以 95 岁高龄为我的这本书题写了书名，这让我异常激动和感怀。

  为贯彻习近平总书记关于弘扬雷锋精神的重要指示精神，深入推进学雷锋活动制度化、常态化，努力将辽宁打造成全国学雷锋高地，辽宁省委要求广大干部群众增强发展共识、提振发展信心，以学雷锋活动的新进展和新成效汇聚起新时代辽宁全面振兴全方位振兴的磅礴力量，明确以习近平新时代中国特色社会主义思想为指导，坚持政治性、把握时代性、注重全面性、突出针对性、强化示范性、保持持续性、务求实效性，切实把深入开展新时代学雷锋活动摆上

《雷锋，我们需要你》，胡世宗著，辽宁美术出版社 2019 年 8 月出版

全局工作的重要位置。

  我在《辽宁日报》上看到"雷锋是中国的，更是世界的，首先是辽宁的"这个口号，觉得十分亲近和贴切，这个口号表达了辽宁人在学雷锋这件事上的自豪与自信。据我所知，雷锋曾在辽宁的鞍山、辽阳、营口、抚顺、铁岭、沈阳等多地生活和工作过，在这些地方雷锋都留下了光辉的足迹。这些地方的军民和辽宁全省广大干部群众一样，也都一直坚持学雷锋，已经涌现出以郭明义、罗阳为代表的众多新时代的雷锋。

《雷锋，我们需要你》问世之后，在社会上引起了强烈反响。

"感动沈阳"十大人物、辽宁省道德模范、全国最美退役军人、全国关心下一代先进工作者徐文涛写道："著名诗人胡世宗的新作《雷锋，我们需要你》，静心阅读后，觉得亲切感人，浮想联翩。1963年，我读小学五年级时，全国人民响应毛主席的伟大号召，掀起了轰轰烈烈的学雷锋热潮，雷锋精神的种子在我心中扎下了根。雷锋日记中的许多经典名句，成为我人生的航标灯。如：'人的生命是有限的，但为人民服务是无限的。我要把有限的生命投入到无限的为人民服务之中去。'几十年来，这句话始终鞭策着我不忘初心，努力学习，勤勉敬业，向党和人民交上了一份又一份合格的答卷。我在部队工作40年，荣立二等功1次、三等功3次，多次被评为原沈阳军区和全军先进工作者。1973年被评为原沈阳军区后勤部学雷锋积极分子。2011年被评为原沈阳军区学雷锋标兵，荣获金质荣誉章。2011年退休以后，义务坚守原沈阳军区后勤史馆，传承红色基因，甘当红色传人。今年我已68岁，又被评为全国学雷锋最美志愿者。雷锋，过去，你是我的人生航标灯！未来，你是我的人生压舱石！雷锋，我永远需要你！"

原沈阳军区党委秘书、辽宁省文化厅原副厅长张春雨著文评论《雷锋，我们需要你》。他说："《雷锋，我们需要你》写得非常好，我一口气读完。这是一首追思抒发仰慕英雄情怀的豪迈诗篇，是一首回首英雄足迹、赞美英雄不朽精神的壮丽诗篇，是一首表现诗人呐喊、体现时代召唤、唱响主旋律的精美诗篇。诗人立足新时代的新起点，歌颂时代楷模雷锋，构思完整，脉络清晰。全诗围绕我们为什么需要雷锋、需要雷锋什么、呼唤雷锋干什么依次展开，逐层深入，回答了雷锋之所以'活'在人民心中，行进在我们的行列里，雷锋精神之所以永放光芒这个重大而现实的社会课题。从本质上说明，雷锋是时代标志性人物，具有厚重的社会基础。雷锋精神具有时代精神，又赋予时代意义。所以说，《雷锋，我们需要你》与社会进步合拍，与人民所盼同频，与时代旋律共振。这不仅是诗人的呐喊，更是人民的呼唤、时代的召唤。"张春雨说："整篇诗作高起点、深立意、扣时代，具有很强的针对性、哲理性和时代性。当今社会上，一些人方向迷失，信仰缺失，初心遗失，道德丧失，底线丢失，等等，要改正纠正这些，多么需要雷锋，多么需要雷锋精神。《雷锋，我们需要你》的突出特点是'五个联系起来'。一是把雷锋闪闪发光的思想，点点滴滴的好事，堆堆成串的故事，巧妙地联系起来，以达到立体展现雷锋平凡而伟大高尚的人格，深刻揭示了雷锋崇高精神的内涵。二是把雷锋与黄继光、董存瑞等英雄人物联系起来，展现雷锋与其他英模人物的不同与相同。不同的是英雄壮举的瞬间，相同的是他们的本性同出一辙，本色一脉相承，本质并蒂同根，都是忠于党忠于祖国忠于人民的时代楷模。是他们，以及和他们不同又相同的英雄模范，支撑了中华民族的脊梁，铸就了中华民族的精神高地。三是把呼唤一个雷锋和各行各业千万个雷锋联系起来，展现一个雷锋倒下去，千万个雷锋在成长的社会主流风气。赞誉千万个雷锋会聚在雷锋这面旗帜下，揭示雷锋精神不朽、后继有人的社会格局和发展大势。四是把毛泽东和习近平两位领袖联系起来，展现从20世纪60年代毛泽东主席向全国人民发出'向雷锋同志学习'的伟大号召，到2014年习近平总书记高屋建瓴指出'雷锋精神是永恒的，是社会主义核心价值观的生动体现'，这是对雷锋精神的时代定位。从毛泽东主席的伟大号召到习近平总书记的时代定位，昭示了领袖思想源于实践、根植人民，又指导实践、引领人民。揭示领袖在国家全面建设顶层设计时注重精神层面的宏伟蓝图。充分说明雷锋精神已经跨越时间、超越空间,是与时俱进的时代精神。五是把历史的昨天、现实的今天和未来的明天联系起来,说明在物质缺乏的年代需要雷锋精神,在社会建设发展的重要历史时期,同样需要雷锋精神,即使社会进入信息网络和高科技的新时代,仍然需要雷锋精神。这是我们的传家宝,世世代代永远需要的精神财富。这也正是作者写《雷锋,我们需要你》的初衷和旨意。"

《辽宁青年》杂志原主编王玮说:"作者几十年如一日创作有关雷锋的作品,佳篇频出,有口皆碑。这次透过作者平实的诗句,我看到了一个熟悉的雷锋,一个崭新的雷锋;透过作者饱满的诗情,我看到的是富有魅力的雷锋,更是充满活力的雷锋。字里行间,让我再次感受到了身为普通一兵的雷锋之平凡和伟大,也让我再次感受到了'战士诗人'胡世宗作为一个老兵持文艺重器'培根铸魂'的使命感。我十分认同作者代表读者发出肺腑之言:'雷锋,我们需要你!''人民群众需要你!''我们的时代需要你!'之所以如此,皆因'雷锋,你从未与时代脱节,你从未和人民大众分离'!皆因'你身上流淌的是五千年中华民族的血液,你身上散发的是南湖红船起始的动力'!正因为这样,在我们伟大的征程上,'雷锋啊,你仍是一面高扬的大旗!''你仍是照亮前程的火炬!'"王玮说:"包括诗歌在内的文艺作品,肩负着反映时代风貌、引领时代风气的重要使命。我们的时代需要雷锋,当下的文坛同样需要像《雷锋,我们需要你》这样情真意切、激浊扬清的佳作。"

抚顺广播电视台故事广播总监、主持人、导演杨恕说:"台灯下,品读《雷锋,我们需要你》,让我情不自禁地联想到我导演的广播剧《雷锋的遗产》《雷锋树下》的一些情景和画面,这些情景、画面和作者的'雷锋'历程的相互叠加,不仅清晰了那'二十二岁'闪光的人生,也清晰了作者追逐雷锋脚步的那一行行踏实的足迹。所有这些更让我深刻地感悟到当下抚顺的雷锋学院、雷锋储蓄所、雷锋学校、雷锋派出所……传承雷锋精神的力量!感动与感慨中,我还在品味'人呵,应该这样生!路呵,应该这样行!'"

沈阳市大东区上园路第一小学四年级班主任李纯玮说:"《雷锋,我们需要你》是胡世宗老师的新作,我第一次知道这本书是因为在网上看到了'颂雷锋 迎国庆 争做先锋少年'诵读大赛的活动预告,看了之后非常感兴趣就买了一本。一口气将它读完之后我深受感动,便立刻把这本书带给了我的学生们,让他们也来阅读和学习雷锋精神。胡老师的诗感染力十足,同学们在朗诵的时候都特别带劲儿,读完一个个小脸都红扑扑的,仿佛被雷锋精神感染了一样。读完诗,我又跟同学们一起阅读了书中的报告文学《洪流万里》。当读到关于毛主席为雷锋题词'向雷锋同志学习'这几个章节时,同学们都非常感兴趣,他们说:'原来毛爷爷为雷锋题词需要这么多步骤呀!'雷锋精神历久弥新,激励了一代又一代人的成长。在雷锋的脑子里,他时常记得要为人民服务,毫不利己,专门利人,他愿意奉献自己,愿意挤时间去学习,愿意做好身边每一件琐碎的小事,是现在每一个孩子都应该学习的榜样,对教育新时代青少年有着重要的意义。我愿意推荐每一个孩子都来读读这本书,这会给他们的成长带来巨大帮助。"

辽宁省实验学校六年级三班的田子玉同学说:"暑假里我经常去书店,有一天去北方图书城,看见有一个'颂雷锋 迎国庆 争做先锋少年'诵读比赛,主题是关于一个叫'雷锋'的叔叔的。听书店的叔叔阿姨说取得了名次还可以上电视上广播,我特别喜欢朗诵也喜欢大舞台，当场就报了名。为了准备比赛，妈妈给我买了一本书：《雷锋，我们需要你》。这本书的作者胡世宗爷爷是一位军人，书上面有他的照片，穿着军装很帅气。他写的诗歌可真厉害，我并不了解雷锋，但读着他的诗歌，就觉得一股子热气从胸中散到了全身，热得我眼睛酸酸的，心跳得特别快，跳得特别有劲儿。我把这首诗歌读了一遍又一遍，自己都把自己感动了！现在，雷锋就像我身边的老师一样熟悉，我越来越喜欢他。我骄傲地告诉同学们，我的偶像就是雷锋！他不但帅而且是一个大好人，是一个好战士，他影响的人可比现在那些'小鲜肉'好多啦！"

沈阳市沈河区文化路小学五年级一班同学郑淇文说："在周末的时候，只要一有时间我就会去北方图书城看书。有一次，正当我在北方图书城里找书的时候，看见一群人正在做活动，我很好奇，就挤上前去看一看。好不容易挤到前面了，我发现圆形舞台上的大屏幕上有一行字：'颂雷锋　迎国庆　争做先锋少年'诵读比赛。我很感兴趣，马上就报了名。为了给我做准备，妈妈还给我报了个口才班，让我对诵读有了更深的掌握。晚上，爸爸给我带回来一本书，名叫《雷锋，我们需要你》，这本书的作者是一位叫胡世宗的老爷爷，他是一位军旅作家，他的作品还被选入中小学教材了呢！为了准备比赛，我拿起书聚精会神地看了起来，我这才知道，原来我对雷锋的了解其实很少。这本书让我越看越想看，看着看着，我的脑海里出现了一首歌《学习雷锋好榜样》，愿做革命的螺丝钉。我也要向雷锋叔叔学习，做一个为祖国为人民永不生锈的螺丝钉。"

《信念之子：雷锋》
把雷锋荐介到更广泛的国际社会

2021年，是中国历史上一个重要的时间节点——1921年诞生的中国共产党，到2021年就是整整100年了。2021年之前，全国各族人民和各界人士都在为党的百年诞辰做各种各样的庆祝准备。

有一天，我接到完全陌生的外文出版社的曹晓娟编辑的电话。曹编辑说，她很费劲找到我的联系方式，好像是从辽宁省作家协会的一位同志那里打听到我的手机号的。她说为庆祝党的百年生日，他们外文出版社徐步社长要策划、出版一套"中国共产党人系列"丛书，向国际社会介绍中国共产党人的历程、胸怀、追求、业绩。徐步社长一直把这套书作为重点书来抓。其中一本是写雷锋的。外文出版社的编辑们在图书市场上找到十几本写雷锋的书，其中就有我写的。他们认为我写的雷锋书立意和文笔比较符合出版社的要求，所以想请我来完成这部书稿的写作。

我立即感到自己肩上的担子好重！这是向国外读者介绍雷锋，不同于在我们国内读者中发行，要求当然会多一些，而且一定要有国外读者的视角。

我接下了这个写作任务。我躲到远离繁杂事物的海南，少与外

《信念之子：雷锋》（中英文版本），胡世宗著，外文出版社2021年7月出版

界联系，专心构思写作两个半月。其间，不间断地与曹编辑沟通，得到她和外文出版社的支持、帮助和指导。

特别是出版社的胡开敏总编辑，为这本书把关定向，命名为《信念之子：雷锋》，一下子打开了我的思路，明确了在今天写这本书的意义。

是啊，在中国，雷锋是一个家喻户晓的平民英雄。他年龄不大，生命只有22岁，但他有着明确的、坚定的信念，使他能在平凡的生活中，创造出不平凡的业绩，为亿万人所认可、熟知，成为大家学习的榜样。在中国共产党这个伟大的集体中，雷锋是非常优秀的一员，是一个杰出的代表。我这本书，就是帮助人们探查和领略雷锋的信念之旅，他在中国大地上何以成为经久不衰的一个典型，何以成为众人心中的一面旗帜。

《信念之子：雷锋》的中文版和英文版（李伟彬、张洁译）都在2021年7月这个火红的月份里问世了。

《信念之子：雷锋》出版后，《解放军报》《中国国防报》《文艺报》《中国艺术报》《辽宁日报》《沈阳日报》等多家媒体和中国作家网等多个网络平台发出冷宽、王玮、张春田等多人写的评论和消息。

《沈阳晚报》发出文化新闻部主任林娜拍摄的我持中英文版两本《信念之子：雷锋》的彩色照片，发表了记者张宁撰写的报道，大标题是《雷锋精神是中国的，也可以是世界的》：

在庆祝建党100周年这个特别的时间节点，由外文出版社出版的"中国共产党人系列丛书"之———《信念之子：雷锋》中英双语版与国内外的读者见面了。该书作者是著名军旅作家、诗人胡世宗，他以生动而真挚的笔触讲述了优秀中国共产党人雷锋的故事，让国内外读者更好地了解中国共产党的使命和奉献精神。10月26日，《沈阳晚报》、沈报全媒体记者采访了胡世宗，他表示这是他独立及参与创作的第七本关于雷锋的书，同时也是首次出版外文版本，"希望这次的外文版能让外国读者认识、喜爱雷锋这样一个优秀的中国青年，从而看到我们中华民族优秀的精神品质。我觉得雷锋精神是中国的，也可以是世界的"。

给读者一个"崭新"的雷锋

作为胡世宗笔下第七本以雷锋为主角的专著，虽然是一样的雷锋形象，但这一次他讲述了更加丰富真实的新故事。《信念之子：雷锋》全景式、多角度、宽领域、大视野地叙述了平凡而伟大的共产主义战士雷锋的故事和雷锋精神，让读者看到一个"崭新"的雷锋同志，呈现一个鲜活真实、阳光乐观、真挚朴实的青年形象。无论是在高小毕业典礼上的即席发言，还是在部队欢迎新战友大会上代表新兵的讲话，抑或是在《望城报》上发表文章，胡世宗笔下的雷锋都是一个有才华又有诗人潜质的文艺青年。

胡世宗告诉记者，这本书里自己挖掘了很多雷锋身上新的故事。例如在《红色园丁》一章，雷锋鼓励小学生王文阁学科技，影响了王文阁一生。胡世宗介绍："我曾在湖北宜昌参加全国学雷锋'两会'组织的'雷锋知情者话雷锋'活动，见到发明家王文阁，他曾经是雷锋辅导过的一个贫苦家庭的孩子。雷锋知道他家生活困难，给他买方格本、算草本和铅笔；知道他对世界充满好奇，便送给他一套《十万个为什么》。那个年月，能有一套《十万个为什么》多么难得！王文阁也没有辜负雷锋的期望，成为一位多项发明获得国家专利的科学工作者。我把这个例子写进书里，希望让读者感受到雷锋乐于助人的前瞻性、针对性和他巨大的人格魅力。"

雷锋精神是中华民族的瑰宝

在书中，胡世宗通过一些细节描写，使得雷锋的形象更加立体、丰满。例如雷锋这个名字的由来，是他为了到鞍钢参加轰轰烈烈的社会主义建设并争取加入中国共产党，将"正兴"改为"锋"，鞭策自己做一名无产阶级的先锋战士。还有通过小学生的疑问阐明雷锋坚持写日记的初衷："我很喜欢写日记。心里怎么想就怎么写，比如学习或工作有了成绩和收获，都要写在日记里，有了缺点和错误也要写在日记里，经常看看，就能知道比以前进步了多少，找出差距,告诉自己应当怎么改正,写日记也是我的一种学习方法……"这些细节将这个平凡而伟大的雷锋形象更清晰、更真实、更亲切地展现在中国和世界的广大读者面前。

书名称雷锋是"信念之子",那么雷锋坚持的"信念"到底是什么?胡世宗说,这一信念就印在书的封面和各个章节题目下面,那就是:"人的生命是有限的,可是,为人民服务是无限的,我要把有限的生命,投入到无限的为人民服务之中去。"胡世宗表示:"年轻人应该怎样度过自己的一生,是靠他心中的信念来引领和支撑的。雷锋从很小就立下了这样的志愿,他一直以这样的高标准来要求自己,在他身上体现着忠诚担当、勤奋刻苦、助人为乐、乐观向上这些中华民族最优秀的品质。无论是中国读者还是外国读者,他们都可以从雷锋身上看到我们中国人的一种精神面貌。"

在胡世宗看来,雷锋精神从来没有离开过我们,"雷锋精神融入了我们党的根本宗旨和我们民族的优秀品格,又能充分显示他的个人风格色彩。雷锋精神是在实践中不断丰富和发展着的一种革命精神,是我们中华民族的一块瑰宝,也是人类文明的一座丰碑,我们永远怀念雷锋并呼唤雷锋精神永存"。

《信念之子:雷锋》助推海内外传播雷锋精神

《信念之子:雷锋》一经出版就备受海内外关注,业内人士认为胡世宗以诗人独有的流畅笔风、严谨结构、新鲜故事和点睛总结,全新地呈现了雷锋的光辉形象,既引人入胜,又催人思考。雷锋基金会名誉会长、中国人民解放军海军原副政委、雷锋生前战友冷宽中将评价称,这是继《雷锋的故事》之后,系统地向国外介绍雷锋事迹的一部具有权威性和影响力的著作,"这本书充分展示了中华民族优秀传统文化和红色基因的传承,使国外读者可以更好地了解中国共产党的宗旨和使命担当,了解中国人民解放军的坚强意志和奉献精神,加深理解中国精神、中国自信和中国力量,这对于在国外更广范围内传播雷锋精神,将起到积极的助推作用"。

60年，100首，编一本诗集《致敬雷锋》

2020年5月的一天，我接到一个陌生的电话，对方说她是长江文艺出版社的编辑钱梦洁。他们社编了一套入选"中小学阅读指导目录"的书，其中收入"阅读指导目录指定作者版本"的是由陈广生和崔家骏著的那本《雷锋的故事》。钱编辑说，听人推荐和介绍，特别是听陈广生的夫人张赤和孩子陈尔新、陈又新的推荐和介绍，这本书想请我写篇序文。我立即感到了这种信任的厚重，于是我很快就答应下来。

序的开头我是这样写的："2012年7月1日党的生日那天，我到医院看望陈广生，其间我拿着一个'微笑沈阳'的本子，请我的老科长题写在此刻关于微笑最想说的一句话。他几乎没有怎么犹豫和停顿，立即写了这样一句话：'我愿把雷锋的故事永远讲下去，让世界充满微笑。'"接着我写："这就是我熟悉的一辈子以传承红色基因、宣传雷锋精神为使命的陈广生。他虽然永远地离开了我们，但随着时间的远去，他的音容笑貌，特别是他所做的传播雷锋精神的宏伟事业，越来越令我钦佩和怀念。"

这篇序，我写了2000多字。最后我写道："雷锋离去了，陈广生离去了，但陈广生和他的《雷锋的故事》将永存于这个世界！"长江文艺出版社的这本《雷锋的故事》2021年3月出版了第1版。

我们要学习雷锋、讲述雷锋、歌颂雷锋。

两年前我就在想，1963年3月到2023年3月，毛主席等老一辈革命家为雷锋题词60周年了，我能为这个日子做点什么呢？我是一个诗人，我曾为雷锋写过很多诗；我更读到熟悉的和陌生的众多诗人为雷锋写的情感深挚、寓意厚重的诗作。

我身边的亲人和朋友，也有企业、学校、街道和文艺团体，经常向我讨要歌颂雷锋的诗，他们举办活动时一个重要的形式就是朗诵诗。这时候也有朗诵旧体诗的，但更多的是朗诵新诗，清新爽快、朗朗上口的那种。所以我平时也收集保存了不少歌颂雷锋的精品诗歌以备用。

从1963年到2023年，在这60年里，中国人民在中国共产党的领导下，从站起来，到富起来，再到强起来，经历了前所未有、前所未闻、令世界瞩目的翻天覆地的巨大变化。

60年间，我们中国人民战胜了无数的艰难险阻，克服了数不清的困难，推进社会主义经济建设和改革开放的伟大事业，在物质文明和精神文明两个方面都取得了耀眼的成就。

雷锋的出现，代表着中国崭新的年轻一代，代表着我们国家、我们民族新生的力量，如诗人贺敬之在诗中唱道："啊，雷锋／就是这样地／代表我们出现了！……／——像朝阳初升／一样的合理／像婴儿落地／一样的合情！……"

转眼间，60年倏忽而逝！在这60年间，无论社会面貌发生怎样的变化，人们对于雷锋的怀念、追思和歌唱，从来没有停止过。从党团组织的活动，到少先队的队会，抑或是群众自发的活动，人们时不时地寻找并朗诵着歌唱雷锋的优秀诗作，电台、电视台，各种晚会，甚至抖音、快手这样一些网络平台，都有人展示和交流各自创作的歌颂雷锋的诗作。

从党和国家领导人，到我国军队著名将帅；从我国诗坛新老唱将，到普通的诗歌爱好者，甚至从来没有写过诗的人；60年里涌现了太多颂扬雷锋、颂扬雷锋精神的诗歌，用"浩如烟海"这样的成语来形容这种真诚而繁荣的诗歌创作现象也不为过。

雷锋这座人类精神文明的丰碑，从竖立那天起，就一直令人仰慕和敬佩。

2021年9月，党中央批准了中央宣传部梳理的第一批纳入中国共产党人精神谱系的伟大精神，雷锋精神被纳入其中。用诗来歌颂雷锋和雷锋精神是再自然不过的事情。特别是每年的3月5日，人们在各种纪念活动中寻找、传诵有关雷锋的诗，也有很多是现创作的。这是非常可以理解和尊重的人民群众的普遍愿望，是我们时代的一种可贵的精神渴求。

沈阳出版社张闯社长、闫志宏总编辑、编辑部周武广主任及张畅编辑、范莹莹编辑非常欣赏和赞成我的预见和构想，他们及时与我沟通联系，诚恳邀请我做这本书，一起商量如何把这本书做好。美术编辑杨雪几经波折，反复比较，做出了大家都满意的封面。

60年，100首。这本诗选可以说是应运而生。我翻阅、浏览、审视了这60年间创作、发表、出版的歌唱雷锋的大量诗作，也有朋友向我推荐的好作品，我还给很多诗人寄出征求雷锋诗的信函，打了电话，发了微信。为方便今天的读者阅读和朗诵，我们确定了一个原则，就是只选新诗，不收旧体诗作。有的成名诗作虽然略带当年时代痕迹，但感情真挚，诗意浓郁，在广大读者心中已成必不

洪流放歌 / 我写雷锋60年

《致敬雷锋：诗选100首》，胡世宗著，
沈阳出版社2023年1月出版

可少的有定评的名篇，我也照例选入书中；有的诗作当时看似乎可以，但今天看却有明显缺欠或不适，这样的作品大都忍痛割爱了。因我的视野和眼力所限，遗珠之憾避免不了。

愿这本精选的歌唱雷锋的诗集，能成为广大诗歌写作爱好者、诗歌朗诵爱好者、雷锋传人、学雷锋志愿者和更多读者特别是青少年读者手上常翻阅、常背诵的一个范本，也希望它成为青春珍藏的宝物和朋友间互相馈赠的礼品。

沈阳出版社的领导和编辑，特别重视《致敬雷锋：诗选100首》这本书的编辑、制作工作。我也是从大量的诗作中优中选优，力求把最好的诗作呈现在读者面前。

为了取得作者或作者家人的认可、准许、授权，我也尽了全力。比如郭沫若的《一把斩断昆仑的宝剑》，我联系到郭老的女婿张澄寰和郭老的女儿郭庶英；比如臧克家的《想一想生命的意义》，我联系到臧克家先生的女儿郑苏伊；比如《歌唱二小放牛郎》的作者方冰的《紧跟你的步伐——在雷锋墓前》，我联系到方冰的女儿、著名表演艺术家方青卓……

我把《致敬雷锋：诗选100首》这本书，作为向毛主席为雷锋题词60周年的一个献礼，也是为推动群众性学雷锋活动所做的一个尽兴的实实在在的有益的举动。

洪流放歌

2022年10月16日，党的第二十次全国代表大会在北京隆重召开。这是在进入全面建设社会主义现代化国家新征程的关键时刻召开的一次十分重要的大会。党领导全国各族人民开始向第二个百年奋斗目标进军。

我们国家的改革开放取得的伟大成绩举世瞩目，我们国家加入世界贸易组织后面临的机遇和挑战人所共知。一个国家要坚实地挺立于世界各国之林，不但要有独立的经济力量，还必须有强大的精神力量，有鲜明的旗帜、共同的理想和目标。

每个民族都有其视为珍宝的精神财富。我们中华民族更是看重自己的思想遗产和道德精华。20世纪60年代初出现的平凡而伟大的共产主义战士雷锋，就是最优秀的典型人物中的一个代表，在他身上凝结着的充满时代特色又充分显示个人风格的雷锋精神，是我们中华民族的瑰宝，也是人类文明的丰碑。在当今中国，雷锋精神仍是我们不可缺少的。我们这个党，我们这支军队，进而容括整个民族，在新的世纪里阔步前进，雷锋这面旗是必须高举的。

我在学雷锋的洪流里放歌60年，从青春岁月步入耄耋之年。

我发下宏愿：一息尚存，献给雷锋的歌声便不会终止。

在我们为中华民族的伟大复兴奋斗的新征程上，雷锋，仍是一面高扬在队伍前方的旗帜。

为此，我新创作了《洪流放歌》，抒发心声：

一条河，

一条长河，

一条绵延了半个多世纪的长河，

在古老而又新生的中华大地上流淌，

在几代中国人的心头走过。

这是致敬英雄的巨涛，

这是学习雷锋的洪流，

在漫长的岁月里，

她汹涌澎湃，

她波澜壮阔！

一路上，我追随着她，

陪伴着她，

激情满怀地

为她欢唱啊，

为她高歌！

歌唱那永恒的价值，

歌唱那不朽的品格！

雷锋，让我对你说，

当年你的战友，

一个个都已白发苍苍，

成了耄耋老人，

步履蹒跚着

在人生晚年的路上跋涉；

而你，却仍以二十二岁的英姿，

大步跨越在时代的前端，

像青春的高铁列车

正风驰电掣！

当年你辅导的学生啊，

一个个都已年近古稀，

他们的孩子的孩子，

年龄都接近于当年的你！

这让我想到如今这条洪流大河，

最初也只是一湾细弱的小溪！

听说你与世永远的别离，

你辅导过的少先队员们

不愿意，不愿意，

一百个不愿意！

他们来到你的连队，

寻找你留下的痕迹……

要看看你的遗照，

要摸摸你的军衣，

要打开你的"节约箱"，

要读读你的日记……

你是多么的可亲哪，

你的微笑是那么的美丽，

不能，不能因你离去，

这个世界就把你忘记！

不能忘，不能忘，不能忘！

不仅是不忘，还要向你学习！

一个你辅导过的女孩，

因为她个子矮小，

照相时你给她垫了两块砖头，

此刻，她和同学们

用洒满泪水的红领巾，

那是最圣洁的童心哪，

那是十多条红领巾哪，

扎了一个别致的花圈，

来参加你的葬礼……

抚顺市委书记，

把给他母亲大人准备的棺椁

毫不迟疑地献给了你!

那个你曾去她家锄草的大妈,

听说你因公牺牲,

终日茶饭不思,

一股火儿觉得昏天暗地,

唤上她几个老邻居,

结伴赶来参加公祭……

啊,一个普通士兵远行,

一座城市哀恸哭泣!

送行的队伍灌满了长街,

黑压压的人群,

涌动着,涌动着,

这就是这条长河初始的规模!

本是盛夏季节,

人的洪流翻滚着浪波,

那气氛像严冬一样静穆!

这洪流多么壮阔,

这洪流气势磅礴,

从孩子到老人,

从军营漫延到城乡的角角落落,

又从抚顺扩展到全省和整个中国!

我追随着她,

她滋养着我,

我庆幸,

我一直为这洪流放歌!

"唱支山歌给党听",

——雷锋这样对世界说。

他把党比作母亲,

他的深情蕴满心窝。

太遥远了,太遥远了,

爸爸身上日本人的鞭痕哪;

太遥远了,太遥远了,

妈妈上吊的那根绳索!

党率领劳苦大众

推翻了头顶上的三座大山,

小雷锋才含笑

走进了一个温暖的崭新的中国!

雷锋对党感恩不尽,

他曾欣喜地又是郑重地

填写入党志愿书

那张沉甸甸的表格。

他要把一切献给党,

即使面对刀山火海，

也要勇往直前不会退缩，

这成了一代代青年坚定的信念，

这信念是永不熄灭的火！

雷锋像一股春天的风，

他吹过的地方盛开着明丽的花朵。

"把有限的生命投入到

无限的为人民服务之中去"，

他把帮助别人，

当成人生最大的快乐！

我们民族最宝贵的性格，

我们党立党的最初本色，

在雷锋身上，

体现得如此鲜明、如此透彻！

阳光照亮前路，

冲破雾绕云遮，

"向雷锋同志学习"。

"向雷锋同志学习"——

这是伟大领袖指明的方向，

这是亿万人做出的共同的倾心的选择！

投身中国的伟大变革,

"我的岗位我负责"——

每个人都是敬业的先锋,

每个人都甘当奉献的角色!

凌晨街头清扫工大嫂,

黄昏急速送达的快递小哥,

乡间小学备课小屋的狭窄,

宇宙空间站张望天穹视野的广阔……

我们每个人都是螺丝钉一颗,

并且都发出了永不生锈的承诺,

在中国式现代化这盘大机器上,

拧紧,固牢,光芒四射!

一枚钉子是多小的物件,

雷锋赋予了它不凡的品格,

一块坚硬的木板,

有了钉子的挤劲和钻劲,

困难就不再成为困难,

挫折也不再成为挫折,

只要耕耘,就有成果;

只要奋斗,就有收获——

前进,开拓,

向上，拼搏！

我们都是勇于进取的创业者。

人世间有了"钉子"精神，

就不会轻言放弃，

就不会无可奈何，

我们懂得，

深深地懂得——

实现民族的伟大复兴，

战胜个人的软弱怯懦，

都必须——

持之以恒，滴水穿石；

都必须——

坚韧不拔，锲而不舍！

这支洪流哇，

这条长河，

其实从唐宋元明清，

就曾看到她闪耀的光波；

还必须追溯——

井冈山的星星之火，

大渡桥上横陈的铁锁，

清凌凌唱着"信天游"的延河，

穿着棉军衣、扎着围脖的西柏坡，
汶川隔着石板
那人与人轻声的呼唤；
冬奥赛场蓝天白雪间
那庄严奏响的国歌……

雷锋说："党的声音，
就是人民的声音。"
"听党的话，
就会开放出事业的花朵！"
一切为了人民，
一切依靠人民，
这是雷锋精神的全部内涵，
这是我们党存在和前行的最高准则！

洪流在涌动，
长河在奔波，
七十年前，
我们有令人骄傲的志愿军，
抗美援朝，保家卫国；
七十年后，
我们有令人自豪的志愿者，

不负人民,我将无我!

崭新的风尚在弘扬,

崭新的思想在传播!

雷锋的精神是永恒的,

雷锋是时代的楷模!

党的二十大指引航程,

习近平总书记领航把舵,

长河必将源远流长,

洪流必将更加宽阔,

时光老人必将用鲜红的颜色,

为洪流,为长河,

铭记于光荣的史册。

这光荣,

属于我们亲爱的党,

这光荣,

属于我们伟大的祖国!

我荣幸地、激情地

追随着洪流放歌,

不曾犹豫,不曾停顿,

在每一个春夏秋冬,

在我经历的每时每刻!

这世界不够祥和,

总是有想称霸的恶魔；

这世界不够安宁，

总会有硝烟和战火。

但和平与发展的总趋势，

虽有曲折，不会蹉跎！

人类命运共同体的愿景，

必将战胜一切阻遏！

看前方满天彩霞，

把新时代高远的天空勾勒，

一轮照彻洪流的早晨的太阳，

上升着，上升着，

洒给了人间

那最鲜、最艳、

最暖、最美的光泽……

2022年6月3日起笔于沈阳万科城

2022年11月5日完稿于海南博鳌金湾云墅

雷锋从这里走向世界

《洪流放歌——我写雷锋60年》
（有声版）

这是一条绵延了半个多世纪的长河，在古老而又新生的中华大地上流淌

这是一股致敬英雄的洪流，在几代中国人的心头走过

雷锋精神在弘扬

雷锋思想在传播

……

为纪念毛泽东等老一辈革命家为雷锋同志题词"向雷锋同志学习"60周年，辽宁出版集团辽海出版社、辽宁广播电视集团（台）辽宁之声联合制作《洪流放歌——我写雷锋60年》（有声版）。本书每章开头都有一个二维码，用手机、平板等电子设备扫描后，即可欣赏本章全部音频；也可以关注辽海出版社、辽宁之声微信公众号，收听更多精彩内容。

总 策 划：吴 滨　柳青松

总 监 制：王晓岱　徐桂秋

监　　制：南秀婷　袁丽娜

编　　辑：潘 兵　李辰辰　秦红玉　吴勇刚　高福庆

节目制作：徐艺兮

播　　音：陈 红　全国"金话筒"获得者、播音指导
　　　　　富 馨　著名主持人、资深配音演员

致 谢

本书所收照片为张峻、董哲、季增生前授权，以及由欧达龙、线云强、盖旭辉等拍摄并提供，在此表示衷心感谢。